メジャー・シェア・ケアの
メディア・コミュニケーション論

小玉 美意子 著

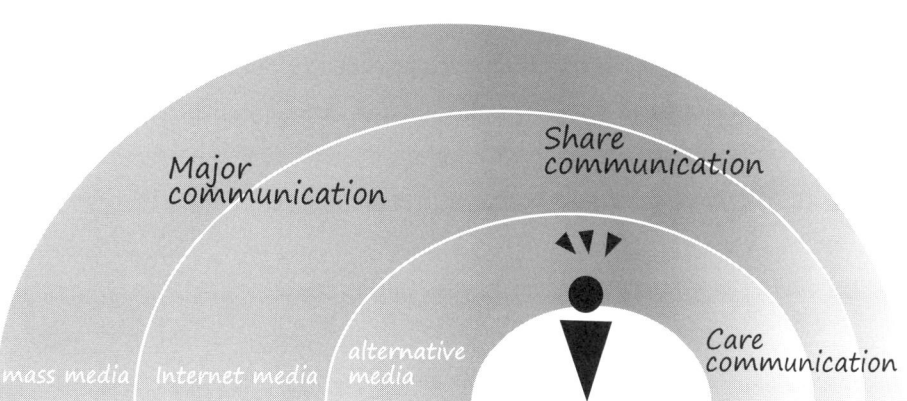

学文社

はしがき

　メディア環境のいちじるしい変化の真っただなかで，なんとか身の丈に合ったメディアについての本を書こうと思いたったのは，2年ほどまえのことだった。

　わたし自身はこれまで新聞やテレビのジャーナリズムを中心に情報を取得する生活をしてきたが，それらのマスメディア情報が，年々画一的で柔軟性のないものになってきていたし，発想が硬直化してきたように思い，魅力を感じなくなっていた。

　一方，インターネット上では情報が氾濫し，匿名をいいことに他人を誹謗したり，特定のサイトを"炎上"させたりといった，芳しくない噂が目立っていた。しかし，よくみると，インターネット状況は日々変化しているので，多くの人の利用に供しようという努力の跡が良い結果につながっていることもあった。たとえば，Googleが世界中の情報を集めてきてくれるので，以前には考えられないほど新しい情報がすぐに入り，便利だと考えるようになった。研究者間で評判の悪かったWikipediaも，最近では出典明記を励行していて，不十分なものについては「書きかけで不完全」であることを断るようになった。ソーシャル・メディアの発達は目覚ましく，単に個人情報発信にとどまらない意味をもつようになった。そのせいであろう。わたしもこの本を書きながら，常に新しい情報をインターネットでチェックするようになり，今までになくウェブサイトからの引用が多くなっている。

　他方，わたしの個人的な感覚として，メディアがもっと人にやさしくなったらいいのにという思いもあった。マスメディアの伝える内容には殺伐としたものが多く，新聞やテレビニュースを見終わった後，眉間にしわが寄るのが常となっていた。仕事で追いかけられ，メディアに脅かされて，気持ちの休まる暇がない。寝る前のひと時はほっとする内容を求めるようになっていた。

　これだけ情報が氾濫している時代には，メディアに対してこちらの要求を突

i

き付けても，無理であることは，時代とともに明らかになってきている。もちろん，全国紙のような大新聞やネットワークのキーとなる大テレビ局には，その読者・視聴者の多さから，責任のある情報発信をしてもらわないと困るが，その一方で，システムを変更するような要求にマスメディアは応えられない。結局，私たち自身がメディアをよく知った上で，自分でメディア環境を組み立てることが必要になっているのだと思わざるを得なかった。

そのようなことから発想したのが，メジャー・シェア・ケアという3種類のメディア・コミュニケーションを，バランス良く自分で構築することを基本とする考え方である。そして，そういった趣旨の本を書こうと思いつき，2010年から11年のはじめにかけて，事例を集めたり，自分が過去に書いたもののなかから同じ要素を探したりして，執筆を始めた。

そうしていた矢先に，東日本大震災が起こった。

最初は，今まで体験したことのない強い揺れの地震に尋常な事態でないことを知り，その日の深夜，家にたどり着いてからは，テレビでみた津波の大きさとそれが呑み込む家や建物の凄さに圧倒されて目を覆い，さらに，東京電力福島第一原子力発電所で爆発事故があったことを知って声を失った。多くの人がそうであったように，あまりの被害の大きさに驚き茫然として，わたしもそれから一月ほどは何も手につかない状態になっていた。

しばらくして少し落ち着いてみると，この一連の大災害のなかで，メディアがさまざまな働きをしていることに気づいた。逆に，メディアが本来果たすべき役割を果たしていないことにも気づいた。そこで，今度は，東日本大震災の事例を中核に据えながら，本を書くべきだと考えを変えて，メディアの動きを見据えることにしたのである。平常時にはこれほど極端なことは起こりにくいが，未曾有の災害が起こると物事の構造がみえてくる。マスメディアの陥りやすい傾向がはっきりしたのも，この時だった。そして，インターネットの新しい可能性がみえたのもこの時だった。そして人びとは癒しを求めていた。

原子力発電所の事故のあった福島県は，わたしが短期大学教授として初めて専任の職を得た思い出深い土地でもある。同僚や知り合いはどうしているだろ

うか，当時の学生たちは今お母さんになって，放射能の子どもへの影響を心配しているのではないかなど，色々なことが頭をよぎる。

　このような思いをかかえながら本書を書き進めることにしたが，書くほどに被災地の模様が頭に浮かび，難問が目の前に展開してきて，理論的，かつ，客観的にすっきりと書きあげることができそうもない。そこで，最後にはもうあきらめて，この本をかなりの部分，わたしの主観で書かせてもらうことに決めた。そうすることで，はじめて，いくらか筆が前に進むようになった。

　そのようなわけで，本書は学術書でも一般の教養書でもない中途半端な書物になってしまったが，情報社会という現代の時代状況のなかで，情報やメディアとどう付き合うか，そして，コミュニケーションを介して人とどう向き合って生きるかについての，一つの参考としてお読みいただければありがたいと思う。

　2012年3月

著　者

目　次

はしがき ··· i

Ⅰ部　メジャー・シェア・ケアのメディア・コミュニケーション論
～公共・共有・共感のコミュニケーション～

第1章　メジャー・コミュニケーション ································ 7
　1　新聞倫理綱領にみるマスメディアのジャーナリズム ············· 7
　2　"主流の人びと"によってつくられるメジャー・コミュニケーション
　　　··· 11
　3　公的発表中心のニュース情報生産システム ······················ 17
　4　マスメディアを支配する商業主義的基盤 ························· 19

第2章　シェア・コミュニケーション ································ 24
　1　インターネットの発達と市民の力 ·································· 24
　2　インターネット・ジャーナリズム ·································· 30
　3　告発ジャーナリズム ·· 38
　4　ブログとツイッター ·· 46
　5　ソーシャル・ネットワーキング・サービス ······················· 51
　6　民主化を求める若者の連帯"アラブの春" ························· 60
　7　その他のシェア・コミュニケーション ··························· 65

第3章　ケア・コミュニケーション ··································· 67
　1　少ないケア・コミュニケーション ·································· 67
　2　ケアの倫理 ··· 69
　3　シェア＆ケアのコミュニケーション ······························ 72

4　その他のシェア&ケア・コミュニケーション ……………………… 75
  5　ケア・コミュニケーションの多様なメディア ………………………… 77

Ⅱ部　東日本大震災とメディア報道

第1章　東日本大震災とメディア報道の概要 ……………………… 84
  1　東日本大震災 ………………………………………………………… 85
  2　東京電力・福島第一原子力発電所の爆発事故 ……………………… 87
  3　原子力発電所事故のテレビ報道 ……………………………………… 90
  4　震災時におけるメディア間の協力 …………………………………… 94
  5　視聴者にとっての東日本大震災とメディア ………………………… 97

第2章　原発事故報道の問題点 ……………………………………… 104
  1　「ただちに健康に影響はございません」……………………………… 104
  2　放射能の影響は，同心円状か？ ……………………………………… 108
  3　知らせないことの罪 …………………………………………………… 112
  4　原子力発電……真実を知らせなかった報道の歴史 ………………… 114
  5　ジェンダー視点の欠如 ………………………………………………… 120
  6　その他の問題点 ………………………………………………………… 131

第3章　東日本大震災におけるシェアと
　　　　　ケアのコミュニケーション …………………………………… 136
  1　シェアとケアのコミュニケーションとしてのソーシャル・メディア
     ……………………………………………………………………………… 136
  2　被災者欄……マスメディアのなかのシェアとケアの
     コミュニケーション …………………………………………………… 141

Ⅲ部　ジェンダーとメディア

第1章　日本のジェンダー状況 …………………………………… 146
1　男女差別の実態 ………………………………………………… 146
2　女性運動・ジェンダー研究と国連の動き …………………… 148
3　日本における諸問題 …………………………………………… 153
4　マスメディアのジェンダー構造 ……………………………… 162

第2章　女性雑誌 …………………………………………………… 166
1　ジェンダーを意識した雑誌 …………………………………… 166
2　女性雑誌 ………………………………………………………… 174
3　隠された広告 …………………………………………………… 183

第3章　放送文化とジェンダー …………………………………… 190
1　放送文化 ………………………………………………………… 190
2　放送と社会システム …………………………………………… 194
3　放送番組とジェンダー ………………………………………… 197

第4章　グローバル社会に豊かな文化を形成するために ……… 203
1　技術の進歩に遅れる文化 ……………………………………… 203
2　"主流の人びと"の陥穽 ………………………………………… 205
3　グローバル社会に豊かな文化を形成するために …………… 208

Ⅳ部　メディア・リテラシー

第1章　メディア・リテラシー …………………………………… 214

	1	メディア・リテラシーとは………………………………………	214
	2	メディア・リテラシー発達の背景…………………………………	223
	3	メディア・リテラシーに必要な視点………………………………	227

第2章　東日本大震災とメディア・リテラシー……………………… 232
　　1　地震関連情報………………………………………………… 233
　　2　原子力発電所事故の関連情報……………………………… 236
　　3　原子力発電導入とメディアの歴史………………………… 240
　　4　シェア・コミュニケーションへの注目…………………… 244
　　5　ケア・コミュニケーション………………………………… 246

第3章　ジェンダーのなかのメディア・リテラシー………………… 250
　　1　マスメディアに女性描写の問題点を発見する…………… 250
　　2　シェア・コミュニケーションと女性メディア…………… 256
　　3　マイノリティ・メディア表現・人権……………………… 261

第4章　メディア・リテラシーとメディア研究……………………… 267
　　1　オンタリオ州のメディア・リテラシー概念……………… 267
　　2　コミュニケーション研究とメディア・リテラシー……… 273
　　3　内容分析研究とオーディエンス…………………………… 275
　　4　メディア制度論……………………………………………… 282

終章　メディア社会を生きぬく力……………………………………… 287

あとがき……………………………………………………………………… 290
引用・参考文献……………………………………………………………… 292

Ⅰ部 メジャー・シェア・ケアの メディア・コミュニケーション論
～公共・共有・共感のコミュニケーション～

東日本大震災をきっかけにメディア状況が大きく変化している。社会とメディアの関係を考える時，従来は圧倒的に強いマスメディアの影響力を念頭に置いて，そのあるべき姿を構想し，実態がその理想像からどのように離れているかを考えて，批判的に考察することが多かった。もちろん，今でも日本には，1,000万部を越える，あるいは，それに近い発行部数を誇る大手の新聞社がある。また，東京中心のキー・ステーションと呼ばれるテレビ局は，全国にネットワークを形成している。それらのマスメディアの力は大変強く，その影響力は依然として大きい。したがって，マスメディアを中心に論じてその問題点を指摘し，マスメディアの人たち自身に自分たちの責任を自覚してもらい，その是正に努めるよう促すことはやはり必要であろう。

　しかし，若い人たちの新聞離れは年々進行し，活字を読む人たちの主な層は，若い時に活字に親しんだ人たちだけになりつつある。彼らはすでに中高年齢層なので，その人たちが社会の中心を担っているうちは新聞も力をもつが，若年層が中年になるころにはどうなるであろうか。そしてテレビは，1970年代半ばに広告費において新聞を凌駕して以来，マスメディアの王者として君臨してきた。人間の五感のうちの視覚と聴覚にうったえる感覚的なメディアとして，その力をフルに発揮してきたが，1995年以降，パソコンの普及とインターネットの発達により，少し陰りを見せはじめてきた。そのせいかどうか，あるいは，その原因となっているのか，地上波テレビ放送番組は年々内容が劣化してきている。

　そこへ，2011年3月11日，東日本大震災が起こった。この未曾有の大災害は，人びとの心もちを，享楽的なものをよしとしないように変質させた。そこへ，同年7月，前々からの政策により地上波テレビはアナログ放送を終了した。今までのテレビ受像機は電波を受信できなくなり，新しくデジタルの受像機に買い替えなければならなくなった。これを機にテレビから離れようという醒めた感情も出てきて，いっそうテレビ離れが進んでいるようにみえる。したがって，さしもの大メディアも，20世紀後半の時代を画した圧倒的な影響力はなくなってきた。テレビは今，テレビの最盛期に育った1970年代以前の生まれの視

聴者が主力で，80年代以降の生まれの人にはインターネットの方になじみがあるようにみえる。その上，マスメディアの内容をインターネットでみられることも多くなった。このことは，少なくともマスメディアが単独では利用者が減っていることを物語っている。

このような全体的状況のなかで，新聞やテレビなどのマスメディアだけに多くを期待し，それを批判したり，不達成に悩むだけでは問題が解決しない。それよりも，数多存在するメディアのそれぞれの性格や役割，機能を見出し使い分けることによって，自分にとって望ましいメディア環境を自分自身で構成することが，一人ひとりの市民にとって必要なのではないだろうか。

本書では，二つのことを基本としている。ひとつは，コミュニケーションの主体を個人におくこと。従来はメディアの側の論理やそれへの批判的視座からメディア・コミュニケーションを描写することが多かったが，ここではあくまで個人が主体である。個人がどのようにメディアを利用するか，そして，個人が自分のメディア環境をどのように構築していくかについて説明する。

もうひとつは，メディアとコミュニケーション内容との関係を明確にすることである。「図Ⅰ-0-1　メジャー，シェア，ケアのメディア・コミュニケーション概念」の図を参考にしながら，読み進めていただきたい。ここで使われる「コミュニケーション」は，情報の内容とそれが伝わる過程のことと理解してほしい。そして「メディア」とは，情報内容を伝える手段であり，例えば，テレビ，新聞，雑誌，インターネット，ラジオ，本……などのことである。また，ここでは，電子的な道具や印刷物だけでなく，講演や公演それ自体やそれの行われる「場」も広い意味でのメディアと考えている。

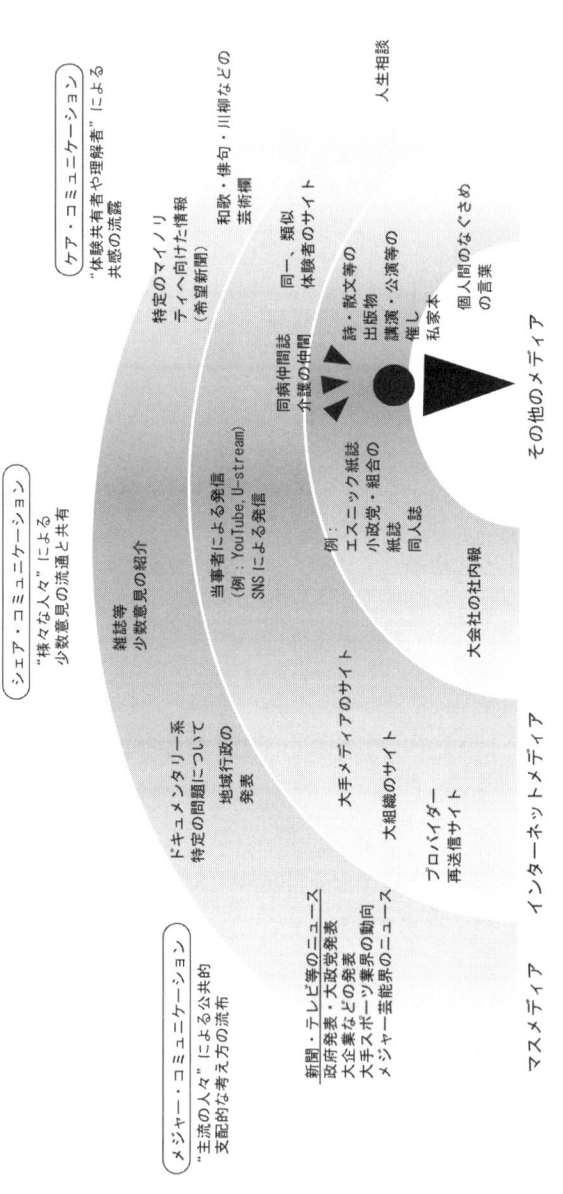

図Ⅰ-0-1 メジャー・シェア・ケアのメディア・コミュニケーション概念

4　Ⅰ部 メジャー・シェア・ケアのメディアコミュニケーション論

本書では，そのような考え方を前提に，現在のメディアが果たしている役割を，その情報が個人に対して与える内容や機能から大きく分けて3つに分類してみた。
　一つ目は，わたしが「メジャー・コミュニケーション」と名づけたものである。これは，社会のなかの"主流の人びと"（後述）が送り出す，公共的な内容の多いもので，主としてマスメディアによって流される。したがって，社会の支配的な考え方を作りだすのに与って力がある。ここで取り上げられる内容は，社会を動かしている人びとによって共有され，社会的な注目を浴び，政治にも反映されることが多い。
　二つ目は，主流から離れた考えや独自の情報であるため，マスメディアには載りにくいが，社会的に重要だと考える事柄を，他の人と分かちあうために発信する「シェア・コミュニケーション」である。ある時は主流に対抗して反対の意見を述べ，また，他の時は別の視点から問題提起することもある。しばしばマスメディアが全く取り上げないようなテーマを提供して，人びとの注意を促すことがある。
　3つ目は，「こころ」に配慮し人びとを慰め勇気づけるような機能，あるいは人と共感する内容が「ケア・コミュニケーション」である。現在のマスメディアは，えてして過酷な現実を伝えて人びとを不安に陥れ，メディアの受け手は，自分をとりまく社会が攻撃的で信用できないものと考えがちである。そういうメディア環境のなかで，人の心を「ケア」する役割をもつもの，これを「ケア・コミュニケーション」と呼び，もうひとつの重要な柱として考えていきたい。これは，その情報や内容にふれることによって人が癒され励まされるとともに，生活を安心できるものにし，生きる力を与えられるようなメッセージを内包する表現である。
　しかし，これらのコミュニケーション内容は，必ずしもそのメッセージを運ぶメディアごとに別々に存在するわけではなく，どのメディアもそれぞれの要素を含み，それらは混在している。とはいえ，そのなかにも，おのずと特定のメディアには多いが，他のメディアには少ないものがある。あるいは，メディ

アの特性によってより向いているものとそうでないものがある。

　私たちの意識や行動は，メディア・コミュニケーションと深いつながりをもっている。そして，それは社会の影響を受けると同時に，社会を動かしてもいる。本書ではそれらの関係性に言及しながら，人，メディア，社会，コミュニケーションについて語っていきたい。

　もう一つ，お断りしておきたいのは，本書が扱う内容が主としてジャーナリズムであることだ。中心になるものは，伝統的なジャーナリズム・メディアである新聞のほとんど全紙面，テレビではニュース・ドキュメンタリー・解説・情報番組などの事実にもとづく放送番組，雑誌ではさまざまなレポートや論考・討論などの記事である。インターネットでもゲームなどは扱わずに，情報伝達的な内容を念頭においている。

第1章　メジャー・コミュニケーション

1　新聞倫理綱領にみるマスメディアのジャーナリズム

　メディアが伝える内容を大きく分類すると，事実にもとづく報道，創作にもとづく芸術，人々の知識や考え方を高める教養・教育，そして商品等の宣伝をする広告などがある。その中で事実にもとづいて時事的な問題の報道・解説を行う活動や，それを行う組織をジャーナリズムと呼んでいる。具体的にはニュース，ドキュメンタリー，解説などがあり，ほとんどのメディアは何らかの形で，この機能をもっている。中でも新聞はジャーナリズム活動のために作られた媒体といえよう。

　ジャーナリズムのあるべき姿として古くいわれてきたことに「社会の木鐸（ぼくたく）」というものがある。木鐸とは振子を木で作った金属製の鈴を指すが，昔，中国では法令を人びとにふれ歩くときにこれを鳴らして歩いた。それが転じて，社会に警告を発し教え導くことをいうようになったというが，現代社会にはもはやそぐわない。なぜなら，政府の決めたことを伝えるだけではジャーナリズムの役割を果たせず，むしろ，権力の監視こそが期待される役割となっているからである。また，社会に警告を発することはメディアの「社会監視機能」を活かしているといえるが，「教え導く」のは市民社会では通用しないだろう。ジャーナリズムの見識が市民のそれよりも上の存在とは思われないからだ。

　では，現在のジャーナリズムはどのような理想を抱いているのだろうか。ちょうど21世紀に入った2001年という節目の年に，日本のジャーナリズムの総本山ともいうべき日本新聞協会は，別掲のような「新聞倫理綱領」を出している。日本新聞協会には全国紙・県紙・通信社のほかに，日本の主だった放送局も会員になっているので，ここでいわれている「新聞」をジャーナリズムと読み替えても差支えないだろう。

新聞倫理綱領

　21世紀を迎え，日本新聞協会の加盟社はあらためて新聞の使命を認識し，豊かで平和な未来のために力を尽くすことを誓い，新しい倫理綱領を定める。

　国民の「知る権利」は民主主義社会をささえる普遍の原理である。この権利は，言論・表現の自由のもと，高い倫理意識を備え，あらゆる権力から独立したメディアが存在して初めて保障される。新聞はそれにもっともふさわしい担い手であり続けたい。おびただしい量の情報が飛びかう社会では，なにが真実か，どれを選ぶべきか，的確で迅速な判断が強く求められている。新聞の責務は，正確で公正な記事と責任ある論評によってこうした要望にこたえ，公共的，文化的使命を果たすことである。

　編集，制作，広告，販売などすべての新聞人は，その責務をまっとうするため，また読者との信頼関係をゆるぎないものにするため，言論・表現の自由を守り抜くと同時に，自らを厳しく律し，品格を重んじなければならない。

　自由と責任　表現の自由は人間の基本的権利であり，新聞は報道・論評の完全な自由を有する。それだけに行使にあたっては重い責任を自覚し，公共の利益を害することのないよう，十分に配慮しなければならない。

　　正確と公正　新聞は歴史の記録者であり，記者の任務は真実の追究である。報道は正確かつ公正でなければならず，記者個人の立場や信条に左右されてはならない。論評は世におもねらず，所信を貫くべきである。

　　独立と寛容　新聞は公正な言論のために独立を確保する。あらゆる勢力からの干渉を排するとともに，利用されないよう自戒しなければならない。他方，新聞は，自らと異なる意見であっても，正確・公正で責任ある言論には，すすんで紙面を提供する。

　　人権の尊重　新聞は人間の尊厳に最高の敬意を払い，個人の名誉を重んじプライバシーに配慮する。報道を誤ったときはすみやかに訂正し，正当な理由もなく相手の名誉を傷つけたと判断したときは，反論の機会を提供するなど，適切な措置を講じる。

　　品格と節度　公共的，文化的使命を果たすべき新聞は，いつでも，どこでも，だれもが，等しく読めるものでなければならない。記事，広告とも表現には品格を保つことが必要である。また，販売にあたっては節度と良識をもって人びとと接すべきである。

　　　　　　　(http://www.pressnet.or.jp/outline/ethics/index.html　2012年1月2日確認)

主な論点を抽出すると，以下のようになる。

一つは「国民の知る権利に応える」こと。そして，これに奉仕するには「言論・表現の自由」が保障され，「権力から独立したメディア」の存在が不可欠だとしている。そのためには，他人から干渉されたり利用されたりしないように注意する必要がある。そして，国民の知る権利に応えるための自分たちの姿勢としては，「正確で公正な記事」を書き「責任ある論評」をすることが必要だとする。次いで，寛容の精神で自分と違う意見にも紙面を提供し，議論の素材を提供する。表現する際には，人権を尊重しプライバシーに配慮する。全体として，公共的・文化的使命を自覚し，品位ある報道に務める……などとしている。

要するに，社会のなかでの新聞の使命としては「国民の知る権利に応える」ことのみが役割として強調されているだけである。あとは，これまでの新聞の反省に基づいて自分たちがどうすべきかを述べているのである。ただし，これは新聞協会の「倫理綱領」なので，ジャーナリズムが現代社会で果たしている役割全体については，充分言及できていない。

「新聞倫理綱領は昭和21年7月23日，日本新聞協会の創立に当たって制定されたもので，社会・メディア状況が激変するなか，旧綱領の基本精神を継承し，21世紀にふさわしいものとして，平成12年に現在の新聞倫理綱領が制定されました。」との添書きがある。

原寿雄は「ジャーナリズムは権力を監視し，社会正義を実現することで，自由と民主主義を守り発展させ，最大多数の最大幸福を追求する。人権擁護は勿論のこと，自然環境の保護も，人間性を豊かにする文化の育成も，ジャーナリズムに期待される機能である」（原　2010）と述べている。

原の説は，ジャーナリズムの役割について包括的に言及し，ジャーナリズムが果たすべき機能と，それを果たすことで到達する社会，いわば目指す理想的社会像が明確になっている。ジャーナリズムには社会正義の精神が貫かれていなければいけないが，そのあり方は自由と民主主義の精神のなかに宿る。言論の自由を保障することによって民主主義を発展させ，民主主義は正義に基づい

て人権擁護をしなければならない。そのことによってより多くの人が幸福になり，人びとが幸福に生きるためには，自然環境への配慮や文化的な営みにも配慮することが大事だ，ということになろうか。

　大新聞やネットワーク・テレビなどマスメディア機関の報道をメジャー・ジャーナリズムと呼ぶとすれば，メジャー・ジャーナリズム機関が究極的にはこうした理想をもっているのは，社是や会社の倫理綱領などに書かれていることから推測できる。しかし，そこに至る道筋は容易ではない。また，現実的な課題を前に急ぐあまり，時には判断を誤り，人びとを間違った方向に導くこともあるだろう。「幸福」についても，長期的な視野に立った持続可能な発展が本当の幸福に近づく道であろうが，中には短期的な目先の利益を追求することが幸福への近道と誤解することもあろう。経済発展ばかり追求し収入の多いことがすなわち幸せという錯覚はありがちである。

　私は，多くのマスメディアで働く記者たちが，他の職業とは違うこのような使命感をもって，言論の自由を実践し，人びとの知る権利に応えるという理念をもっていると信じたい。そして，マスメディアを擁するジャーナリズム組織も，組織全体としてこの理念を共有し受け継いで運営されているということを信じたい。というのは，この巨大なジャーナリズム集団が，もしそういう目標さえ見失っているとすると，もはや，それに代わる機能をもつメディアや組織はないので，現在の民主主義や自由社会は支えられなくなってしまうからだ。

　巷には，マスメディア批判が渦巻いている。わたしも色々な局面でメジャー・ジャーナリズムにしばしばがっかりさせられるので同調することが多い。が，その批判の背景には，私たちが基本的にはそれに依存し信頼し期待しているのに対し，それを裏切られることがあるからなのではないだろうか。他の情報機関に比べれば，メジャー・ジャーナリズムは社会のさまざまな問題をカバーしているという点では抜きんでているし，事実に基づいて報道している割合は高く，取材力も他の追随を許さない。相対的にみて多くの意見を取り入れているということもいえ，その組織を動員すれば，多くの重要人物にインタビューすることも可能である。だからこそ，メジャー・ジャーナリズムへの市

民の依存は大きく，その結果，他のどのメディアよりも多くの人に情報を届けることができるのである。しかし，これらの機関には同時に，制度や習慣の面から問題点があるので，この後は，メジャー・コミュニケーションの問題点について述べよう。

2 "主流の人びと"によってつくられるメジャー・コミュニケーション

主流の人びと

メジャーなコミュニケーションとは，第一の特徴として，その社会において中心的な役割を果たしている機関に関連・所属している，"主流の人びと"の意見を社会に伝えるものである。

ここでいう中心的な役割を果たしている機関とは，行政・立法・司法の三権と，経済を動かす大企業と業界団体，そして知を生みだし伝える学会・教育界など，国の意思決定に大きな影響を与え，市民生活を左右する力のある組織や団体である。本来，マスメディアはそのなかに入っていないが，情報社会の現在メディアが果たす役割は大きくなったので，実質的にはそのなかの一分野を為しているところが，大きな問題なのである。

わたしが考える"主流の人びと"とは，属性としてその社会のなかで相対的に有利な地位を獲得する条件を備えている人びとである。現代の日本でその条件を考えてみると，ジェンダー的には男性，年齢的には働き盛りの20代〜50代中心で，時には60代・70代もある。学歴では大学卒以上ということが基本的条件で，日本では博士号とか弁護士資格などはアメリカほど重要ではなく，それに代わって一流大学を出ているかどうかの方がより重要だ。次いで，日本では障害者の法定雇用率を満たさない企業が多く，障害はもたないという意味での"健常者"であることが，当たり前のようになっている。多くは都市に住んでいて，農山漁村等の第一次産業には従事していない。また，雇用の際は日本人であることも重要である。このような［男性・20〜50歳代・大学卒・健常者・都市生活者・日本人］の条件を備えている人びとを，わたしは"主流の人び

と"と呼んでいる。

　一般に，これまでの長い歴史のなかで権力は，独裁者やそれを取り巻く権力中枢グループに集中し，彼らの思想や利権に反するものを処罰の対象としてきた。メディアは検閲されるか，検閲以前に，反権力のメディアは存在を許されない政策がとられてきた。

　近代になり民主主義国家が増えたとはいうものの，2011年まで，チュニジアやエジプトをはじめいくつかのイスラム圏諸国で，こうした独裁体制が維持されてきていた。その後"アラブの春"といわれる次のステージへの助走が始まっている。2012年初頭の段階では，北朝鮮が世代交代で不安定ながら今も独裁体制を保っている。中国共産党幹部は集団体制でこれまで規制をしてきたが，アラブ情報が伝わっているなか，アメリカへ亡命した作家に中国の人権問題を訴えられるなどの動きが加速化している。同年，国家主席の選任が行われるが，権力集団にとっても個人の言論をコントロールするのが段々難しい状況になってきている。

　このように，世界の多くの国々で絶対的権力の行使は難しくなっている。もちろん，政治の中枢にある人や高位の官僚は特定の事柄に対しての権力は依然として握っているが，その範囲は限定的であるとともに，権力の持続する時間も短い。ましてや，1年ごとに首相が交代するような国では，権力の継続する時間は刹那的でさえあり，いつ覆されるかわからない。

　そういったなかで，民主主義社会における現代の権力は，特定の人や地位に付帯するものではなくなり，社会的影響力のある組織や集団に属し，自分たちではそれと意識しない緩やかな同質の集団が握っている。意思決定に際しては，彼らの"常識"がモノを言い，彼らの思いの及ぶ範囲のことは一応考慮に入れられるが，考えの及ばないことは"ないもの"と同じ扱いを受け，想定されない。

　"主流の人びと"は，管理職などの意思決定を行う地位になればなるほど，その比率が高くなっている。しかし，その割合を大雑把に見積もると，実は人口の10％もいないのである。男女半々として半分になり，働く人の少ない20歳

未満と60歳以上が半分とみて4分の1となり，大学進学率が約50％なら，それで8分の1になり，それに農村人口，障害者，外国人等を大雑把に見積もって差し引くと，10％はいない。

　もっともわかりやすい例として，女性の参画の度合いを示してみよう（図Ⅰ-1-1）。日本の全労働人口に占める女性の割合は41.4％であり，半数には満たないもののとりたてて低いとはいえない。しかし，組織の意思決定に関与する管理職となると10.1％にすぎず，30％前後以上を示すほとんどの先進国には大差をつけられている。アジアでも女性管理職が過半数のフィリピンはもとより，シンガポールやマレーシアと比べても大きな差がある。ここで示されるように，日本では「男性」であることが組織における主流の人になる重要な要件であり，多くの物事は男性によって決められている。

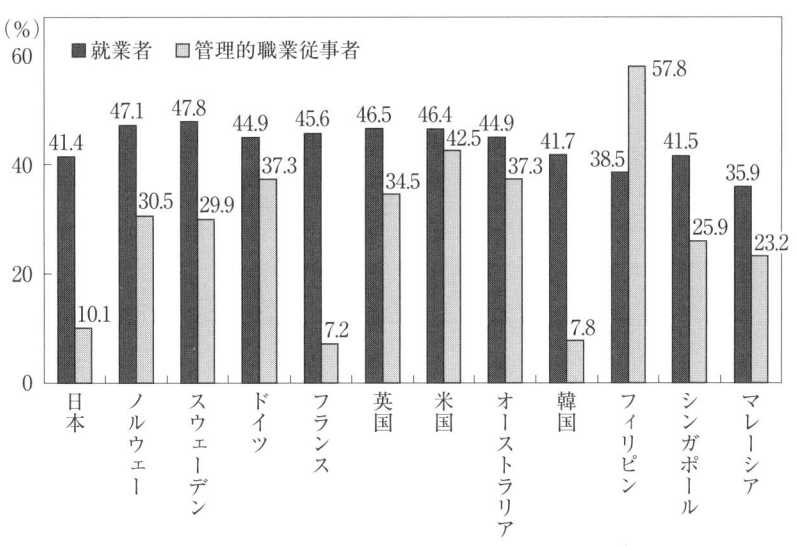

注）1）ILO「LABORSTA」より作成。
　　2）マレーシアは2003年，フランスは2004年，その他の国は2005年のデータ。
　　3）管理的職業従事者の定義は各国によって異なる。
　　図Ⅰ-1-1　就職者および管理的職業従事者に占める女性の割合

1985年から2005年までの各国の変化をみると，女性就業者割合はそう変化していないが，管理職割合の変化は国による差が大きい。オーストラリア，フィリピン，マレーシア等では20年間で割合が倍増しているが，日本と韓国は増加幅が非常に小さい（平成19年版男女共同参画白書）。

　"主流の人びと"の意思決定が組織の決定となり，それが広報活動を通じて社会に向かって発信される。そのなかから，メディアにおける"主流の人びと"が彼らの"常識"でテーマを取捨選択して，世の中に送り出される。違う属性の人でも，それに同調する人はこれに含まれる。こうして作られた情報の流れを"メジャー・コミュニケーション"と呼ぶことにする。

　なお，主流の属性をもっている人でも，違う考えの人はいるので，その人たちはこれに含まれまい。

メジャー・コミュニケーションを運ぶマスメディア

　メジャー・コミュニケーションを運ぶ大きなメディアは，テレビジョン放送，新聞，そして雑誌などのマスメディアである。

　新聞には地域的な区分として，全国紙とブロック紙・県紙・その他の地方紙がある。全国に配布される一般紙は，『読売新聞』『朝日新聞』『毎日新聞』『日本経済新聞』『産経新聞』の五つである。ブロック紙は『北海道新聞』と販売地域が複数の都府県にまたがる地方の有力紙で，東北地方一帯をカバーする『河北新報』，中部・近畿地方では『中日新聞』，中国地方では『中国新聞』，九州全般をカバーする『西日本新聞』などがある。中日新聞社は，資本的に『東京新聞』『北陸中日新聞』『日刊県民福井』をも傘下に置く大新聞である。『東京新聞』は全国紙と同じスタンスで編集する新聞だが，販売地域は関東地方に限られる。また，岡山，広島，香川の一部に配布される『山陽新聞』も県を越えた領域に配布される。他に，「県紙」と呼ばれる新聞があり，県の情報に関しては県紙が独占状態にある。1941年の新聞統合の影響が今も残り，ほとんどが一県一紙だが，例外として一県二紙なのが『福島民報』『福島民友』の二紙がある福島県，『琉球新報』『沖縄タイムス』の二紙がある沖縄県がある。全国紙におけ

る日本のメディア秩序は，県紙における県情報のメディア秩序と類似している。

テレビにはNHKと民間放送という二つの成り立ちの異なる放送制度がある。NHKは公共放送という位置づけで，受像機のある世帯からはすべて受信料を徴収，それを経済基盤にして成り立つ全国放送の巨大なシステムである。現在，総合テレビと教育テレビの二つの地上波放送，BS1とBSプレミアムの二つの衛星テレビ放送，それに，AMラジオ放送が2波，FMラジオ放送1波が国内向けの放送である。さらに，NHKワールドという海外向けサービスがあり，英語によるNHKワールドテレビ，日本語によるテレビ国際放送のNHKワールド・プレミアム，NHKワールドラジオが18言語で放送，インターネットでも世界に向けて放送している。この巨大な放送コンツェルンは，予算の承認を国会で受けることから，政権与党の影響を受けやすいといわれ，実際にそれが明らかになって問題視された事件もあった（後述する「ETV2001　番組改変事件」等）。

民間放送は，主としてキー・ステーションと呼ばれる東京のテレビ局，準キー・ステーションと呼ばれる大阪のテレビ局，それに地方の放送局に分けられる。キーステーションは全国に散在する別会社の地方局とネットワークを組んでいる。ネットワークには，日本テレビ系，TBS系，フジテレビ系，テレビ朝日系，テレビ東京系の5系列があり，それぞれが覇を競っている。キーステーションはこのほかに，衛星放送（BS）を別会社の形で所有していて，資本はもとより番組や人事の交流を行っている。

"民間放送"は，戦前のNHKの性格が国家管理に近かったため，それに対しての民間という位置づけでこう呼ばれている。経済的にはスポンサー収入により成り立つ商業放送局である。その意味では，スポンサーの意向を無視することは難しく，テーマによっては取りあげにくいものもある。視聴率の高い番組を制作し，番組やCM枠をスポンサーに高く売ることによって利益をあげようという動機をもっている。そのため，ともすると視聴率中心主義の，番組の内容や品質の高さよりも，大衆受けする番組作りが行われやすい。ニュースや情

報番組では，時にはセンセーショナリズムが先行し，刺激の強い映像やことばが使われることもある。また，放送電波は総務省が管轄しているため，5年に一度の更新の際には，政権与党や総務省に対して神経質になることもある。

マスメディアは男性社会

　新聞社にしてもテレビ局にしても，これらの組織では長年にわたり"主流の人びと"中心の採用を行ってきた。最先端のことを伝えているので，メディア界は進んでいるようにみえて，実態は大変保守的な社会である。2010年現在，新聞記者の84％，テレビ制作者の約80％が，男性で占められている。組織全体の平均をとっても，新聞通信社で85.6％，NHK86.4％，民間放送78.8％であり，日本の他の業界と比べても男性比率はきわめて高い（男女共同参画白書）。この日本のマスメディアにおけるジェンダー構造の問題は，Ⅲ部1章4にくわしく述べる。

　この構造は，障害者や人種的マイノリティ他の人びととの問題でもある。たとえば，障害者については，法定雇用率というのが定められていて，どの組織も一定の比率以上で障害者を雇用しなければならないことになっている。My News Japanが，政令都市のある14都道府県の「障害者雇用率の未達成企業」について情報公開請求したところ，言論・報道機関では未達成機関が非常に多いことがわかった（2012年1月25日確認）。障害者雇用を促す記事を書きながら，自社においては雇用基準も満たしていないことは，マスメディアという社会的に大きな力をもつ機関のあるべき姿ではない。

　ここにも，主としてメジャー・コミュニケーションに従事するマスメディアが，"主流の人びと"によって支配されていることの一端が示されていよう。メジャー・コミュニケーションは，情報源である政治家，官僚，法曹，大企業の幹部なども，またその人びとを取材して情報を取捨選択し解釈を加えるのも，ともに"主流の人びと"によって作られ流される情報であるということを，常に意識しておかなければいけないだろう。

3　公的発表中心のニュース情報生産システム

　ここでは，主として大手メディア組織のジャーナリズム部門における情報生産システムを検証していこう。

　世の中ではさまざまな事象がうごめいている。しかし，そのほとんどは知られずに終わるのがふつうであり，ニュースにはならない。ごく一部の事柄だけが報道機関の知るところとなり，知られたもののなかから取捨選択されて，さらに一部のものだけがニュースとして世の中に広く知らされる。その，「報道機関によって知られる」ということが，ニュースになるかならないかの境目で基本的に大事な部分である。新聞全国紙やネットワークのキー局など，マスメディア主要機関の取材体制は，他のメディアと比較して大きく整っている。といっても，最大のNHKでさえ職員数は約1万人であり（表Ⅰ-1-1参照），それ以外はキー局でさえ会社全体で数千人にとどまる。そのなかで，テレビでは報道局，新聞では編集局といった直接ニュース制作に関わるセクションにおいて数百人から千人単位の組織であるから，とても全事象をカバーするのは不可能である。

表Ⅰ-1-1　NHK職員数（平成23年度）

	職員数（人）	平均年齢（歳）	平均勤続年（年）
男　性	9,045（85.8%）	41.6	18.3
女　性	1,497（14.2%）	34.8	11.6
全　体	10,542	40.7	17.3

出所：NHK Online（http://www.nhk.or.jp/faq-corner/01nhk/05/01-05-05.htm
　　　2011年12月28日確認）

　そこで，マスメディアは，重要なニュースの発生が予想される場所に常駐の出先機関を置いて取材に当たっている。情報を発する側にとっても，自分たちの出す情報をマスメディアが迅速に取り上げてくれれば好都合である。両者の利害が一致したところでできたのが「記者クラブ」である。その多くは官公庁の建物内にクラブ室が設置され，中小メディアやフリーランサーを排除した形

で，大手マスメディアの寡占的な情報入手システムが構築されている。

　証券取引所のようにその動向が経済に大きな影響を与える可能性のあるところや，経団連や日経連などの経済団体では，やはり同じような理由から記者クラブを設置し，マスメディアからの記者の派遣に便宜を図っている。新聞を広げてみるとよい。大手新聞一面の情報源を調べてみると，ほとんどが何らかの公的な発表をもとに記事を書いているのがわかるだろう。

　テレビニュースについては，わたしの属する国際テレビニュース研究会の調査結果がある。2004年秋の継続しない3週間を調べた結果，日本を代表するNHKでは，98.1％の記事が記者クラブなどを通じて発信された公的発表にもとづいていた。イギリスのBBCも86.4％がそれによって占められ，ブラジルのGloboは83.1％，アメリカのCBSは78.5％であった。どこのニュースも発表ものの占める割合が非常に高いことが見て取れるが，なかでも日本のNHKは他を引き離して高い比率であることが印象に残る（Kodama, Kanayama, and Shim, 2007）。

　この記者クラブでも発表をする情報の発信元もそれを受けて取捨選択してニュースとして送り出すかどうか決めるマスメディア側も"主流の人びと"である。したがって，選ばれたニュースの98％が発表ものであるならば，そこから発せられるメッセージは，二重に"主流の人びと"の価値観を反映したニュースとなるのは，避けられないだろう。このように，大手ジャーナリズム機関が発する"メジャー"なニュースは，主流の人びとの価値観を反映するメジャー・コミュニケーションなのである。それは，読者数や視聴者数がずば抜けて多いメディアによる発信なので影響力があるということが第一に重要な点である。そして，第二に，メジャーな世界の人びと，言いかえれば社会的影響力のある"主流の人びと"が認識しているので，今後の政策や社会の動きにも反映されやすいという意味でも重要となる。それを批判的にとらえることもできるが，その実際的な力も同時に認識しなければならないわけであり，それは社会的現実の認識，あるいは，自分たちの置かれている環境認識として重要である。

記者クラブの功罪について，アメリカの『ウォールストリート・ジャーナル』を例に，牧野洋はこう述べている。

　　牧野洋「ジャーナリズムは死んだか」
　　　記者クラブは必要なのか。業界団体である日本新聞協会の見解はこうだ。「記者クラブは，言論・報道の自由を求め日本の報道界が1世紀以上かけて培ってきた組織・制度なのです。国民の『知る権利』と密接にかかわる記者クラブの目的は，現代においても変わりはありません。」国民の「知る権利」を守るために有効ならば，なぜ日本以外の主要国に記者クラブはないのだろうか。
　　　デトロイト報道界の記者クラブ的談合体質に反旗を翻したのは，経済紙ウォールストリート・ジャーナル（WSJ）だ。1950年代前半，地元報道界の決まり事を無視して独自の報道を展開したことで，同紙は実質的な「出入り禁止」処分にされ，大口自動車広告もキャンセルされた。しかし，同紙が一流の経済紙へ躍進するきっかけにもなったのである。(牧野洋「現代ビジネス」2011年2月10日取得)

「日本新聞協会がいうように，記者クラブは国民の知る権利を守るのか。『ウォールストリート・ジャーナル』の歴史を教訓とすれば，記者クラブは国民の知る権利を損ねるとも言えるのではないか。日本でも記者クラブ脱退を宣言する新聞社が現れれば，日本新聞協会の見解が正しいかどうか検証できるのだが」（同上）と述べ，長い目で見て記者クラブはない方が良いとしている。
　"主流の人びと"を世界のコミュニケーション秩序に置き換えると，「日本人」の代わりに，「白人」「キリスト教的発想」「欧米中心史観」といった要素が入るが，紙幅の関係上，ここでは省略する。

4　マスメディアを支配する商業主義的基盤

　日本の大手マスメディアは資本主義社会をその存在基盤としているので，行動原理は商業主義にもとづく。もちろん，ジャーナリズム機関のジャーナリズムたるゆえんは，社会で起こっている出来事を人びとに知らせるとともに，公共的な議論の基盤となる情報提供をし，民主主義社会に貢献しようとする理念

にあるから，儲けるだけを目的としているわけではない。しかし，一方で，マスメディア組織の多くは株式会社の形をとっているから，その限りでは利益追求をしても不思議はないのである。マスメディアの多くは，ジャーナリズム部門だけでなく娯楽部門も多くを占めているので，ジャーナリズム精神だけで会社を動かしてはいない。放送など，草創期にはジャーナリズム部門が利益を上げなくてもよいという考え方もあったが，今ではそれが許されなくなってきている。マスメディアは，メディアという手段を用いて私的な会社としての利益を追求する一方，メディアのもつ公共的な理念も追求しなければならないという2つの方向性をもっている。そして，企業が大きくなればなるほど，そこで雇用する人びとの生活基盤をも保障しなければならないので，安定した利潤を求めるための利益の追求は不可欠となる。

　NHKは公共放送の立場から，利益を目的とした経営を行う必要はない。その代わり，放送受信設備を有する者——いいかえればテレビをもっている人は「受信料」を納めなければならないことになっている（放送法第64条　受信契約および受信料）。NHKの経済基盤はこの受信料収入にあり，商業主義にもとづいているわけではない。しかし，テレビ画面の上では，他の民間放送局と横並びで比較されるので，著しく視聴率が低いとか放送内容が面白くない場合は，それなりの批判を受ける。利益では競争していなくても，比較評価されていることは確かである。いいかえれば，商業主義そのものではないが，商業主義テレビの影響を受けているといえよう。

　そのせいかどうか，最近のNHKの番組編成や番組のなかには，民放的要素が色濃く出されるようになっていて，逆に今度は，受信料を払っているのに民放と同じような放送をしていたのでは意味がない，NHKらしく教養ある内容で公共性のある番組を制作すべきであるとの批判が出ている。その原因については，現在横並びの民間放送の影響だとする説や，NHKやNHKが発注する制作会社のディレクターたちが民間放送の影響を受けて育ったので，必然的にそうなるのだとする説などさまざまあるが，ともかく商業主義の影響を受けていることは確かである。

テレビは視聴率中心

　商業主義の影響をもう少し絞っていくと，テレビの場合，そこには必然的に視聴率を重視する姿勢がでてくる。現行の代理店を介したスポット広告取引の大部分は，GRP（Gross Rating Point）と呼ばれる商取引の形に依っている。ここでは，CMが放送される時間帯の視聴率にスポット広告の放送回数を乗じたものが，スポンサーの支払額になる。逆に，支払額を固定して考えれば，それを視聴率で割ったものがCM放送回数となり，視聴率が高ければ一つのスポンサーのCM放送回数が少なくて済み，多くのスポンサーのCMを投入できることになる。すなわち，視聴率が収入に直結していることが，視聴率を重視する民放の制作姿勢につながっているのである。

　こうなると，一瞬一瞬の視聴率が問題とされ，刺激の強いメッセージが次々とテレビから飛び出してくる。そのかげで，じっくり見ると面白い番組とか，後からじわじわと心にしみてくる番組，あるいは，教養が深まる楽しみや，社会のさまざまな様子や仕組みがわかる喜びなどは視聴率につながりにくく，番組終了の憂き目にあうことになる。その番組を見た人の質的な評価が高かったとしても，その放送時間帯が要求する視聴率に達しなければ局の編成やスポンサーからは評価されない。

スポンサーとの関連

　もうひとつ，商業主義の悪影響として，大きなスポンサーへの遠慮の問題がある。薬品・化粧品・健康食品・酒類，そして，自動車・家庭用電気器具などは長期にわたるテレビの代表的なスポンサーである。これらの企業や商品がからむ問題についてテレビは取り上げることが少ない。不況の時にテレビ局を救うスポンサーとして消費者金融があるが，社会的にこれらの弊害が大きかったときにも，テレビ局はCMを出し続けた。煙草の健康への害がいわれた時も，広告がやむことはなかった。

　しかし，何といっても，電力会社とマスメディアの結びつきほど，国民生活に大きな影響を与えたものは他にない。それは福島第一原子力発電所の爆発事

故によって明確になった。それまで，新聞の1面の下の方に二酸化炭素を出さない「クリーンなエネルギー」として電力会社の広告が出ていたことを気にしていた人はどのくらいいたであろうか。また，テレビ番組のスポンサーとして電力会社が顔を出していたことは覚えているだろうか。とくに地方局では他に大きなスポンサーがいないこともあって，原子力発電関係のことについてもかなり神経質になって批判をしないようにしていた。

スポンサーとしてならまだしも，もっと問題なのは，メディアが原子力ムラに取り込まれて，原子力ペンタゴン（原子力発電を推進する政界，財界，官界，司法，報道の5つの集団）の一角をなしていたことは，原子力発電の危険性指摘の封印に加担したものとして批判を受けている。国策として進める原子力発電について，以前から問題視する人びとはおり，それに関する番組を制作しようとするディレクターもいたのに，テレビ局はほとんどそれをつぶしてきた。その結果が東日本大震災における福島第一原子力発電所の事故である。これについては，第Ⅱ章で詳しく述べる。

このように，マスメディアは，組織を活かした包括的な取材力と相対的信頼性を武器として，永い間ジャーナリズムの主流として君臨してきたが，その一方で，政府や大企業と同様の体質をもつとともに，その商業的な基盤が内容にも影響を与えていること，さらに，男性中心の"主流の人びと"の常識の範囲でものを考えてきたという特色があり，その則は越えられていない。

それに対する，対策として何ができるだろうか。一つはマスメディアにそれを是正する要求を市民の側からしていくことである。二つ目は人材の問題で，あまねく多様な人びとを採用し社内に新しい風をおこす。三つ目は記者クラブなどの取材制度を変え，NPOや個人のネットワークにも配慮し，情報源を多様にしていく。四つ目に，商業主義的な財政基盤を改善し多様な財源で運営することにより，特定のスポンサーの影響力を排除する。五つ目に，たとえ民間放送でも国民の電波を使っているのだから公共性を大事にしなければいけないことを確認し，視聴率主義でなく，良い番組を評価する手段を取り入れることを，市民が要求するなどである。これらの要求は，自己批判能力を失い陰りの

見えてきたマスメディアにとって起死回生の策なのだが，すでに自律的にそれを改善することは難しくなっている。

そこで，私たちはマスメディアに改善を要求する一方で，自分でそれを補完する手段を見つけ，自分の情報環境を整えていく必要がある。それが，これから述べる「シェア・コミュニケーション」や「ケア・コミュニケーション」なのである。

第2章 シェア・コミュニケーション

1 インターネットの発達と市民の力

　シェア・コミュニケーションの道具には従来から色々なメディアがあったが、現在、大きな威力を発揮しているのが、インターネットである。インターネットは、個々のコンピュータを結ぶ世界的な規模の通信回線により媒介されるネットワーク組織である。

　インターネット通信はアメリカの軍関係の通信から始まって、アカデミックな分野の研究交流に便利なツールとして発展した。1960年ごろから70年代にかけてのコンピューターは、塵のない温度調節の効いた大きな部屋に入れてコントロールする高価で巨大な装置であった。しかし、半導体の改良や周辺機器の急速な発達により、1985年ごろには個人が所有できる状態となり、パーソナル・コンピューター（パソコン）として用いられるようになった。世界的にみても、先進国に関しては多少のばらつきを含みながらも、同じような経過を示している。

　1990年代前半でもパソコンの世帯普及率は10％台にとどまっていたが、95年にマイクロソフト社がパソコン機器の製造会社とともに全世界に仕掛けた戦略により爆発的にパソコンが普及し、それから10年前後の間に先進国のほとんどにおいて、過半数の人がインターネットを使用する状態になり、世界の情報化は一挙に進んだ。

　日本においてもほぼ同様で、1995年以来インターネットを利用する人が増加したが、日本の特徴は、携帯電話の普及がパソコンにもまして急速に進んだことだろう。もともとインターネットは通信の相手が必要なメディアだから、利用する人が大勢いてこそ利用価値が高くなる。1対1の個人間の通信でも、1対多の大勢に送る通信においても、パソコンの普及と回線の拡大が同時に行われ、飛躍的な発展を遂げたのである。その後も、年齢層の広がりや地域的な広

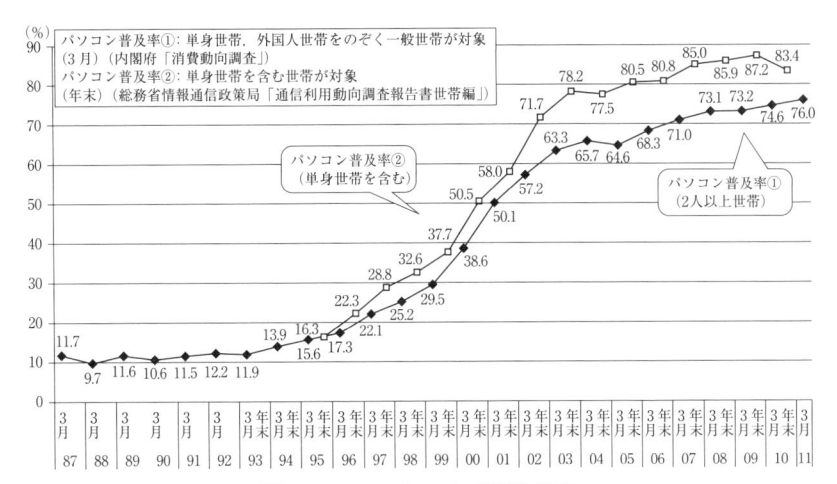

図Ⅰ-2-1　パソコン世帯普及率

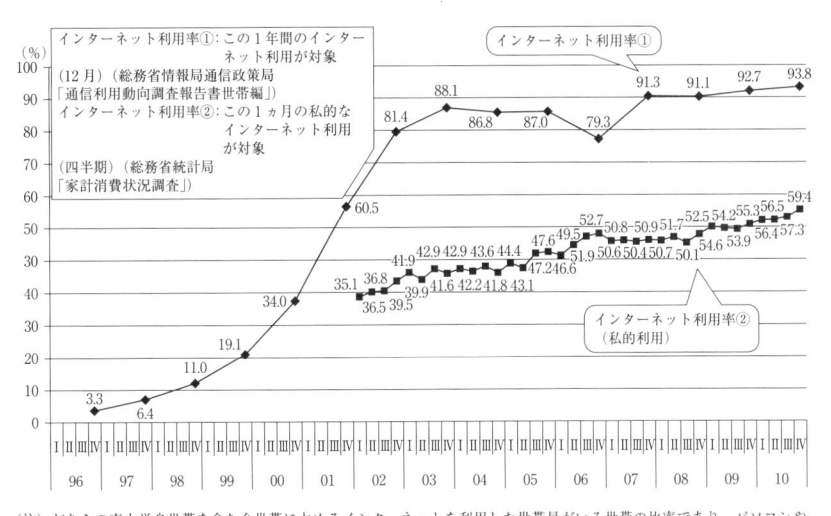

パソコン普及率①：単身世帯，外国人世帯をのぞく一般世帯が対象
（3月）（内閣府「消費動向調査」）
パソコン普及率②：単身世帯を含む世帯が対象
（年末）（総務省情報通信政策局「通信利用動向調査報告書世帯編」）

図Ⅰ-2-2　インターネット世帯利用率の推移

インターネット利用率①：この1年間のインターネット利用が対象
（12月）（総務省情報通信政策局「通信利用動向調査報告書世帯編」）
インターネット利用率②：この1ヵ月の私的なインターネット利用が対象
（四半期）（総務省統計局「家計消費状況調査」）

（注）どちらの率も単身世帯を含む全世帯に占めるインターネットを利用した世帯員がいる世帯の比率であり，パソコンや携帯電話などインターネットの利用機種や利用場所を問わない。
インターネット利用①の公私利用の限定は次の通り毎年やや異なる。96：自宅で利用，97-98：公私限定せず，99：自宅での使用（携帯電話単独利用を含まない），00：自宅での利用，01-02 公私限定せず，03-：個人的使用。またインターネット利用①について06年末は，05年末までと同様の設問がないため，『『自宅』で『パソコン』を使ってインターネットを利用したことがある人が少なくとも1人はいる世帯にお尋ねします。』又は『インターネットを利用したことがある人が少なくとも1人はいる世帯にお尋ねします。』と設問文において回答者を限定した設問（世帯全体用の問 2,3,4 および6）に回答した世帯の割合。07年末は05年末までと同じ。質問方法等が異なっているため，06年末の数値には注意を要する。

（社会実情データ図鑑　http://www2.ttcn.ne.jp/honkawa/6200.html　2011年8月12日18時確認）

第2章　シェア・コミュニケーション

がり，仕事上の利用から個人的な利用まで，インターネットはさまざまな分野に浸透していった。

　パソコン利用の基本指標は，パソコンまたはインターネットの普及率で図られるが，それに関して日本では，総務省の調査と，旧・経済企画庁の統計を継ぐ内閣府調査がある。総務省調査で2009年に87.2%と過去最高になったが，2010年末にやや低下し，ほぼ限界に近付いているとみられる（図Ⅰ-2-1，図Ⅰ-2-2）。

　以前から，仲間で情報を分かち合い共有するメディアはたくさんあった。たとえば，少数民族や先住民によるエスニック・メディア，女性の連帯をはかるフェミニズムの雑誌や新聞，書籍，同じ病気の人たちが情報交換し励まし合う患者交流の出版物，小説や短歌や詩などを作って批評し合う同人誌などである。それに加えて，社会問題を指摘し告発する市民的発想のメディアなどがあった。

　それらは一般に「オルターナティブ・メディア」（alternative media）と呼ばれている。"オルターナティブ"とは，代わりの，もうひとつの，何かにとって代わる，新しい…というような意味合いのことばである。したがってオルターナティブ・メディアは，マスメディアに対抗することばとしても用いられ，マスメディアにはないもの，マスメディアにとって代わるもの，マスメディアを補完するメディアという意味合いが強い。

　電子メディアが未発達の時には，雑誌や新聞，書籍などの印刷メディアをオルターナティブ・メディアとして利用していた。印刷メディアは，編集し印刷することに加え発送する費用のかかることが，予算の少ないグループには悩みの種だった。その後，CATVやビデオが出てきて映像によるコミュニケーションも図られたが，これは装置が必要なことが面倒だった。しかし，インターネットの発達は，印刷の手間をはぶき，郵送の時間とコストを削減し，装置もパソコン一台で済むとあって，比較的低コスト・低労力で，時間と空間を乗り越えて情報が伝わることに貢献した。それは，中央から周辺へ，あるいは，上から下へという，中央集権型の一方向性だった情報流通を，会員同士上下の隔

たりなく同じ立場で発信・受信が行われることを可能にもした。さらに，インターネットは情報を仲間だけに限定することもできれば，世界中に発信することもできるので，オルターナティブ・コミュニケーションの世界を革新的に変えた。今，インターネットはメジャー・コミュニケーションにも進出しつつあり，マスメディアの圧倒的な地位を脅かしつつある。インターネットは，メジャー，シェア，ケアの，いずれにもなりうるメディアである。

シェア・コミュニケーションとオルターナティブ・メディア

　目を海外に広げ，少し他の文献を見てみよう。

　毎日の生活のなかで他人と接触したり，時間的空間的に社会と関わることを，ヨーロッパの学問的伝統のなかで「公共圏」と呼んでいる。人びとは，自分の私的な空間では自由にふるまうことができるが，社会のなか，いいかえれば公共圏では，その社会の制度や常識と折り合いをつけてふるまわなければならない。人びとが意見を述べる場合，マスメディアのような公共圏では，専門家や選ばれた人びとにとってはそこへの参加が可能だが，一般の人びとの参加はほとんど不可能である。そこで，市民が参加してマスメディアではないところで意見を述べ議論しあう「オルターナティブ公共圏」という空間ができてきた。1970年代以降の「オルターナティブ公共圏」について，林香里は，次のような条件を目標とする運動があったと述べている。それは，「市民に身近であること」「日常的経験世界と当事者意識の重視」「パブリックな領域とプライベートな領域の二極分解の解消」という3つの柱である（林　2002）。

　ここで述べているシェア・コミュニケーションもそれに近い考えである。シェア・コミュニケーションは，市民に身近な問題をテーマとして取り上げ，政府や企業団体の公的な発表を主に伝えるメジャー・コミュニケーションとは様相を異にしている。また，現場にあってそれを実際に動かした人たちの個人的・集団的体験をもとに当事者が発信し，問題提起できるのである。さらに，職場や学校，集会などの，なかば公共性のある場所において起きている事柄について意見を交換し合うという意味で，パブリックとプライベートの二極分解

の解消に貢献することもできる。

　ただし，これが大きな公共でもなく全く私的な領域でもなく中間的であるとしても，それが，全国民に影響を及ぼすことでその一角が崩れることがあれば，それは，オルターナティブな公共圏ではなくなり，公共圏で議論すべき問題に発展する。実際，後に述べるいくつかの事例は，発端は小さくても，国家的・国際的な問題として発展しており，オルターナティブなコミュニケーションから，メジャー・コミュニケーションになっている。

　一方，フレーザーは，ドメスティック・バイオレンスといった「社会問題」に言及し，民主主義的な公開性とは，それまで共通の関心事でもなく公共的な問題でもなかったものを，公共的なものとして他者に納得させる機会を少数派に積極的に保障することだ，と主張する（フレーザー　1992=1999）。これはジェンダーに関わることから発想しているので，「個人的なことは政治的なこと」と喝破したケイト・ミレットの考えと共通するものである（Millet　1970）。それまで「女性の個人的な問題」として公共圏における議論から退けられてきたものも，ここでは政治的なこと，社会的なこととして議論される。

　公共的なテーマとなるかどうかはそれをどの組織が取り上げるかによって，ある程度決まってくる。女性問題に関しては，国際連合が1975年に「国連婦人問題会議」（後に「第一回世界女性会議」と改称）として世界的な問題として取り上げたことが，公共的に議論できるようになった要因として大きい。1970年にウーマンリブ運動があり，世界中で起こった女性差別に関する異議申し立てが国連をも動かし，国際会議開催となったのである。その5年後に国連が正式に「国際女性年」として取り上げ，さらに次の10年を「国連女性の10年」と定めた結果，この問題が公共的なテーマとして議論できる素地ができた。

　日本では遅蒔きながら1999年，男女共同参画社会基本法が成立し，男性並みになる平等から，男女役割の相互乗り入れによる仕事と生活の均衡，いわゆる「ワークライフバランス」という考えの導入へとつながり，今日に至っている。それとともに，「DV」といわれる「ドメスティック・バイオレンス」や「ストーカー行為等の規制に関する法律」等，女性の身の安全に関する法律や，

「育児・介護休業法」等の男女が家庭と仕事を両立できるようにするための法律の改正も行われた。

　このようにして，以前は「女性の問題」として公共圏では論じられなかったことが，国連と政府が主導していることにより公共的な話題として，マスメディアに載る"資格"を得たということができる。しかし，問題はまだ残っている。マスメディア内部が前節で述べたように男性社会であり，"主流の人びと"によって占められているので，女性関連問題の優先順位は低く，"資格"はあっても記事が載りにくいという現状はある。そのため，女性にとって必要な情報は，シェア・コミュニケーションとして，自分が努力して得なければならないものになっている。

　マスメディアは，大量の情報を一方通行で市民に届ける方式である。そして"主流の人びと"の価値観を基準にして取りあげる項目を選定し，それを彼らの解釈によって伝える方式である。それに対しインターネットによる発信は，必ずしもメディア企業に雇用される必要もないので，発信者が"主流の人びと"である必要はない。また，仮に主流の属性をもった人であっても，考え方の面でそれと同調する必要はない。要するに，インターネットは，マスメディアとは違う意見を多様な人が遠慮なく発表できる言論空間なのである。そして，発信者も受信者も平等な位置関係にあり，相互に発信受信を繰り返す双方向，あるいは多面的な網目状（inter＋net）コミュニケーションができるという特徴をもっている。

　この一方向ではなく網目状（net）につながったインターネットは，個人でも利用可能で，しかも世界中に発信できる便利なメディアである。そこで，マスメディアに対して問題や限界を感じている人びとは，インターネットを利用して，自分たちの知っている事実や思いを発信するようになっていった。そこには，フリーのジャーナリストもいれば，組織ジャーナリズムの経験をもちながら独立した人もいた。また，職業としてのジャーナリストではなくても，ジャーナリズム的発想で自分のメディアとしてインターネットを利用する人たちも出てきた。

1980年代のことであるが,「ジャーナリズムとは何か」という問いに対し,新井直之は非常にわかりやすい言葉でこう述べている。「いま言うべきことを,いま,言う」「いま伝えなければならないことを,いま,伝える。いま,言わなければならないことを,いま,言う。『伝える』とは報道の活動であり,『言う』とは,評論の活動である。それだけが,おそらくジャーナリズムの唯一の責務である」(新井 1986)。インターネットは,この荒井のジャーナリズム論を実践するのにふさわしいメディアなのではないだろうか。

2　インターネット・ジャーナリズム

　インターネット・ジャーナリズムについて語るまえに断っておかなければならないことがある。ここで,「シェア・コミュニケーション」として扱うのは,従来のジャーナリズムにあきたらないフリー・ジャーナリストの起こしたニュース・サイトや,市民的発想で取材から取捨選択まで独自に行うものに限定されている。逆に,すなわち大手の新聞社や放送局,通信社などが運営するインターネット・サイトで,基本的には"主流の人びと"が内容を作りだしているものは含まれない。もうひとつ,含まれないものとして,マスメディアのニュース・サイトから引用して作られた,プロバイダーによるニュース・サイトである。これらのサイトは,手段としてはインターネットを利用しているが,内容的にはメジャーのものと同じなので,シェア・コミュニケーションの部類には属さない。前節で述べたメジャー・コミュニケーションに属するものである。

　本節で扱うジャーナリズムの発信する内容は,マスメディアとは違う手法により違う種類の情報を集め,違う視点での解説を加えたりするものである。それぞれのサイトがそれぞれ得意な分野で活躍している場合が多い。同じ志のインターネット・ユーザーと情報を分け合い共有する「シェアする」コミュニケーションである。

　いくつか,その例をあげよう。

韓国・オーマイニュース(Oh! My News)

　最初に世界的に有名になったのは，日本より一足早く1990年代に情報化が進んだ韓国において成功を収めた「オーマイニュース」であろう。これは，2000年2月，オ・ヨンホ（呉連鎬）が設立した市民参加型のニュースウェブサイトである。原稿を書くのは専属の記者と，4万人ともいわれた市民記者である。市民記者には会社員，主婦，学生ほかが参加し，日に200本ほどの記事をウェブ上に掲載していた。2002年，韓国大統領選挙では，市民派候補で当初不利といわれていたノ・ムヒョン（盧武鉉）が大統領に選出されているが，そこにはマスメディアの新聞とは異なる立場の「オーマイニュース」の市民パワーが背景にあり，主婦や学生，会社員などの幅広い層の情報提供者と，読者たちの協力と共感が与って力があったといわれている（ウィキペディア「オーマイニュース」参照）。

　「オーマイニュース」は，マスメディアがもっていない市民発想で記事を構成し，市民発想の視点で記事を書き続けた。そこには，従来のジャーナリズム文法とは違う取材方法が用いられ，しばしば記者による取材ではなく，個人の体験もつづられた。会員たちはそれに共感し，自分も発信して言論広場を作っていった。自分の体験をシェアし共有する場としてのインターネットが社会の変革を促し，大統領まで生みだしたのである。

　それから2年ほど同ニュースは隆盛を極めたが，2006年同社から北朝鮮に資金提供が行われていたことや，野党議員に対する名誉棄損事件で記者が有罪判決を受けたことに加え，ブログやソーシャル・ネットワーク・システム（SNS）など新しいタイプのインターネットの発展があって，2004年の半ばからはアクセス数が急減してきた。2006年にはソフトバンクが第三者割当増資を引き受け12.95％を保有する株主になったが，その後も経営は好転せず，2008年には54万ドルの赤字を計上した（同上）。

　時間が戻るが，韓国における「オーマイニュース」の成功を見ていた日本では，その手法を取り入れようと2006年8月，日韓合弁で「オーマイニュース・インターナショナル株式会社」を設立，初代編集長に鳥越俊太郎が就任した。

ソフトバンクの孫正義社長が投稿するなどして最初は話題を呼んだが,日本版の「オーマイニュース」は成功しなかった。もし,経営者や編集長がマスメディアの意識のままにシェア・メディアを運営しようとしたならば,それはうまくいかないだろう。市民から記者を募集したならそれなりの基礎教育と待遇も必要だったのではないか。編集長と市民記者との収入格差なども問題として指摘されている。

このように,世界でも初めての試みといわれた韓国「オーマイニュース」だが,新たなソーシャル・メディアの出現が,経営を脅かしている。もともと自分たちもニューメディアを利用しての成功であったために,新しいメディアに押されるのは宿命かもしれない。また,大衆は一時的な人気や流行に乗りやすいので,それが過ぎると熱が冷めてしまうこともある。また,オルターナティブ・メディアを利用した試みは,ややもすると無責任な言説に惑わされ,それが経営にも響く面があるのを否定できない。マスメディアの多くが,一時的に記事内容に問題が生じたり,経営が困難になることはあっても,永年にわたり継続することで信用を勝ち取り,ノウハウを蓄積したりしながら,ジャーナリズムとして機能しつづけてきているのとは対照的である。社会のなかで人びとが自分の体験に基づく情報をシェアすることは,マスメディアにはない方法と精神であり意義が見出されるが,まだ歴史が浅いためか,継続の困難なところが残念である。

JanJan(Japan Alternative News for Justice and New Cultures)

「オーマイニュース」をある程度参考にしながら,日本における市民参加型インターネットを運営してきた実績のあるウェブサイトに「JanJan」がある。2002年7月,朝日新聞編集委員と鎌倉市長を経験した竹内謙らが,日本インターネット新聞株式会社を設立し,翌年2月に同社がインターネット新聞「JanJan」を創刊した。これは,Japan Alternative News for Justices and New Cultures(さまざまな正義と新しい文化のために日本から発信するもう1つのニュース)の略称であると同時に,社会に警鐘を鳴らすジャンジャンという半鐘の音

をあらわしているという (JanJan Newsホームページ)。ここでは下記のように，5項目の「*JanJan*」宣言をしている。

> 『JanJan』宣言
>
> 『JanJan』は，これまでのメディアの発想を一新する「市民の，市民による，市民のためのメディア」です。そのことを明確にするため，次の〈宣言〉をします。
> 1．多くの人びとが市民記者になって生活や仕事，ボランティア活動の現場からニュースを送ります。
> 2．市民のボランティア活動とカンパが編集作業を支えます。
> 3．既存マス・メディアのニュース価値にかかわりなく市民の視点に立って良質な言論を創り上げます。
> 4．正義と自由，公正を大切にする市民社会の創造を目指し，市民主権と地域自治を確立する制度改革に取り組みます。
> 5．国境を越える情報交流による異文化の相互理解を進めます。

そして，この具体的な手段と精神のもとに，次の7項目の市民記者コードがあり，これらにもとづいてニュース価値を判断し添削し編集して掲載している。

(1)記事は市民記者個人の責任で書きます，(2)情報は正当な方法で収集し，事実関係を十分確認します，(3)盗作など他人の著作権を侵害しません，(4)名誉毀損，人権侵害や言論の暴力的な記事は書きません，(5)差別的な記述や品格を欠く記述はしません，(6)取材対象から金品を受け取るなど不当な行為はしません，(7)編集権は本社にあることに同意します，を定めた。

このように，「JanJan」は，マスメディアのもつプロのジャーナリストの倫理基準を守りながら，精神は市民メディアとしてのそれを貫く方針を掲げている。ここには，インターネット・サイトにありがちな，無記名で他人の誹謗をしたり，感情的な記事の掲載をしたりするのを防ごうという意図がみられる。このサイトが行った掲載希望者の投稿による記事の作成は，日本初の試みで

第2章 シェア・コミュニケーション

あった。日常的な記事の掲載のほかに，市民記者会議を開催したり，2006年には「ザ・選挙～JanJan全国政治家データベース」を作成，2007年には『政治資金データベース』『JanJanChina日中連線』を創刊したりするなど，新機軸を打ち出した。また，基幹放送ではないが，新しいBSテレビ局「BSイレブン」で放送されている『INSIDE OUT』という報道番組のなかに，13分ほどのコーナーを提供するなど，テレビ放送との連携にも取り組んでいる。

　記事としては，原発や放射能汚染についての市民目線での報告や，平和に関する諸問題等が取り上げられているほか，「オピニオン，論説，書評他」として，取材ニュース以外の言論空間も用意されている。

　開設から7年間，運営資金を親会社の富士ソフトからの広告費で賄っていたが，広告収入が低下したために運営が難しくなり，2010年3月に「暫時休刊」のやむなきに至った。

　この間，多くの記事を市民記者たちが書き，身近な情報や自分だけが知りうる情報をシェアしてマスメディアの行き届かない部分を補完してきた。しかし，その記事内容に批判がなかったわけではない。上記のようなことに注意しながら素人ジャーナリストである市民記者の記事を編集者が確認してはいたのだが，記事内容に疑問をもたれ，掲示板などで議論になったこともある。「JanJan」の記事はサイト（http://janjan.voicejapan.org）で見ることができるが，読者コメントは削除されている。

　この「JanJan」の例をみると，市民ジャーナリズムの志が満ちており，マスメディアのジャーナリズムに満足しない市民たちの批判精神と発信意欲がうかがわれる。しかし残念なことに，こういうメディアの運営はなかなか厳しいものがあった。休刊を予告する「お知らせ」には次のように記されていた。

『JANJAN』休刊のお知らせ（2010年03月01日編集便り）日本インターネット新聞社

　インターネット新聞『JANJAN』，『ザ・選挙～JANJAN全国政治家データベース』など一連の弊社サイトは，3月31日をもって暫時休刊することになりました。
　ここに謹んでお知らせ致しますとともに，2003年2月の創刊から今日まで，ご執筆，ご愛読，ご協力いただきました多くの皆さまに，深く感謝申し上げます。

　暫時休刊の理由は次の3点です。
　第1は，急激な広告収入の落ち込みにより社業を支えるだけの収入の見通しが立たなくなったことです。弊社の事業にご理解をいただける広告主を探しておりますが，この不況下でいまのところは困難を極めており，明確な見通しが立つまでの間は休業すべきと判断致しました。
　第2は，IT技術の急速な発展を見せる中で，BlogやSNS，Twitterが普及する以前から創り上げてきた弊社のWebサイトシステムは技術的に少々時代遅れになりました。新しい技術を取り入れたシステムに更新する必要があり，そのためには，この際，ひと休みして新たな構想を練る時間を取りたいと考えるに至りました。
　第3は，インターネット新聞『JANJAN』は，官情報頼り，上から目線，一方通行型の既成のマスコミに刺激を与えるため，ごく普通の市民が記者になってニュースを書くというインターネット時代にふさわしい市民メディアの創造に挑戦しましたが，このところマスコミ側も市民の投稿やブログとの連携を重視する傾向が顕著になってきました。また，弊社をはじめ既存マスコミに属さない報道関係者が長年主張してきた中央省庁の記者クラブの開放も民主党政権の下で徐々に進んできました。こうした点からみて，弊社の所期の目的はひとまずは達成されたと得心しております。

　弊社は，時代を先取りする市民メディアばかりでなく，政治の活性化を目指して，本来は政府が取り組むべき全国のすべての選挙に関する情報を集積する『ザ・選挙～JANJAN全国政治家データベース』や不透明な政治資金の実相を明らかにする『政治資金データベース』，国会議員の活動を計量化する『国会議員白書』など公益に資するサイトを運営して参りました。「暫時休刊」は誠に残念であり，ご愛顧いただいた皆さま方にはご迷惑をお掛けして誠に申し訳ありません。今後は，できるだけ早期に，新たな発想を織り込んだ新サイトの復刊を目指したいと考えております。
　もとより，復刊への道は容易ではありません。スポンサーとして資金的な協力をいただける方，コンテンツの作成にご協力いただける方，技術的な支援をして

> いただける方など，ご理解をいただける皆さま方のご協力が不可欠です。弊社サイトは，これまでに7年余りの間に，5万本の記事と20万人の政治家情報を蓄積してきました。これらのデータを基にして，弊社が取り組んできた事業を継続・発展させる新サイトの構築を一緒に検討していきたいという意思がある方には，ぜひ，ご相談いただきたいと思いますので，どうぞ，お申し越しください。
>
> 　4月以降の各サイトの対応につきましては，別途個々のサイトごとに説明致しますので，ご参照ください。
> 　2010年3月1日　日本インターネット新聞株式会社代表取締役社長・竹内謙
> 　http://www.janjannews.jp/archives/2744447.html（JANJAN）

　しかしその翌月，運営委員会を設置して「JanJanブログ」を立ちあげ，休刊を補うための活動がつづけられている。2011年には「取材ニュース」として，東日本大震災，福島原発関連のニュースを掲載している。

　休刊せざるを得なくなった理由として，第一に経済的困難，第二に新しいコミュニケーション・メディアの台頭，第三にマスコミの市民の声への配慮などがあげられ，「JanaJan」の立ち位置が大メディアと小メディアの両方から挟み撃ちにされている状況が描き出されている。

　しかし，経済的・技術的に問題を抱えてはいても，「JanJan」には市民ジャーナリズムの志が満ちており，マスメディア・ジャーナリズムに満足しない市民たちの心意気がうかがわれる。体験や知識をシェアしたい気持ちは，実際，休刊からひと月もたたない4月24日，早くも縮小した再出発が「blog」の形で現れ，継続を図っていることにも見出される。

ビデオニュース・ドットコム（Videonews.com）

　市民メディアサイトとは多少趣を異にするが，市民的精神でプロが運営している「ビデオニュース・ドットコム」（videonews.com）。これは，ジャーナリストの神保哲生が立ち上げた日本ビデオニュース社が運営するインターネットのニュース専門チャンネルである。特定テーマに絞って専門家にインタビューしたり，神保と宮台真司（社会学者）が議論する「マル激トーク・オン・バトル」

は，テーマにふさわしいゲストを呼んで毎週放送している番組である。インターネットを利用しているので一般の放送局と違って番組の放送時間には制限がなく，必要があれば長時間になるが，多くは1時間半から3時間程度までの間である。

　2008年7月現在，会員登録した人たちは1万1,000人。毎月500円（＋消費税25円）を支払う。会員制をとることにより，スポンサーをつけずに済み，自由な編集方針で臨めることが，このインターネット放送局の特徴である。過去の番組ゲスト一覧には菅直人をはじめ50人前後の政治家が名を連ねているほか，300人近い学者・評論家・ジャーナリスト・弁護士・文筆業・作家・映像作家・漫画家・NPO活動家・思想家・起業家・編集者…が登場している。主として硬派の内容を今様の市民的視点で切り取っている。

　毎週土曜の夜から新しい番組が放送されるほか，直近3ヵ月についてはオンラインで視聴できるなど，会員でない人に対しても相当程度無料公開している。また，過去のインタビューに関してはDVDや有料ダウンロードでみられる。Videonews.comは，神保哲生というフリーのジャーナリストの個性を前面に押し出して編集し，考えを共有する人たちが会員として支えている。日本のジャーナリズム界の，個々に発信される情報数は多くても掘り下げた議論が少ないという土壌のなかで，じっくりと議論する希な編成である。「オーマイニュース」や「JanJan」が市民記者の参加でマスメディアに対抗したが，経営的にうまくいかなくなったのと比べ，こちらはジャーナリストの個性を押し出して成功しているのが注目される。

　以上，インターネットを利用したジャーナリズムのなかでも，市民的発想の内容をより多くの人とシェアし，メジャー・コミュニケーションに対抗する動きの例を紹介した。韓国の「Oh! My News」のように大統領選出の原動力になるほど短期的には成功しても，永くはつづかないように，新しい形が根づくのには困難がともなう。しかし，一つだけ確かなことは，政府や大企業を代弁することの多いメジャー・コミュニケーションに対抗して，「市民的発想」のニュース記事を根づかせるのには貢献しているという事実である。主宰してい

る人たちは属性的にみて"主流の人びと"が多く含まれているが，マスメディアが運ぶメジャー・コミュニケーションとは一線を画しているのははっきりしている。この場合の市民的発想として，彼らに共通する理念を探してみると次のようになる。反戦・反原発・反開発などを謳い，環境問題や福祉等の推進に重点を置き，権力的な政治手法に反対する立場をとっている。そして，目先の利益よりも継続可能な社会の発展を目指し，グローバルな発想で，世界の平和を目指す…というようなところであろうか。

　本来，市民的発想はもっと政治のなかに取り込まれていても不思議ではない。北欧やカナダ，ニュージーランドやオーストラリアなどでは，政府自体が市民的基盤の上に立っているとも考えられる。しかし，日本では，永年の保守政治のせいか，そのような考え方が反政府的であるとされ，それはあたかも偏った思想であるかのようにいわれがちだ。お上に逆らうのはいけないことのように考え，反政府的発言に臆病になる人びとがいる。その結果，これらの市民的発想がメジャー・コミュニケーションとはならずに，シェア・コミュニケーションにとどまっている，ということもできるのではないか。何かをきっかけに，シェアがメジャーになることがありうるが，とりあえず日本での市民的発想は，まだ，シェア・コミュニケーションなのである。

3　告発ジャーナリズム

　新井直之は，「ジャーナリズムの活動はあらゆる人がなし得る。ただ，その活動を日々行いつづけるものが専門的ジャーナリストといわれるだけなのである」と言う（新井　1986）。新井の定義にしたがえば，私たちがあることに対し一回だけ発信するのもジャーナリズムとなりうることになる。誰でも，最も適切なタイミングで，知らせるべきこと，いうべきことを発信すれば，それもジャーナリズムたりうるということである。たとえば，自分だけがたまたま知りえた重要な情報を社会に発信し，人びととその情報を分かち合い共有した時，その人の行為は「情報のシェア」であり，それがジャーナリスティックな

意味をもてば，シェア・ジャーナリズムとなりうる。

尖閣列島中国漁船衝突事件

　2010年9月7日に起きた尖閣諸島における日本の海上保安庁・巡視船に対する中国漁船の衝突事件のことを例として取り上げよう。

　その事件に際し，政府はあいまいな政治決着をしようとしていた。すなわち，日本の領海内で中国漁船が日本の巡視船に意図的にぶつかってきたので，巡視船は漁船の行為を公務執行妨害と認め，中国船船員14人を逮捕した。しかし，約1週間後の13日には漁船員を釈放し，残していた船長についても25日には処分保留で釈放し，中国へと送還した。この経過を見て異論を唱える人は多く，政府の対応には問題が多いとして不満が政府の内外にも噴出していた。

　同年11月4日になって，それまで一部しか公開されていなかった漁船衝突時のオリジナル映像44分が，突然，YouTubeに掲載された。ハンドルネームを[sengoku38]としていたので，当時官房長官であった仙石氏への抗議の意味が込められていると推測された。犯人探しの結果，それをYouTubeに投稿したのは海上保安庁・巡視船の乗組員であることが判明。彼は，あいまいな政治決着をしようとした政府の態度に対抗して，中国漁船が巡視船「よなくに」に意図的にぶつかってきたことをはっきり見せたかったのだ。

　いいかえれば，彼はインターネットに掲載することによってマスメディアでは扱われない事実を人びとと「シェア」して，ともに考えてほしいと思ったのである。このような事実は，一昔前まではマスメディアに情報源が内密に接触し，メディアも意を決して「すっぱ抜き」をしない限りできなかった。しかし，インターネットが発達した今では，個人の力でもそれができるようになった。いったん，オリジナル映像が出てしまえば，今度はマスメディアがそれを追い，もっと多くの人がそれを見て，もはやそれは疑いのない事実として人びとに印象づけられる。

　この映像は，政府としては中国政府への外交上の配慮から公開しなかったといわれるが，それが適切だったかどうかには，多くの人が疑問を呈している。

中でも毎日体を張って日本と中国の境界の海をパトロールし，事件の際も強硬にぶつかってくる中国漁船に身の危険を感じたであろう巡視船の乗組員にとっては，この処置が納得がいかなかったにちがいない。また，一般国民にとっても，とにかく事実を知りたいという欲求があった。投稿を評価する人びとは映像の「公開」と呼んでそれを歓迎し，一方組織の決定に従わないことに対し否定的な見解を取る政府は「流出」として問題視し，その後再発防止策を考えることになる。

　映像を「流出」させた職員は，政府にさからった行為の責任をとって職を辞したので，いわば，身を挺して国民に真実を知らしめたわけで，彼の払った代償は大きい。職業的なジャーナリストであれば，「特ダネ」として表彰されても不思議ではないが，公務員としてはその逆の形でけじめをつけざるを得なかった。しかし，その時の彼の行為は，まさしく「言うべきときに，言う」を実践したジャーナリストの行為であったといってもよいであろう。

ウィキリークスの提起した問題

　時を同じくして，それまであまり表に出ないで活動を続けてきた「ウィキリークス　Wikileaks」が，活発にインターネット上にその名を現してきた。2010年4月，ウィキリークスはそのサイトに，2007年7月12日のイラク駐留のアメリカ軍がヘリコプターからイラク市民を銃撃した事件の動画を公開した。5月には諜報活動に関わる米軍人がこの動画を提供したことが発覚し逮捕された。この米軍人はこのほかに外交機密文書をもウィキリークスに提供していたといわれる（Arrest of Bradley Manning）。

　ついで，7月25日にはアフガン紛争に関する9万点以上の資料が公表された。これには未公開の民間人死傷事件，アフガン側のアメリカへの情報提供者，パキスタンの情報機関ISIとアフガン武装勢力の関係なども含まれていた。アメリカ国防総省内では，イラク駐留米軍情報部門での経歴のある軍人が情報源ではないかと考えているという（Afgan War Diary 2004-2010）。

　さらに，同年11月22日，ウィキリークスは米軍に関する過去の機密文書をま

とめて公開する準備をしているとTwitter上で公表した。それに対し26日，マイケル・マレン統合参謀本部長はウィキリークスに対して中止を求めたが，28日から，アメリカの秘密外交文書25万点が公開され始めた。このなかには米政府内部の高官の意見や会話の模様なども公表されており，米政府は不快感を示している（アメリカ外交公電ウィキリークス流出事件）。

日本でウィキリークスが注目されるようになったのは2010年ごろからだが，2006年終わりごろから準備が始まり，2007年1月にSecurity Newsの編集長に運営への参加を要請することでその存在が明らかになった（Steven Aftergood, 3 January 2007）。それを皮切りに世界中から人材を集め，中国，台湾，ヨーロッパ，アメリカ，オーストラリア，南アフリカなどのジャーナリスト，数学者，ベンチャー企業の技術者によって運営されてきた（Wikileaks: About - Wikileaks）。2007年以来，数々の重要文書を公開し，ウィキリークスがリークした文書は120万点ともいわれる。そのなかには2008年米大統領選挙で共和党の副大統領候補となったサラ・ペイリンのemailが覗かれ，ウィキリークスに投稿された"Sarah Palin email hack"事件もあった。

これら一連のウィキリークスの行動については，賛否両論がある。

各国政府高官からは，自分たちの外交上の機密や軍事上の隠したい情報が暴露されるので，毛嫌いされている。ウィキリークスを立ち上げ，編集長，諮問委員を務めるジュリアン・ポール・アサンジはそのターゲットとなり，2010年12月，スウェーデンで性交の際，避妊措置を行わなかったとして性的暴行容疑によりイギリスで拘束され，聴取のために軟禁された。

彼自身はすべての容疑を否認しており潔白を誓っている。これに呼応して，アサンジの出身国オーストラリアでは，シドニー市役所前やブリスベーンで集会がもたれ，彼の逮捕に抗議を表明した。国際社会では，ブラジルのルイス・イナシオ・ルーラ・ダ・シルヴァ大統領が逮捕について「表現の自由に対する攻撃である」という意見を出した。ロシアのNATO大使ドミトリー・ロゴジンは，「西側に報道の自由が存在しないことを裏付けるものだ」とした。

雑誌も彼を応援している。「公開されるべき情報が隠匿されていたのを明る

みに出した」として，2008年に『エコノミスト』が「表現の自由賞」を贈った。また，「世界を変える理念を持つ25人」(Utne Reader誌)に選ばれたのをはじめ，「世界で最も影響力のある50人」(New Statesman誌)の一人として話題になり，Time誌では，"Person of the year 2010"の読者投票部門で1位に選出している。

　国連の「言論と表現の自由」特別報道官フランク・ラ・ルエのコメントは以下のようなものである。「アサンジおよびウィキリークスのメンバーがインターネット上に出した情報について，彼らが責任を負うべきではなく，仮に漏えいした情報に対する責任が誰かにあるとすれば，それは情報を漏らした人間であり，それを公表したメディアではない」との擁護である。そして，「この仕組みこそが情報の透明性を維持し，さまざまな腐敗を浮かび上がらせてきたのだ」と語った。そして，「アメリカ政府がアサンジを訴追することはできない。もし，アメリカが訴追すれば，報道の自由にとって非常に悪い例になるだろう」と警告した (abc.net.au/worldtoday/)。なお，ウィキリークスはノルウェーの国会議員により2011年ノーベル平和賞候補として推薦された。

　2011年7月トルコのイスタンブールで行われたIAMCR（国際マスコミュニケーション研究学会）でも，シンポジウムのテーマにウィキリークスが取り上げられた。そして，ウィキリークスの活動とその効果が包含する性格について，「ジャーナリズムなのか，アクティビズムなのか，それとも，ポリティックスなのか」という議論になった。そこでは，「ジャーナリズム」という立場からは，従来のメディアであれば，それは「特ダネ」「スクープ」として評価されたものである，とした。また，従来のジャーナリズムは原資料の重要と思われる部分だけを抜粋したり，資料にメディアが解釈を加えたりすることで成り立っていたが，ウィキリークスは，それそのものを丸ごと提示しているのでメディアによる歪曲はなく，市民が自分で判断できるフェアな情報開示スタイルであるという評価もあった。「アクティビズム」については，今までとは異なる方法を用いて情報を公開し，新しい市民社会を築くための活動であるという見方が出された。また，それは権力者にとって有利な国内政治に対し，あるいはま

た，強力な国家や国家群に有利な国際政治に対し，そこに切り込んでいく政治的な動きとして認められるという見解もあった。さまざまな議論があったが，結局「ジャーナリズムの現状改革行動であり，結果として政治的意味も大きい」という，いわば総合的な見解が合意点のように，参加していたわたしには，思われた。

　このマスコミュニケーション研究者の集まる会議では，ウィキリークスの秘密を暴露するという性格について非難する声はほとんどなかった。というのも，ウィキリークスが公表する情報は，政治や国民一般，世界の市民に関わる公的な性格のものであり，プライベートなスキャンダルは含んでいないからである。それが彼らの編集方針であり，そのうえでこの活動は成り立っている。

　いいかえれば，ウィキリークスの活動は，本来透明であるべき政治的情報が隠匿されていることへの抗議行動であり，その方法は市民の立場からの協力による組織の内部告発であるとしている。ウィキリークスでは，彼らのもつ最先端のIT知識を駆使して情報提供者の個人情報を保護すべく努力している。先進国では正当な目的をもつ内部告発者を保護する規定を設けている国も増えている。

　このように，旧勢力あるいは権力からは「ハッカー的行為」による「非公開文書の暴露」とされ違法性があるという言説がある一方，市民的な立場からは，メジャー・コミュニケーションがなしえていない市民の知る権利に応えるジャーナリズム行為と考えられ，新しい時代のジャーナリズムだとしている。この「シェア・ジャーナリズム」も，それをマスメディアが取り上げることによって「メジャー・ジャーナリズム」にもなりうるのである。

　しかし，アメリカやイギリス政府だけでなく，民間企業もウィキリークスに反対し，別のかたちでの制裁が行われた。たとえば，インターネット決済サービスのPayPalは，ウィキリークスの行為が，利用規約にある「不法行為目的の利用は禁じる」に違反するとして，送金を停止した（niftyビジネスニュース）。また，スイス郵政公社の銀行部門ポストファイナンスは，アサンジの銀行口座を凍結した。Amazonはホスティングサービスから，ウィキリークスを

追放している（*CNET*）。

　ウィキリークスの運営は各国に散在する組織や個人からの献金で成り立っているので，このPayPalや銀行の停止措置は大きな痛手となった。2011年秋ついに，ウィキリークスは秘密文書の公開をすることからの撤退を余儀なくされたが，その原因は，主宰者ジュリアン・アサンジの逮捕などの法的拘束措置だけでなく，こうした運営に必要な資金が集められなくなったことが大きい。

　わたしの見方はこうである。マスメディアが政府や大企業などの公的発表情報が中心となるのに対し，一般の人からみて重要な情報——それはしばしば秘匿されている——に接近し，人びとの知る権利に応えているウィキリークスは，新しい形のジャーナリズム，新しい形の世界情報秩序である。これにより，大国中心の国際政治の秘密部分にメスが入れられ，世界の外交から各国の権力と結びついた暗黙の部分が取り除かれるのではないか，と考える。また，これまでの世界のニュースは，欧米の通信社が彼らの視点で取材したニュースを，彼らの価値観で解説しながら世界に向かって発信してきた。これは"世界の主流の人々"によるニュースである。このため，発展途上国のニュースはいつも貧困と災害，戦乱にまみれ，そこに住む人びとのいきいきとした生の姿はなく，先進国の横暴や搾取の問題は報道されずにきたのである。また，発展途上国の独裁者と先進国指導者の間で交わされた密約が明るみに出れば違う局面が明らかになり，世界のニュース構成が変わり，結果的に，世界情報秩序も変わるかもしれない。

　因みに，世界情報秩序とは，1980年の国連教育科学文化機関の国際会議で議論された，先進国と開発途上国の情報発信を均衡させようとして提起された問題である。アメリカをはじめ欧米先進国に偏った世界の情報発信体制を是正し，途上国からの発信を促進させようとした。「多くの声，一つの世界」をモットーに，世界のあらゆる地域から情報発信をし，新しい情報秩序を構築しようとしたものである。このときインターネットは未発達だったので，マスメディアを中心に問題の解決を考えて，このような提言が行われた。

　これについては，「新国際情報秩序には必要とされる措置について具体的に

述べた条項も盛り込まれていた。全アフリカ通信社，アラブ記者訓練センター，アジア情報交換制度，中南米情報総合配信制度など，途上国の情報発信強化のための措置である。これらの必要な措置までが，政治的対立によってたち消えになってしまったことは，誠に残念と言うほかない」(21世紀の国際情報秩序) という意見がだされている。

　この報道体制における格差の問題は，国同士，地域同士，先進国と発展途上国の間にあるだけでなく，同じ国，同じ文化圏のなかにも存在する。同一地域のなかの貧富の差，識字率の差，階級の差，ジェンダーの差，人種の差，年齢の差，身体状況の差…などさまざまな分野にもあるので，もはや，1980年の国際間の問題や主張では現代の問題解決に有効ではなくなった。その意味で，ウィキリークスは，別の解決法を見出したといえるであろう。

　とはいえ，このウィキリークスが多くの人に知られるようになったのは，『ニューヨークタイムズ』『ガーディアン』『ウォールストリート・ジャーナル』『CNN』などの大手マスメディアが積極的に暴露された文書を報道したからである。もし，大手メディアの報道がなかったら，ウィキリークス情報を人びとが信頼しなかったかもしれないが，大手メディアが掲載したことで，内容の信ぴょう性に対して保証がなされ，多くの人に到達し得た。インターネットというシェア・コミュニケーションの限界はそこにあるので，マスメディアとの協力は今のところ，大きな影響力をもたせるためには欠かせない条件かもしれない。

　しかし，一時，各国政府高官の心肝を寒からしめたウィキリークスも2011年10月25日，資金不足で活動休止に陥ったのは，すでに述べたとおりである。CNNによれば，「バンク・オブ・アメリカなどの大手金融機関やビザ，マスターカード，ペイパルなどの決済サービスが使えなくなり，収入の95％が断たれ」，このため「わずかな資源をすべてこの不当な金融封鎖と戦うために注がなければならなくなった」と説明。アサンジは「これに対抗しないまま放置すれば，危険かつ抑圧的で非民主的な前例が確立され，影響はウィキリークスとその活動のみにとどまらなくなる」と訴えた (cnn.co.jp/) と，伝えられてい

る。また，「アサンジ氏によれば，サイトで公開を予定している情報はまだ10万件以上あり，今後1年間の活動資金として約350万ドルが必要だという。情報公開活動の停止中も，告発情報の収集は続ける意向だとしている」(同上)。

4　ブログとツイッター

　ウィキリークスのような世界主要国の非公開情報や権力者たちの秘匿情報を公開するグローバルなシェア・コミュニケーションもあれば，言語を共有する市民グループによる情報シェアもみてきた。また，官庁の内部告発として，政府の秘匿方針に挑戦する個人の動きもあった。これらは，マスメディアの限界に挑戦し問題点をカバーすべく始まっているが，誰でもすぐにできるものではない。一定の制度内の立場や，ジャーナリスティックな能力，あるいはまた資金力がなければできない。また発信者は"市民"とはいっても相当幅があり，かなり多くの属性の人びとを含んでいる。実際にシェア・コミュニケーションのための発信に携わっている人は，マスメディアのところで述べた"主流の人びと"か，それに近い属性をもっている人が中心となっていることが多い。マイノリティや個人の発信不足の問題を解決してはいないのである。

ブログ（blog）

　そこへ登場するのがブログである。ブログは語源がweb log，いいかえれば「ウェブ上の日記」だ。しかし，個人の日記は他人には秘密にするのが普通だから，わざわざインターネットに載せるのは，日記といっても"公開日記"というべき性格をはじめからもっている。

　ブログは，アメリカで同時多発テロが起こった2001年9月11日をきっかけに，自分と「9.11」との関わりを発信する人が増えて，普及したといわれている。ニューヨークで直接世界貿易ビルに飛行機が突っ込むのを目撃した人にとって，その時に受けた衝撃をどこかで話さないことには，自分の気持ちに治まりがつかなかったであろう。また，肉親や友人を失った人びとの悲痛な叫びも，

彼らのブログから伝わってきた。普段はあり得ない異常な出来事が，自分の日常生活のなかで起こった時，人はそれを何かの形で表現しないではいられず，他の人びととシェアする欲求が生れた。

　しかし，ここでのブログは個人の感情であるにもかかわらず，集団的なものとしてマスメディアからも伝わってきた。当時，この事件に対するアメリカのマスメディアの対応が感情的だといわれた，その原因の一つがそれである。

　わたしは2004年9月に，CBSニュースを尋ね，副社長のマーシー・マクギニス（Marcy McGinnis）にインタビューしたが，その時にわかったことがある。それは，ジャーナリストである彼女らもまたニューヨークに住む一市民であり，完全に第三者の視点になって客観的かつ冷静には取材できなくなっていたということである。彼女らもまた，ブログで伝えられた人びとの気持ちと同様の気持ちを抱いてそれを共有した結果，それをテレビ・ジャーナリズムとして表現したわけである（小玉他　2005）。9.11におけるアメリカの場合，ブログに示された個人の感情が，マスメディアの人たちと共有し合うものだったために，マスメディアのなかでシェアする結果となったのだろう。いや，この場合は，それが人びとの心の癒しでもあったので，次の章で述べるケア・コミュニケーションともなっている。そして，従来型の一般のマスメディアでは，ケア的な要素を排除することが客観・中立を標榜するメジャー・コミュニケーションの矜持でもあったので，それを「感情的」といって，批判する人たちもいたのではないか。

　一般的には，ブログは無名の個人でもできるし，フリーのジャーナリストがメジャー・コミュニケーションとは違う自分の意見を発信したりすることもできる。ブログはしばしば，マスメディアのあり方を批判する手段としても利用されている。

　たとえば，アメリカのジャーナリスト，ダン・ギルモアは「e-ジャーナル」と名づけてニュースや解説などをアップしているが，これは，『ニューヨーク・タイムズ』などに寄稿する水準での記事の公正さ，正確さなどを保ちつつ，短い記事で速報性を保ちながら，読者との意見交換を試みているという（矢野

2004)。ギルモアはブログについて次のように述べている。「ブログは新しい『市民ジャーナリズム』を開くだろう，これまで情報の受け手だった人びとが自ら情報を発信し始めた。『市民ジャーナリズム』はニュースにおけるビッグメディアの独占状態を取り除きつつある。ニュースはこれまでの講義調から会話調，あるいはセミナーのようなものに変わり，何よりもインタラクティブな交流が重視される」（DanGillmore weblog）。

　日本でもフリーのジャーナリストのブログは多く，自分の見聞を発信している。ブログの使い方は人それぞれで，真っ向から意見表明をする人もあれば，日常の他愛もないことを載せている人もある。アクセス件数からいえば芸能人のブログが3万件を超すようなものがあるのに比べ，ジャーナリストのそれはけた違いに少ない。「評論家・ジャーナリスト・ブログランキング」（芸能人ブログランキング）によれば，人気トップ5は，勝間和代（評論家），櫻井よしこ（フリー・ジャーナリスト），田原総一郎（ジャーナリスト，評論家，キャスター），田母神俊雄（元航空幕僚長，軍事評論家），佐々木俊尚（ITジャーナリスト）である。ここでみる限り，それぞれの分野で名を知られた人であることと，マスメディアによく登場する人たちが多い。大きな経済の動きと個人のそれとを結びつけて解説したり，愛国的・軍国的傾向をもつ人であったり，議論する番組の仕掛け人であったりとまちまちである。

　素人のそれを含めてブログを全体的にみれば，「他人に見せる日記」を越えないものもある。したがって，ブログ全体をジャーナリズムとは呼べないが，ひとつの言論空間を構成しているとはいえるので，ジャーナリズムの定義を広くとれば，オルターナティブなジャーナリズムの一部ということはできるし，シェア・コミュニケーションであることは確かだろう。

ツイッター（twitter）

　140文字以内の短文を投稿できる情報サービスであるツイッターは，ブログの小さいものとも解釈されるので，「ミニブログ」ともいわれる。2006年7月にオブビアス（Obvious）社が開始したサービスだが，現在はTwitter社と称し

ている。英語でtwitterとは，小鳥がさえずる，転じてしゃべりまくるなどの意味もある。要するに，インターネット上でちょっとおしゃべりをするというわけで，それを「つぶやく」と日本語ではいっている。登録すると登録者の間でゆるいつながりが発生し，相互に話したり，フォロワーと呼ばれる追っかけファンがついたり，自分がフォロワーになったりする。

　ツイッターの英語のサイト twitter.com では，ツイッターについて「あなたにとってとても大切なことに直ぐにつながります。友達，専門家，好みの有名人，そして新しいニュースを追跡して下さい」とその効用を説き，使い方を説明している（twitter HP）。

　このように，気軽に短い文章を送れるので，忙しい政治家や芸能人も，ちょっとした休み時間に，自分の居場所，現在していること，思ったこと，見ていることなどを書き込めるので便利である。それは伝え手にとっては自分の存在確認であり，場合によっては宣伝にもなる一方，フォロワーにとっては気になる人物から興味深い情報提供をうけることになる。ツイッターにログインすると自分専用のページ「ホーム」には，自分の投稿とフォローしたユーザーの投稿が時系列で表示される。ユーザーは自分の近況や感じたことなどをそこに書き込むと，他の人がそれに応答したり，感想を書いたりして，「メールやIM（インターネット・メッセンジャー）に比べて"ゆるい"コミュニケーションが生まれる」という（Wikipedia「ツイッター」）。

　別の使い方としては，「キーワード検索」があり，同じキーワードを含んだ投稿をした人同士でつながったグループが生まれる。そして，リアルタイムで多く投稿されているキーワードの傾向から「トレンド」を知ることもできる。トレンドの範囲を国別に，または主要都市別に絞り込む機能もあり，日本は日本全国と東京が設定されている。

　このようにして，ツイッターは使い方次第で，時事問題についてコメントすれば簡単なジャーナリズム機能を果たすことができるし，ある商品について使った感想を述べればCM機能を果たすこともできる。また，ある人の感想が人びとの心を揺り動かすこともできる。いいかえれば，ツイッターは意見や感

第2章　シェア・コミュニケーション　49

想，心情を人びととシェアするメディアなのである。

　こう思われていたツイッターであるが，東日本大震災では思わぬ大きな役割を果たした。地震が起きたため停電したり，ほとんど電話が通じなくなってしまった。人びとが家族の安否を確かめようと躍起になればなるほど電話がつながらなくなった時，ツイッターが威力を発揮したのである。電話とは別のインターネット回線を通じて，自分の状況を140字以内でつぶやくことで，メッセージを発信し，多少時差があっても知らせることができた。このことについては，Ⅱ部の東日本大震災のところで詳しく述べる。

　ここで思うのは，メディアは発足時に考える以上に，多くの人が使うことで多様な使い方を生みだし，発展していくということだ。

　ツイッターは，字数の制約が，現在のような忙しい時代にマッチして，制約ではなく"便利"さとして機能している。そして，長い文章が苦手な若者や忙しくて文章を作る時間のない人には，簡単に近況や考えを発信できる道具として利用できるし，それは長い文章を読むのが苦手な受け手にも向いている。こうして，ツイッターは気楽に自分が発信・受信し，人びとと情報や思いをシェアできるメディアとして，うまく機能している。

　とはいえ，この"気楽さ"が問題を生じさせているので注意は必要だ。

　「小さな犯罪の告白」がしばしば問題を引き起こしているのもそれにあたる。たとえば，自分が子どもの時にちょっとした出来心で万引きをしたとか，まだ免許を持っていなかったときに自動車を運転したなど，友達に話すようなつもりでつぶやいてしまうことがある。すると，途端に大勢のツイッターの間に広まり，その中の誰かが発信者を特定して，所属していた学校・企業・警察などに抗議するので，抗議された側も対処せざるを得ないことになる。芸能人やスポーツ選手などの有名人が飲酒や会食をして，それが偶然近くにいた人に写真をとられて掲載されることもよくある。もし，そのなかに20歳未満の人が混ざっていたりすると，大変な騒ぎにも発展するのである。さらに，不確かな情報を鵜呑みにしてその情報を再送信すると，それがあたかも本当のことであるかのように広まり，デマをふり撒く結果になってしまう。

そして，巧妙な罠も仕掛けられる。商品を使ったユーザーがその善し悪しを呟くのはよくあることだが，それを計画的にマーケティングに利用する例も出ている。とくに，フォロワーの多いツイッターの場合，その影響力が大きく広告会社から狙われ，広告会社のいうような文言を呟く人も出てくる。フォロワーはつぶやく主を信頼してフォローしているので，そのような行為は人びとの信頼を裏切るものである。"個人"の思いを発信しシェアすることが原則のこの世界に，商業主義的な発信が混ざるのは，ソーシャル・メディアの倫理上，問題といわねばならないだろう。

　また，ある個人に"なりすまし"て，別の人が勝手なことをツイートする問題も後を絶たない。これは個人の名誉を傷つけたり，選挙で利用されると思わぬ問題を引き起こしたりする可能性があり，匿名が許されるツイッターの盲点といえよう。他に，本来の使い方では許されていない大量広告などが流されることもあるが，これはスパムを報告することである程度解決し，迷惑なツイートは減ってきている。スパムとは，インターネット上で電子メールの利用者に向けて発信する営利目的の大量メールのことである。

　とはいえ，日本人のツイート数は多い。2010年6月，フランスの調査会社Semiocastが，世界のツイッター投稿件数をまとめ，国別の調査結果を公表した。これによれば，つぶやき数290万メッセージのうち，米国の1位（世界の25％）についで日本は2位（18％）を占めた（"Asia first Twitter region U.S. now only quarter of tweets". Semiocast.）。人口比率からいうと日本のつぶやきは米国を上回っており，日本人はツイッターをことのほか好んでいるようだ。

5　ソーシャル・ネットワーキング・サービス

ソーシャル・ネットワーキング・サービス（SNS）

　ソーシャル・ネットワーキング・サービスとは人とのつながりを促す，登録制または会員制のサービス，あるいはそういったサービスを提供するウェブサイトである。SNSの中心的な役割は，人と人とのコミュニケーションにあり，

友人・知人間で互いに接触できるようにするためのWeb空間を提供する。つながりを見つける手段として，登録の際に居住地域，出身校，現職，趣味などを聞き，共通事項を見出して紹介する。そして，「友だちの友だちは皆友だちだ」という，テレビ番組『笑っていいとも』のような精神で，自分とは直接知り合いでない人びとも紹介されて，新しい人間関係を作りだすこともある。以前は，システム参加者の安全を守るためメンバーからの紹介が必須条件のSNSも多かったが，近年は誰でも入れる登録制のSNSが多くなってきた。

その歴史を見てみると，SNSは1994～95年ごろにオンライン・コミュニケーションの形で始まり，電子メールアドレスをお互いに公開して人と人とが結びつく方法を取っていた。90年代後半に入ると，ユーザーが友人のリストを管理し，似たような関心をもつ他のユーザーを探せるようにするなど，ユーザー・プロフィールの編集がSNSの中心的な特徴となっていった（ウィキペディア「ソーシャル・ネットワーキング・サービス」）。

アメリカで初めて100万人のユーザーを獲得したSixDegrees.comをはじめとして，SNSは今世紀に入ると本格的な発展をみるようになり，2005年にはMySpaceを閲覧した回数がGoogleを上回るということもあった。そのようにして，GREE，mixiなど色々なサービスが生まれたが，2012年時点では，Facebookが世界最大のSNSである。

ソーシャル・ネットワーキング・サービスの利用者

インターネットの利用者は世界的にみても年々増えている。日本と世界のインターネット普及状況と，そのなかでのSNSの利用者数を，Pew Research Centerの調査による国際比較で見てみよう（図I-2-3）。21ヵ国の18歳以上の大人に向けて直接相対・電話経由で2011年3月～5月にかけて行われ，インドは4,029人，中国は3,308人，その他の国は各1,000人が対象となっている。「インターネットを利用しているか否か」，「しているならばSNSを使っているか・使ったことがあるか否か」について尋ねた結果である。

それによると，21ヵ国のうち15ヵ国で少なくとも25％がソーシャル・ネット

ワーキング・サイトを利用していることがわかった。イスラエル（53％）とアメリカ（50％）が利用率トップクラス国であり，フェイスブックなどのSNSをもちいている。つづいて，イギリス（43％），ロシア（43％），スペイン（42％）リトアニア（39％），ポーランド（39％）の5ヵ国は，ほぼ4割以上の利用率の国々である。そのなかでロシアは，インターネット利用者中の9割近くがSNSも利用している。それに，ドイツ（35％），フランス（35％），中国（32％）がつづき，以上がトップ・テンの国々である。インターネット利用者でもSNSを使わない人の方が多いのは，日本とドイツの二ヵ国だけである。

　同じPew Research Centerの調査による，図Ⅰ-2-4では，人口当たりのGDPの高さとSNSの関係を示している。たとえば，アメリカは調査した国のなかで最もSNSを利用している国であり，GDPも最も高い。一方，パキスタンとインドはSNS利用率も低いが，GDPも低い。

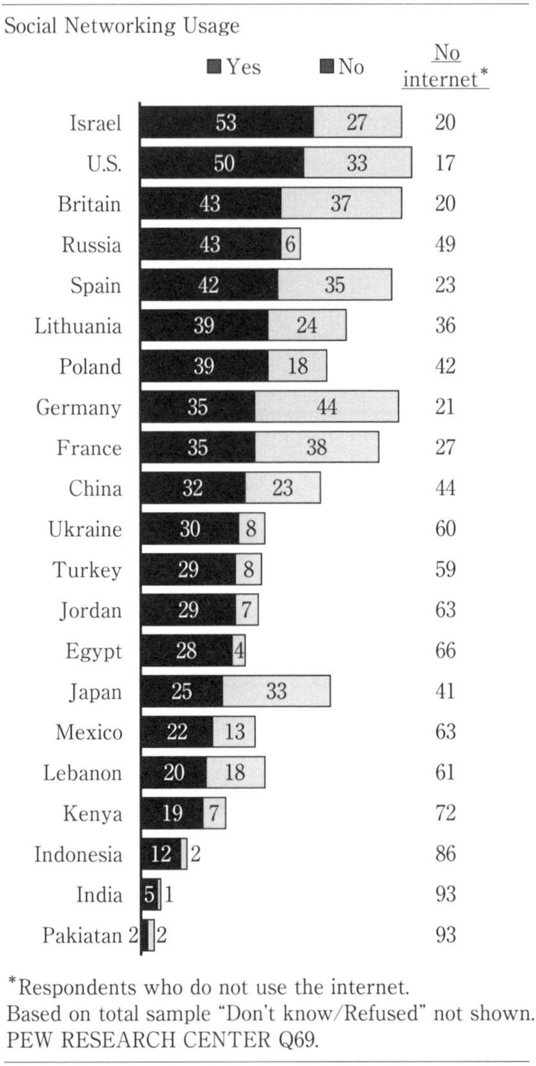

Social Networking Usage

	Yes	No	No internet*
Israel	53	27	20
U.S.	50	33	17
Britain	43	37	20
Russia	43	6	49
Spain	42	35	23
Lithuania	39	24	36
Poland	39	18	42
Germany	35	44	21
France	35	38	27
China	32	23	44
Ukraine	30	8	60
Turkey	29	8	59
Jordan	29	7	63
Egypt	28	4	66
Japan	25	33	41
Mexico	22	13	63
Lebanon	20	18	61
Kenya	19	7	72
Indonesia	12	2	86
India	5	1	93
Pakiatan	2	2	93

*Respondents who do not use the internet.
Based on total sample "Don't know/Refused" not shown.
PEW RESEARCH CENTER Q69.

Pew Research Center "GLOBAL DIGTAL COMMUNICATION:Texting, Social Networking Popular Worldwide"

図Ⅰ-2-3 インターネットとソーシャル・ネットワーキングの利用率

GDP Per Capita and Use of Social Networking

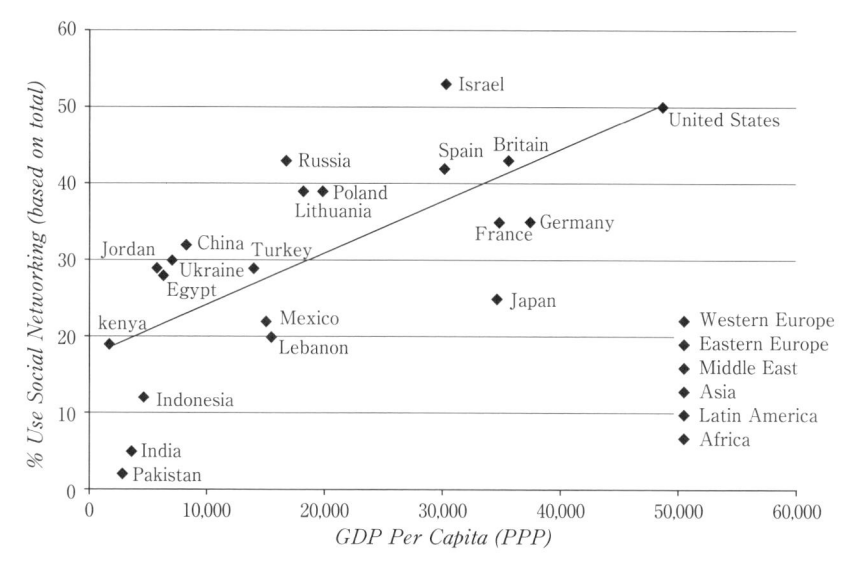

Data for GDP per capita (PPP) from IMF World Economic Outlook. Measured in current international dollars.
PEW RESEARCH CENTER Q69.

Pew Research Center "GLOBAL DIGITAL COMMUNICATION:Texting, Social Networking Popular Worldwide"

図Ⅰ-2-4　人口当たり GDP と SNS 利用の関係

インターネットとSNSの利用率

　日本におけるインターネット利用者は58％いるが，SNSの使用者となると25％にとどまり，インターネット利用者中のSNSの参加率は43％で，あまり高くない。それに対し，ロシア，ウクライナ，トルコ，ヨルダン，エジプトなどでは，インターネット利用者のほぼ8割前後を超える割合でSNSに参加している。主としてイスラム圏においてSNSの利用割合が高いが，この地域でジャスミン革命をはじめとするアラブ民主化の動きが活発になっている。運動の主導者たちはSNSで，意見を述べたり，デモの行われる場所を伝えたりしたといわれているが，このメディアと社会変革の関係がどうあるのか興味深い。

第2章　シェア・コミュニケーション　　55

SNSの世代別利用率をみると，表Ⅰ-2-1のようになっている。デジタル系サービスは若年層ほど利用率が高い傾向はどこでもみられる。今のところ，インターネットそのものの利用も若者が多いが，SNSはそれにもまして若者のメディアであるといえよう。

　しかし，その割合にはかなり地域差がある。アメリカ，フランス，スペイ

表Ⅰ-2-1　年齢層別SNS利用率

Young Much More Likely to Use Social Networking				
% That use social networking (based on total)				
	18-29(%)	30-49(%)	50+(%)	Oldest-younges gap
U.S.	80	62	26	-54
France	77	42	12	-65
Spain	81	50	19	-62
Britain	78	57	17	-61
Germany	72	45	13	-59
Lithuania	84	43	10	-74
Poland	75	54	9	-66
Russia	77	52	15	-62
Ukraine	62	35	8	-54
Turkey	52	25	9	-43
Israel	80	63	23	-57
Lebanon	47	15	2	-45
Jordan	33	31	16	-17
Egypt	27	33	18	-9
Japan	58	42	6	-52
China	55	30	9	-46
Indonesia	26	8	0	-26
India	9	4	1	-8
Pakistan	5	1	0	-5
Mexico	48	15	5	-43
Kenya	25	15	6	-19
PEW RESEARCH CENTER Q69.				

　Pew Research Center "GLOBAL DIGITAL COMMUNICATION: Texting, Social Networking Popular　Worldwide"

ン，イギリス，ドイツなどヨーロッパ各国では，若年人口の8割前後の利用率を示している。日本はどの年齢層でもSNS利用はそう高くない。この調査は期間も対象者数も限定的なのでそれが絶対的な数字とはいえないが，各国の相対的位置関係を示し，SNSを使っているのが世界のどこでも圧倒的に若い層であることを示しているのは確かである。

次に，日本における代表的なSNSについて，触れておこう。

ミクシィ（mixi）

日本では，1996年の「みゆきネット」が端緒とされるが，これは1999年に終了した。2004年の段階ではGREEが最も会員数が多かったが，日記機能のあったmixiに抜かれたという。

mixiは，仲間同士の交流に優れており，最初の数年は仲間の紹介がなければ加入できなかった。その当時は，インターネット上での誹謗や中傷で傷つけられた人が多く，それに対する警戒心からそのような措置が取られ，それが安心感を生んだという。今もインターネットの問題がなくなったわけではないが，人びとがその利用の仕方になれ，一定のルールやエチケット，そして，自衛的な利用法もわかってきたために，当初より入会が厳しくなくなった。

2010年4月にはmixiユーザー数が2,000万人を越え，2011年9月末時点のデータをもとに作成した次のグラフによれば，11年7月には2500万人を超えている。また，mixiのユーザーは，20歳代だけで半分以上を占めるという特徴をもっている。

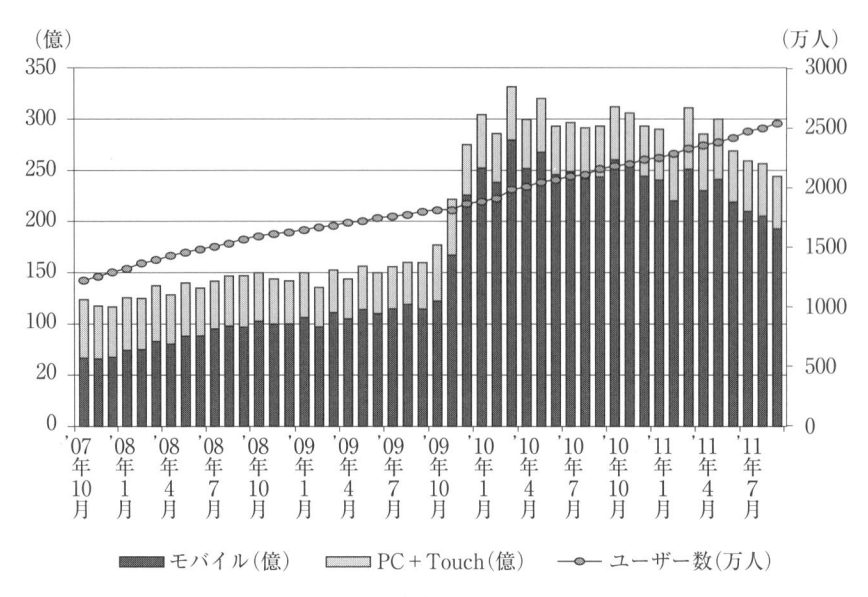

図Ⅰ-2-5　mixiのユーザー数，ページビュー数（パソコン経由とモバイル経由）推移
Garbagenews.com　Produced by Raizo Fuwa (JGNN)

フェイスブック（Facebook）

　フェイスブック創設者マーク・ザッカーバーグがSNSを立ち上げた時のことは，映画『ザ・ソーシャル・ネットワーク』にもなり，いまや"伝説"として伝えられている。フェイスブックは2004年，彼が大学生のころ大学生向けに発想し作り上げたものである。2006年からは一般にも開放され，13歳以上であれば誰でも参加できる。ツイッターとは違い，実名登録制であることが大きな特徴で，こうすることによって，悪意の投稿を防ぎ，知り合い同士の世界を相対的に安全に構築できると考えられている。

　フェイスブックは，2010年にサイトのアクセス数がGoogleをぬき，2011年9月現在，8億人のユーザーをもつ世界最大のSNSになった。「カンフェレンスの基調演説の冒頭，上記の映画で，マーク・ザッカーバーグCEOに扮した，俳優のアンディ・サンバーグが登場し，"フェイスブックのこの1年の成長はすさまじかった。もうユーザー数を数えるのは止めた。欧州全体の人口より多く

なった"と語り，背景に8億人を超えたことを示すグラフのスライドが表示された」と，写真付きで報じている（ITmedia news）。

このフェイスブックの特徴について，Facebookの英語ページの最初にはこう記されている。「フェイスブックは自分たちの周りにいて働いたり勉強したり生活したりしている友だちなど，人びとを結びつけるための社会的な公共財です。フェイスブックは友だちと良い関係を保ち，いくらでも写真をアップロードでき，リンクを張ったりビデオを投稿できたり，知り合いと連絡を取れます…」(Facebook HP)。実際その通り実名で登録するので，近しい人とはそのままの関係を継続でき，誕生日にはこちらが忘れていても教えてもらえるなどの備忘録的機能があるのが便利である。

2008年に日本語のインターフェイスを公開したが，先行して日本に入っていたmixi，モバゲータウン，GREEなどの既存のSNSに阻まれて，日本での普及は遅かった。2010年12月で308万人だったが，その後，東日本大震災で有効だったこともあり，加入者が増加している。2011年9月末で1,000万人を超えていると考えられている。

しかし，大勢の登録者の条件を照らし合わせて，他の人を「あなたのお友だちではありませんか？」と聞いてくる機能は，それが当たっている場合が多いのには感心しながらも，個人情報保護の面から怖さを感じる面もある。一方，人間関係図などはかなりいい加減で根拠がわからないこともある。いずれにしても，言語さえ共通であれば世界中で通用するので，学術的な国際会議の開催の前に，その会議情報をシェアするためフェイスブックの登録を求められたこともあった（International Association on Mass Communication Research　2011年）。

フェイスブックの場合には，文字制限も6万字に拡大されたので，人が読むかどうかは別として長い文章も送れることと，写真等を無制限に送れるなど，ツイッターよりも実質的な中身のあるコミュニケーションを取れるところが特徴だ。したがって，フェイスブックは気楽にも使えるが，場合によっては重厚な発信にも使えるメディアとして，また，実名登録なので相対的に信頼できるメディアとしての発展が期待され，シェア・メディアとしての将来性は大きい

と思われる。

6　民主化を求める若者の連帯　"アラブの春"

　チュニジアのジャスミン革命に始まり，エジプト，リビアほかのアラブ諸国に広がった独裁政権打倒の若者たちの動き，いわゆる"アラブの春"は，ソーシャル・メディアの活用によってもたらされたといわれている。そして，SNSを使った若者の団結は，欧米にも飛び火した。

　2011年8月にイギリスはロンドン近郊で始まった騒乱が，ロンドン市内へ，そしてイングランド各地へと広がり，歴史的建造物を破壊し，商店を略奪するまでになった。マスメディアは彼らを断罪する口調で報道し，保守連立政権のキャメロン首相は，「この暴動は人種や貧困問題でも政策の問題でもない」としている。しかし，インタビューに答える人たちのなかには「人種差別が原因だ。この事実を政府は無視している」との声がある。ロンドン北部の地域新聞『トッテナム＆ウッドグリーン・ジャーナル』紙は「黒人青年ばかりを狙い撃ちした警察の捜査令状なしで行われる尋問や身体検査こそが，憤慨の原因だ」として住民と警察の軋轢を原因としてあげている（樺浩志「希望奪われた若者の氾濫」）。

　このような騒動はアメリカにもわたって，2011年10月1日のニューヨークはウォール街でのデモとなる。彼らのスローガンは"Occupy the Wall street"，「ウォール街を占拠せよ」であり，彼らの主張は，"We are the 99%"である。前者は，アメリカの金融の中心，ニューヨークのウォール街から世界中に不況が広がり，ウォール街こそ悪の元凶である，という発想である。後者は，アメリカにおいては，1%の人びとが合衆国全資産の34.6%を所有しており，残り99%の人たちは貧しい暮らしを強いられている，しかも格差は年々ひろがっており，若者たちは職にも就けない，という現状から来ている。2011年9月16日にはニューヨークのブルームバーグ市長が「悪化する若者の雇用状況を放置すれば，カイロやマドリードと同じくニューヨークでも暴動が起きかねない」と

警告していた。ここでも，SNSが頻繁に使われて若者たちの連帯を深め，また，同時に集会の連絡などにも使われたのである。

アラブ圏の場合は独裁者と民衆の問題として，イギリスは人種差別と貧富の問題として，アメリカでは一部の人びとへの富の集中とその他の人びとの貧困化の問題として，騒乱やデモが起こった。それには，どこの国でも，それらの影響を最も強く受ける若年層が，社会の不条理に対して立ち向かい，その手段としてSNSを利用したという特徴をもって，世界中の大きなうねりとなって広がっていった。

ツイッターの使用言語の推移

フランスの調査会社Semiocastが2010年10月から2011年10月にかけて「ツイッター上でよく使われる言語」を調査した。それによると，1位は相変らず英語で圧倒的に強く1日約7,000万ツイート，全体の39％をしめた。2位は日本語で2,600万ツイート，全体の14％であった。因みに，英語人口は世界の11％，日本語人口は世界の1.9％であるから，どちらも言語人口をかなり上回るツイート数である。

しかし，この調査が強調している今回の特徴は，アラビア語が急増したことである。図Ⅰ-2-6の一番上に"All others"（その他すべて）とあり，2010年後半からの伸びが著しいが，アラビア語はそのなかの大きな部分を占める。

その背景にはもちろん，上述のアラブの民主化革命があり，リテラシーの高い若者たちがこぞって利用するようになったことがあるだろう。アラビア語のメッセージは世界的には1.2％にすぎないものの，この1年間にツイート数は21.46倍になり，今や世界ツイッター上で8番目によく使われる言語となった（因みにアラビア語の人口は全世界の3.2％）。中東におけるツイッターの伸びは急激で，Farsi（ペルシャ語）3.5倍，トルコ語2.9倍と，民主化運動が盛んなアラビア語使用国ほどではないが，この間の伸びは他の地域に比べて大きい。

Mean number of messages per day in month (in millions per day)

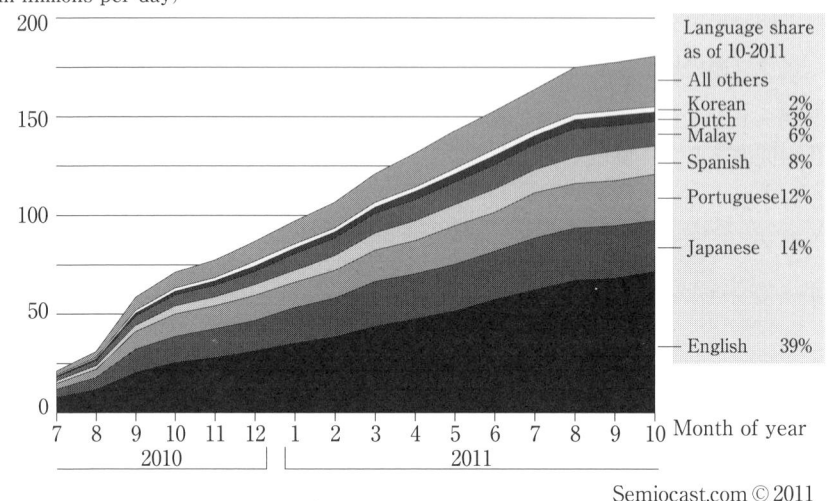

Language share as of 10-2011
- All others
- Korean 2%
- Dutch 3%
- Malay 6%
- Spanish 8%
- Portuguese 12%
- Japanese 14%
- English 39%

Semiocast.com © 2011

Language evolution of public Twitter messages

図Ⅰ-2-6　ツイッター使用言語の展開

　このように，民主化革命が行われたアラビア語使用の国々で，その期間，ツイッターがたくさん使われたことは調査結果からも明らかで，その多くがこの運動に使われたことは想像に難くない。民主化のために若者が結集するための呼びかけがソーシャル・メディアによって行われた。

　エジプト革命の立役者になったゴニムは"エル・シャヒード"（殉教者）というユーザーネームを使い，フェイスブックのページを運営し，エジプト革命に火をつけたといわれている。ゴニムは「実名だと人びとはメッセージよりも発信している人に注目し，メッセージの内容よりも，人物に反発する可能性があると言う問題があるようだ」と述べ，自分がリーダーと目されることを嫌ったという（「アラブの立役者は脚光が嫌い」『The News Weak』2011年11月9日号）。

　このように，ソーシャル・メディアの特徴を生かしながら，政府から人物を特定されないように慎重にメッセージを発信でき，しかもそれは従来のカリスマ的リーダーのように，人物が人びとを引っ張るのではなく，送るメッセージ

内容をシェアし共感し合うことで人びとを動かすという形で政治的な影響力を行使したところが，これまでの歴史の作られ方と違うだろう。

これらの国では，マスメディアは政府に統制されていたので，メジャー・コミュニケーションはほとんど政府の意見と同じで，それ以外のものは許されなかった。したがって，ソーシャル・メディアこそが彼らのシェア・コミュニケーションの手段であり，それがシェア情報として機能し，政府への抵抗勢力となるのであった。これらの国では，メディアが遊びや交流の手段としてではなく，政治コミュニケーションとして機能する部分が大きいことに注目すべきであろう。

ソーシャル・メディアが政治コミュニケーションにもちいられるということは，別の意味で民主主義が新しい段階に入ったことを示すかもしれない。というのは，もっともプリミティブな直接民主主義の時代には，人びとが一堂に会することで政治的な決断がなされた。次に，市民が自分たちの代表者を選挙で選び，彼らの政策とその実行状況をマスメディアが取材し解釈し伝えることで成り立っていたのが，近年までの間接的民主主義であった。しかしそれも，日本では昨今，1年ごとに首相が変わるような状況がつづき，それがメディアのあり方とも関係しているのではないかと考えると，この形の民主主義とメディアのセットは，もうあまりうまく機能しなくなっていると思わざるを得ない。確かにゴニムの言うとおり，人物が前面にでなければ，理念がより強く認識されるというのは真実であろう。

ソーシャル・メディアと政治変革についての意見

ただし，「アラブの春」により独裁政権が崩壊してからほぼ1年経った時点で，新しく民主化した政府が打ち立てられたとは聞いていない。ロイター通信記者のクリスティア・フリーランドは，「アラブの春」について懐疑的な論評をしている。新しい政府が樹立されていない理由として，第一に「民主主義というものが，もはや売れなくなった」ことをあげ，20年前の東欧の政権打倒時とは違って，「民主化」が繁栄に結びつかなくなったといっている。第二に，

情報通信技術の発達は，体制を打倒しようとする市民の組織化には役立ったが，新しい社会システムの構築には役立ちそうもない，という。そして第三に，ポーランドの活気あふれるフリープレスの創始者のひとりであるワンダ・ラパチンスキーが言っている歴史的な事実がある。それは，ポーランドやハンガリー，そしてチェコの革命が成功した理由には（革命を成功させれば），ヨーロッパとEUのメンバーになるという決定的な外部的な力があったからだとしている（Christia Freeland 2011）。

　1990年代後半から，個人的なメディアが政治に利用され始めていたが，今世紀に入ってからとくに独裁政権を倒すための連絡手段としてもちいられる例が多く出てきた。たとえば2001年，フィリピンのエストラーダ大統領の不正をめぐる裁判の最中に，携帯電話のショートメッセージを使った「黒い服を着て○○通りへ行こう」というようなメッセージで，抗議行動が行われた。大統領はこの抗議運動を受けて，それまで隠していた資料を提出せざるを得ないところに追い込まれた。エストラーダ大統領が「ショートメッセージにやられた」と述べたといわれている（佐藤　2011）。

　一方，ソーシャル・メディアを使っても，改革に失敗した例がある。たとえば，2006年3月，ベラルーシュで街頭デモが起こったが，デモは失敗に終わり，政府のソーシャル・メディアに対する締め付けは厳しくなった。2009年のイランの"Green Movement"も，デモは最終的には暴力的に抑え込まれている。さらに，ソーシャル・メディアを使ってバンコクに集まったタイの"赤シャツ"（Red Shirt）デモは，政府により弾圧されて犠牲者を出して終わった。

　クレイ・シャーキー（Clay Shirky）は「ソーシャル・メディアはインターネットの自由という目的を手に入れる手段とみなすのではなく，民主化に向けた市民社会と公共空間の環境整備のツールとみなされる」「インターネットの自由は独立した個別課題として扱うのではなく，根本的な政治的自由につながる長期的な重要な要素としていつづけられる」と述べ，ソーシャル・メディアはあくまでも「民主化に向けた環境整備である」ことを強調した（同上）。

　アンマリー・スローター（Anne-Marrie Slaughter）米国務省政策部長は，米

国外交問題評議会主催の講演会で，インターネットと民主化についてのポイントに関連し「接続する自由」(Freedom to connect) を以下のように述べる。「接続する自由は，民主主義につながると言うことではない。まずはインターネット自身にアクセスできることであり，世界の知識，情報にアクセスし，自分がいる社会に内外の人びととつながる自由があるということだ。クリントン国務長官も言っているように，21世紀の外交は政府と政府で行われるだけでなく，政府と（相手国の）社会，市民とで行われることになるのだ」（同上）。

大事なことは，人びとがインターネットにアクセスできる能力があり，それを保証する環境ができていることである。そうすれば，いま置かれている直接的な環境以外の世界につながって，さまざまな知識や情報，ものの考え方を取得でき，それによって，自分で判断できるようになる。これが，インターネットが保証する世界である。メジャー・コミュニケーション情報だけでなくシェア・コミュニケーション情報にもつながり，時としてケア情報が個人を救う結果になるかもしれない。今までの「言論の自由」は，国や地域の比較的大きな"言論空間"のなかでの発信と受信の自由を保証するものであった。それに対しインターネットは，個人と個人が直接的に「接続する自由」を獲得し，それが今後，"言論ネットワーク"として社会システムを構成するという点に，新しい時代を作りだす予感が感じられるのである。

7　その他のシェア・コミュニケーション

インターネットによるシェア・コミュニケーションが発達したのは，せいぜい1990年代からであり，本格的に発達したのは今世紀に入ってからであろう。それ以前にも，当然のことながら，シェア・コミュニケーションはあった。それらの多くは主として印刷物の形で出されていた。地域誌，民族誌，同人誌，業界紙，同病患者の雑誌，イデオロギーを共有する人たちの雑誌……，それらは，今までの研究では「オルターナティブ・メディア」という形でまとめられてきた。その場合のオルターナティブ・メディアは，伝達手段としてのメディ

アの種類ではなく，コミュニケーション内容であることが多い。

　オルターナティブ・コミュニケーションと対照的なものはメジャー・コミュニケーションだが，メジャー・コミュニケーションの中心となっている政府や大手企業の考え方が，これほど強力に浸透するようになったのは，マスメディアの発達によるところが大きい。それが発達する以前には，地方の文化発信にさまざまなものがあったり，また，中央集権国家の隙間をぬって反政府的な思想を主張してきたグループもあった。それらは出版という印刷物の形や，集会という直接的なコミュニケーションの形で考え方を伝えてきたのである。さらに，反権力ではなくても，主流の考えとは違う行き方や，"主流の人びと"からは理解されない道を模索する人びとがいて，それぞれの方法でのシェア・コミュニケーションは持たれていた。

　中でも女性は，人数的にはマジョリティであるにもかかわらず，社会のなかで主要な地位を占められなかったために，彼女らの考え方はメジャー・コミュニケーションとはならず，無視されるか，客体として描かれるか，あるいは，揶揄される対象でしかなかったのである。

　そこで，女性たちは女性間で情報をシェアし，自分たちの考えを述べお互いの理解を促進するとともに，既成の社会の問題点を話し合うツールとして，数々の雑誌を発刊した。これらについては，本書のⅢ部「ジェンダーとメディア」であつかうことにする。

　また，インターネット以外のシェア・コミュニケーションのメディアは，次に述べる「ケア・コミュニケーション」との関連が深く，どこをどこまで「ケア」とし「シェア」とするかについては明確でないので，本書の構成の都合上，次のケア・コミュニケーションで述べることにする。

第3章　ケア・コミュニケーション

1　少ないケア・コミュニケーション

　メジャーな考えを伝える「メジャー・コミュニケーション」，そして，主流とは違う視点からのオルターナティブな考えを共有する「シェア・コミュニケーション」につづいて，わたしが考える第三のコミュニケーションのあり方は，心を癒す「ケア・コミュニケーション」である。前の2つがどちらかというと，「理」を中心に知識や情報を伝えるコミュニケーションであったのに対し，ケア・コミュニケーションは，「情」を中心に知識や感情を伝えるコミュニケーションである。

　現実に私たちの住む社会は，基本的には善良な人たちで構成され，良識的な行動がとられ，相互の助け合いや知らない人への支援も行われている。たとえば，これだけ多くの自動車が走っていても，信号で止まることが守られているからこそ，青信号になった時わたしたちは道を渡ることができる。しかし，マスメディアのニュースでは，当たり前のことはニュースとはならない。異常なでき事，社会的影響力が大きいと判断されたことだけがニュースになるので，たまに発生する事故だけが取り上げられるのである。スーパーの商品棚にたくさんの品物が並べられていても，それを盗んだり傷つけたりする人はほとんどおらず，大多数は信用できる人びとだからこそ，たまに万引きがあってもスーパーという販売形態がなりたつのである。都市空間では，困っている人がいても通り過ぎてしまう人が多いのは残念なことだ。しかし，それとても対処の仕方がわからないのが原因かもしれず，日ごろ教育訓練を受けていれば反射的に何かをするだろう。

　2011年3月11日の東日本大震災の際に，盗難や殺人などがいつもより増えることなく，人びとが平穏に過ごせたことは，日本人の良さとして外国からも賞賛された。実際3月11日の夕方，銀座のデパートがお店を閉めずに人びとを受

け入れてくれたおかげで，深夜に地下鉄が運行再開するまでの間，わたしも温かく過ごすことができた。デパートの一階には高価な商品もたくさん置かれていたが，閉店時間後は商品に布をかけただけの状態で，盗難も略奪もなく，おだやかに時間が過ぎていったのだった。地震が収まった後，大きな被害を受けなかった人びとが，何か自分にできることはないかと支援を申し出たし，被害を受けた人同士も励まし合って，皆で何とか生き延びる手立てを考えた。

　警官も弁護士も建築士も，大抵は職務に忠実に仕事をこなしているからこそ，信頼して仕事を任せることができ，皆が安心して暮らせる。飲食店では食の安全に気を配ることは最低限の義務として営業しているので，私たちはほとんど何の心配もなく外食ができる。そのような「普通」さは取り上げず，異常なでき事や社会的影響力の大きいことを伝えるのがメディアである。

　メディアは営業上の都合もあって，人びとが注目するでき事，危険なでき事，異常なでき事をセンセーショナルに取り上げる。メディア側の思い込みもあろうが，視聴率などをみるとそれにひかれる人は多いことがわかり，半分は視聴者が作りだしている。しかし，視聴者は必ずしも番組が好きではなく，嫌でも目が離せなくなることもあるようだ。しかし，その結果，メディアの世界には，危険や困難なでき事ばかりが渦巻くことになってしまった。ニュースばかりでなくドラマやアニメでも，実際の世界よりずっと高い頻度で殺人や窃盗が行われている。

　しかし，メディアの役割は，ジャーナリズム論でよくいわれるような「社会的影響力の大きなでき事」「異常なでき事」をとりあげて，社会に警鐘を鳴らすことだけなのだろうか。いや，時として，人を温かく包み，励ましたり癒したりすることも必要であるにもかかわらず，これまでの典型的なジャーナリストたちは，それらを社会的に必要なメディアの役割として認識することが少なかったのではないか。

2　ケアの倫理

　林香里は『＜オンナ・コドモ＞のジャーナリズム』と題する本に「ケアの倫理とともに」の副題をつけ，こう述べている。

　「これまで『ケアのジャーナリズム』のようなものは，制度的倫理基準に照らし合わせれば正当に評価され得ず，記者たちにとっても迷いの多い試みである場合が多かった」「『ケアの倫理』をとおして，ジャーナリズムが決して『自由』『独立』『公共性』の3つの理念に還元される営為ではなく，『つながり』『愛着』『歓待』といった異なった理念をもつ側面があることを確認し，その社会的意義を承認することが可能になる」（林　2011）。

　林はジャーナリズムを再定義する目的から，自由・独立・公共性という理念以外にも，人と人とのつながり，人や物への愛着，人を喜び迎える歓待などの理念を，ジャーナリズムに入れて良いのではないかと述べている。いままでのジャーナリズムの考え方は，社会において公共のために機能し公正を求める特別な存在とするもので，個人の欲求や愛情に応えるために機能する存在とは考えてこなかった。もちろん，非常に広くジャーナリズムをとらえ，「今日的」「ナウ」という意味でメディアに載っているものはすべてジャーナリズムだという考え方はあった。すなわち，ドラマであろうと，音楽であろうと，小説であろうと，それは時代が要求するからそこにあるという意味で，ジャーナリズムであるとする考えだ。しかし，それは「広義のジャーナリズム」の定義であり，新聞やニュース番組のような「狭義のジャーナリズム」では，誰もが認めるものとはなっていなかった。

　しかし，注意深くマスメディアのジャーナリズムをみていくと，そのような「心をケアする」内容もないわけではない。大事件に直面しなくても，人は日々の出来事のなかで，時に悲しみに打ちひしがれ，苦しみに直面する。そんな時，メディアを通じての呼びかけや，自分がメディアを利用することでそれから立ち直る体験をしているのではないか。そういうメディアの役割や機能をここでは今までよりも意識的に取り上げ，考えてみたいと思う。

癒し・つながり・愛着のケア・コミュニケーション

　前出の林の考えに賛成し理念を共有しつつ，個人——メディアを利用する人びと，読者，視聴者，利用者，市民——の立場から，メディア利用の意識化を図るという意味でそれについて言及したい。

　まず，これらメディア利用者を従来のように「受け手」といわないのは，「受け手」という受動的な立場にとどまる人は厳密にいえば，実のところ大変少ないからである。1990年前後までは，普通の個人がコミュニケーションに使えるメディアは限定的であったが，飛躍的にメディアの種類と使い方の選択肢が増えた今，「メディアを選ぶ」という行為だけとっても，選択肢の少ない時代と比べて能動的である。しかも，そのあとに，「いいね！」と同意したり，140字以内の感想を書き込んだり，あるいは，新たにテーマを立てて自分が発信する主体ともなりうるのである。すなわち，ソーシャル・メディアを使うことによって，人びとはメッセージを受けとりつつ，共感や反感を表明し，発信する時代となったのである。

　また，Googleが発達させた「検索」という機能は，自分の欲するジャンルの内容を，効果的に短時間に選び取ることを可能にした画期的な装置であろう。今まで私たちは，新聞やテレビ，雑誌などをとおして，他人が選んだ情報を"偶然"目にして摂取するという受動的な形でメディアに接してきた。しかし，今や，人びとは自から自分に必要な情報を考え，探すという能動的な形で内容を選び取ることができる。そこには，自分（たち）の心を癒し，元気を回復するような，ケア情報も含まれるのだ。とくに日本では，2011年3月11日の東日本大震災以後，ケア情報の欲求は高まっている。アメリカでは2001年9月11日の同時多発テロ以後に，そのような要求が高まっていた。

　私たちは毎日の生活のなかで，歌や楽器を使う音楽，詩や短歌や俳句やエッセイや小説などの文学，演劇やドラマや映画や舞踊などのパフォーマンス，絵画や写真やポスターや映像などのメディアにより，自分の心を解きほぐしたり慰めたりしている。疲れて家に帰ったひとり暮らしの若者は，まず，大きな音で好みの音楽をかけて自分を慰める。明りの消えた暗い室内へ戻った中年の人

たちは，まずテレビをつけてそれと対話しながら夕食をとる。

　一方，朝，家族を送り出してほっと一息ついた時，新聞の文芸欄に載った短歌や俳句に共感し，川柳を読んでクスッと笑うことが，無上の楽しみという人もいよう。勉強を終えた子どもたちがゲームに没頭するのも，現実の強制から逃れるひとときかもしれない。私たちはこれらのメディアを，心を癒してくれるケア・コミュニケーションとして利用している。ケアのコミュニケーションもまた，私たちを取り巻く機能のひとつとして現代生活に必要なものである。

　ここで，日本語ではなく，あえて「ケア」ということばを用いるのは，そのことばが含む範囲が広いからである。「ケア（care）」は，人びとを気にかけたり心配したりすることであるとともに，注意を促したり世話をしたり，介護することでもあり，慰めや癒しという意味にもなる。「介護」とか「看護」という日本語だと，身体的・精神的に具合の悪い人の世話をするイメージが強いし，「心配」とか「配慮」ということばだと，個人を対象とするイメージが強いが，ここではもっと社会的な意味も含ませておきたいのだ。要するに本書では，人びとが精神的にも肉体的にも，また，社会的にも経済的にも安心して暮らすための手助けとなる表現を総称して「ケア・コミュニケーション」と呼んで，その意味と重要性を考えていきたい。

　人間生活を営む上で，私たちは古くから広い意味でのメディアと関わってきた。最も基本的なコミュニケーション手段である口から耳への声の伝達，顔の表情や身体のしぐさなど目から入る視覚情報，そして，人に触れるということも意思伝達の手段として有効であった。これらはすべて，ケア・コミュニケーションとして大きな意味をもち，今も昔も変わりなく使われている。

　人が集まる「場」などの空間も，広義において，コミュニケーションを取るためにメディアである。祝いの席における歌や踊り，祭りの時の舞台や山車で繰り広げられる芸能などは，古くから人びとにとって，楽しみであり癒しであり祈りであった。こういう伝統的なコミュニケーション・スタイルは現代人には必ずしも好まれておらず，上司が部下に無理強いしたりすると，逆にパワーハラスメントなどともいわれかねない。したがって，「ケア・コミュニケー

ション」になるかどうかは，メディア内容がある人にとって心の回復や癒しにつながるかどうかで決まってくる。

　どのような内容が心をケアするかについては，多少議論があるだろう。たとえば，ケアを必要とする原因によりそれは違いがあるし，また，同じことでも人による違いがある。一般的には，他者の自分への理解と共感が必要だ。それはしばしば，共通体験によってもたらされたり，共通体験はなくても，他者の状況を慮ることができる人生の達人や専門家によってもたらされる。さらに，感情の流露としてしみじみとした情感が伝わってくる表現，緊張をほぐすような表現，ともに喜べる表現，思わずほほ笑みがこぼれる表現，心から笑える表現，美しい表現……などがそれに当たるだろう。

3　シェア＆ケアのコミュニケーション

　前章の最後で，シェア・コミュニケーションでもあるが，ケア的な機能を含むコミュニケーションがあると述べた。ここでは，それら両方の意味合いを共有しているメディアを紹介していこう。前章ではインターネットを中心に語ったので，ここでは，印刷メディアを使った事例を中心に紹介する。

日系エスニック・メディアにみるシェア＆ケア機能

　日本人が最初に移民として集団でアメリカ合衆国に渡ったのは1868年のハワイであり，それはちょうど明治元年に当たっていたので彼らは元年者と呼ばれた。それ以来，米本土へも移民が渡るようになり，農民として開拓に当たったほか，アメリカ内陸の鉄道建設や鉱山の開発にも従事し，19世紀後半のアメリカの産業発展に基礎的な貢献をしている。1900年代には土木請負業者として隆盛を誇る事業者も現れている（鈴木・冬村編　1910）。

　しかし，このような時代を経て1908年になると賃金の安いアジア系移民を排斥する動きが出てきた。外園直市はコロラド州の有力紙であるRocky Mountain News社を訪問して，「排斥の非なること，日本人・白人の共存」を訴えて

写真付きで報道させた。このとき彼は，日系社会にとってコミュニティの新聞が不可欠なことを知って，翌年に『伝馬新報』(デンバー新報)の創刊に踏み切った（小玉　1983）。それにもかかわらず時代の波には勝てず，1924年排日移民法ができてそれ以後日本人の移民は禁止されることになる。

　この新聞がいくつかの変遷を経て『格州時事』(*The Colorado Times*)となった。格州とはコロラド州の日本語表記である。この新聞は1940年代前半の一時期，この地で発行する日系紙としては異例の2万部を発行して日系人を支えつづけた。1941年の日米開戦で，アメリカは日系人に対しさまざまな禁止措置・制限措置をとったが，最も人権が無視されたでき事は，カリフォルニア，オレゴン，ワシントン，ネヴァダ，アリゾナ州に住んでいた日系人12万人が，敵国人としてロッキー山中に散在する収容所に入れられたことである。これにはアメリカ国籍をもつ二世も含まれていた。また，西海岸の日系有力紙は発行人が強制収容され，日系新聞の停刊措置が取られたが，『格州時事』を含むロッキー山脈地域の3紙については間もなく復刊が許された。戦時下に強制収容された人びとにとって，自分たちの置かれている状況がどのようなものであるかを知ることは，文字通り死活問題であった。必ずしも英語のできない日系一世にとっては，比較的近くにあって入手可能な『格州時事』購読が唯一の救いだったのである。

　かれらは，戦時の困難な状況のなかで，その新聞で翻訳されたアメリカ政府の対日系人政策について読むことができた。それは，アメリカ政府にとっても彼らに情報を伝達できる良い方法であった。また，その新聞を通じて，彼らは祖国日本のことを知ることもできた。さらに，アメリカの日系社会の様子を知ることも相互に協力して生き延びるために必要なことだった。同紙には日系コミュニティの情報もあふれていた。米・味噌・醤油・豆腐など日本の食べ物も日系社会の同胞が作っていたからそれらの広告を見て購入することもできた。自分たちの習慣や文化をそこに見出すことができたので，望郷の思いにかられる人びとにとって，それは生きる力にもなっていた。

　文化の点では，彼らの文学的な力に感心させられる。その新聞には，短歌・

俳句・随筆などが載せられ，それに投稿するのもそれを読むのも大きな喜びであった。読者数が少ない割にたくさんの投稿があるのは，異郷にあるとそれだけで，人はものを考え表現したくなるのである。渡米以来，営々と築いてきた西海岸の家を，無情な大統領令で去らねばならない夜の歌，「家具一切売り払いたる床の上に布団をしきてつひの夜をねむらとす」，あるいは，強制収容されたロッキー山脈の砂漠の上のバラックの家から出て，「凄きまで冴ゆる月夜を外に佇ちて街の騒音を遠く聞きいつ」(『各州時事』1943年2月13日)などは，読者がみな共通の経験をもつことから，しみじみと心に入り共感の涙を流したことだろう。このように表現することで，歌を読む人自身は気持ちを吐き出し鬱々とした気持ちを少し安らげることができるし，鑑賞する人も自分の気持ちを代わって表現してもらってすっきりし，共感の涙を流すことができる。それは，コミュニティの人たちが歴史，経験，境遇を共有するからこそできる癒しであり，交響の叫びなのである。

　日本語新聞として作られ発展してきた同紙だが，二世たちが成人しアメリカ人としての忠誠を示すために軍に志願する動きが出るようになると，彼らのために紙面を分け与え，英語でニュースを載せたり英語で意思表示したりできる面を作り，その部分の編集を二世自身の手にゆだねた。英語欄と日本語欄は，米政府の方針などについては同じ内容が翻訳されているが，意見の欄などには違う内容が載せられ，それぞれ自分たちで編集しているのがわかる。二世はとても親孝行で親の生活を思いやっているし，一世は二世たちの未来を慮って心配しているのが手に取るようにわかる。そして，両言語が読める人は両方の記事を読んで相互理解を深めたり，考えの違いを嘆いたりしている。人びとはともに悩み，ともに小さな喜びを分かち合いながら暮らしているのである。このような新聞の編集は，思いやりと共感なしにはありえない。その内容はまさしく意見や情報をシェアし合うこともさりながら，ケアするコミュニケーションであり，ケアするメディアなのである。

　以上の日系新聞は一つの例としてとらえられるが，そのほかにもシェア＆ケア・コミュニケーションは数々存在する。

4　その他のシェア&ケア・コミュニケーション

女性のメディア

　たとえば，戦前女性たちは選挙権も与えられないなかで，自分たちの主張を繰り広げなければならなかったが，それでも，評論を書いて自由と平等を訴え，他の女性たちと考えをシェアしつつ，お互いのおかれた理不尽な状況を慰め合っていた。それは，法律的には平等が達成された今でもつづいていることである。

　メジャー・コミュニケーション主体のマスメディアには，今でも女性にとって大事な情報は載らないことが多々ある。しばしばいわれるように，日本が世界の先進国ではジェンダー平等の面で最下位に属するという国連の発表はほとんど目につくような形では掲載されないし，女子差別撤廃条約にもとづいて，差別を是正するように国連機関から勧告を受けても，それを目にすることはほとんどない。そのような情報は，ジェンダー関係のメーリングリストによって，得ているのである。

　わたしは，女性に対する政治の無理解に怒ることが多いが，逆にたまに理解されていると嬉しくなり癒されたりしている。また，同じ女性の問題に遭遇している人の発言には，「そうだ，そうだ」と同調することで，自分自身をも慰めている。

　また，体験がない場合でも，女性ならではの苦しい状況，たとえば，母子家庭の苦しい状況に心を痛め，政治が何とかしてくれないかと願い，ドメスティック・バイオレンスに対する警察や裁判の無理解に怒り，理解されたときには喜ぶ。こうした心の動きは，やはりこの社会は女性に不利にできていて，そのことの不利益や憤懣やるかたない怒りを日ごろからもっているからだろう。これは，男性にはわかりにくい感情であろうし，女性でも，それを意識しない人にはわからないかもしれない。自分のことではなくても，そこには喜びと怒りがある。

　また，癒しのメディアとしては，体験を書物に表わしたもののなかにも見出

される。半田たつ子は『喪の作業——夫の死の意味を求めて』（ウイ書房，1992年）で，夫を失った時のことを記しているが，それは大切な人の死に直面した体験とその癒しについてつづったものである。彼女はその後，「響きの会」を立ち上げ，体験を共有した人たちが集まって，互いに励ましあうという活動をしている。「響く」ということばのなかにこそ，共感，こころの響きあいが込められており，参加者は一人ひとりが悲しみを自分の口から語るとともに，文章に書くことで，こころが癒されていったという。

障害者のメディア

マイノリティのなかでも，とくに障害者たちは自分たちのメディアをもちにくい。そこで，障害者家族や支援者とともに，正しい知識の伝達と交流のためのメディアをもつことがある。体験を共有するとともに心情に共感することで，癒しと励ましを与えられる。同じ病気で悩む人，あるいはその家族同士が語り合うことにより，このつらさは「自分だけではない」「あの人ならわかってくれる」と思うだけでも，一人で悩んでいるよりも元気が出る。仲間内で発行する機関誌やウェブサイトは，情報をシェアし，心情をケアする。それらの機関誌を通じて，科学的な知識を得るとともに，苦しみを分け合うことができ，次へのエネルギーとなる。ただし，一方で病気を抱えていたり介護者であったりするので，共有のために時間と費用とエネルギーをもちつづけ，しかもメディアを出し続けることは容易ではない。

また，人が悩んでいるときは，外部から正しい知識や科学的知見を与えられ，物事がはっきり見えてくることもある。芸術や芸能だけが人を癒すのではなく，明らかなものの見方も人を癒すのである。

障害者のメディアのなかで興味深いのは，視覚障害をもった人たちのコミュニケーション・ツールである。視覚障害者は目が不自由なので一般の印刷物はそのままでは読めないか，読みにくい。そこで，点字の雑誌も出ている。点字は，一文字につき6つの点で構成されている穴を，昔は一つひとつ太い針状の金具であけて打っていたが，今ではパソコンを使って効率的に打てる。日本点

字図書館のホームページ「点字雑誌一覧」によれば，点字関係3タイトル，生活地域情報ほか12タイトル，視覚障害・社会福祉関係10タイトル，医学関係5タイトル，宗教関係6タイトルなど，36の点字雑誌が挙げられている。

また，点字は学校教育でそれを習ってきた人には便利だが，途中で目が不自由になった人びとには難しい。そこで，音声テープによる雑誌や図書がよく利用されていた。が，最近ではDigital Accessible Information System，いわゆる「デイジー図書」と呼ばれる録音図書が多く導入されている。これは，目次から，読みたい章や節，任意のページに飛ぶことができるもので，最新の圧縮技術により一枚のCDに50時間以上も収録可能である。

点字は自身も視覚障害者であるルイ・ブライユが開発したので，外国では「ブライユ」と呼ばれている。また，日本人でも，望月優のように自身が視覚障害者であることから画期的なソフトを開発した人もいる。印刷物読み上げソフト「ヨメール」，音声・拡大読書機「よむべえ」などを開発し，みずから「読書権」の運動を主導してきた。

このようにして，シェア＆ケアのコミュニケーションは，さまざまなところにある。私たちは，自分で自分をケアするための手段を日ごろから意識的に準備しておくことが，困難な状況のなかで生き抜く時，自分を大事にしていくことができるのではないか。そして，ケア・コミュニケーションもまた，受けるばかりでなく発信することでも成り立つし，自分も癒されうるのではないかと思う。

5　ケア・コミュニケーションの多様なメディア

心をケアするコミュニケーションは前項のような内容を含むものだが，それを表現できるメディアは，多様である。たとえば，次のようなもののなかにもそれが見出される。

新聞

　マスメディアの代表でありメジャー・コミュニケーションの典型的なものだが，意外にもそのなかに「ケア」部分が含まれている。まず，特集の囲み記事を丹念に読むと，心の問題を取り扱ったものがあったり，弱者の置かれている状況が詳しく描かれていたりする。「投書欄」には色々な意見があるが，中には人のこころにふれるものもあり，ほろっとさせられたり，素晴らしい感受性だと感心したりすることもある。また，「ほっとする」という意味では，和歌・俳句・川柳・詩，4コマ漫画・1コマの政治評論，小説，「スマイル」などの写真とキャプションなどがある。スポーツを楽しむ人にはスポーツ欄の情報も，癒しになるだろう。どこかのチームのファンの人にとっては，ひいきのチームが勝っても負けても，それは日常生活から一瞬抜け出す楽しみだろう。日曜版には「読書欄」を設けている新聞も多く，各種の書籍の紹介も，好きな人にとっては楽しめるもののひとつである。

　多くの読者は，新聞といえばまず政治・経済面や最後の社会面の記事を思い浮かべるに違いない。新聞はおおむね，外側のページほど最新のニュースで構成されるため，1～4ページや，後ろから2～4ページ位は，政治・経済・社会などの硬派のニュースが多くなる。しかし，1日以上前に締め切っているコラムや依頼記事のなかには，時間をかけて深く取材した特集や，芸術を扱ったもの，文化人に依頼した寄稿ものなどがあり，それらは主として新聞の内側のページにあり癒し系のものとなっている。さらに，夕刊はほとんど正午ごろに締め切りを迎えるため，新しいニュースは午前中に起こった出来事に限られ，ページ数が少ない割には内側に非常に面白い読み物が詰まっている。硬派と思われがちな新聞でも，みな，息抜きを挟みながら編集されている。

テレビ

　「ニュース番組」に対しては，新聞とほとんど同じだという印象をもつ人が多い。しかし，ニュース番組をよく分析すると，最後の一項目だけは街の話題や地方の自然を紹介するケースが多かった。厳しいニュースのつづいたあと，

少しでも息抜きをして気を取り直して終了しようということなのだろうか（小玉他　1984, 1994, 2004）。

　また，テレビ・ジャーナリズムのなかでは，「ドキュメンタリー」系の番組が，シェア・コミュニケーションであるとともに，ケア・コミュニケーションの役割を果たしていることがある。人びとの暮らしを映しだし，そのなかにある人間性に迫る時，同情や共感を禁じ得ない心持にさせられることがある。ここでは，事実にもとづきながら真実に迫ろうとする努力が，理性的な理解と感情の流露の両方を導き出していることがある。

　それと似たものに，「ドラマ」がある。ドラマは本来創作であるが，そのもととなる社会状況を描写し，そのなかにヒューマンな要素を取り入れるケースがほとんどだ。また，現実にあったストーリーをもとに脚色する場合も多く，その場合には同じような経験をもつ人びとの共感を得やすい。全くの創作であっても，プロの仕事師たちは逆に細部の描写は取材に基づくことで真実に近づかせる努力もする。また，ドラマは，現実を凝縮して感動的な要素を取りだすので，現実以上に引き込まれ共感することになる。はじめから「ヒューマン・ドラマ」「泣かせます」などと謳われると，制作者の作為に嫌気がさすが，逆にそれを見て泣きたい人もいるので，泣くことは人びとにとって，精神浄化作用になっていることを物語っている。外国映画やドラマのイケメン俳優たちは，変化に乏しい女性の日常生活に一瞬の夢を見させてくれる王子様であり，それがあることによって，あらたな現実生活に立ち向かっていけるのかもしれない。

　テレビ番組によって疲れた心を癒し，明日も元気に働こうと思う人は多い。

音楽

　ひとつの音楽が人の心に響いて，忘れられないものとなる。歌手や演奏者，作詞家・作曲家に自分の気持ちを代弁してもらえたと感じて，精神的な回復に向かうこともある。1960年代ビートルズに熱狂した人びとは，当時の大人の世界では決して理解されない若者の気持ちに共感したのであろうし，その気持ち

は還暦を迎えた今も当時を思い起こさせ，変わらないのではないか。ロックがいつの時代でも若者の心をとらえているのは，「rock＝揺さぶる，揺り動かす」ことこそが，生きていることというメッセージの伝達なのかもしれない。ラップのリズムに載せたことばたちは，自分の気持ちを吐き出すことで鬱屈した気分を晴らせてくれるであろう。

　モーツアルトのあの楽天的な音楽で生気を回復する人もいれば，「アルハンブラの思い出」のトレモロに，歴史のなかに哀愁を帯びた人生のひと時を感じて癒される人もいる。洋楽一辺倒だったのに，外国に行った途端に演歌ファンになって帰ってくる人は，はじめて日本人の心根に気づいたのかもしれない。音楽は文字通り，人の心と交響するメディアだ。

　パッケージされた音楽でさえそうなのだから，コンサートで生の演奏を聴けばなおさらだ。その日その時の場所や気候・天候，社会情勢にも影響を受けるし，その人個人の状況は大きく感受性を左右する。それがぴったり一致したときに，神の啓示を受けた時のような衝撃を受けるのだろう。そして，その人は病みつきになってコンサートへ通うのである。それは演劇にも共通するし，朗読会や，その他のさまざまな発表会にも通じるものがある。音は人の心理を揺さぶるメディアである。

小説・絵画・その他

　しみじみとした良さを感じるのは，自分のリズムに合せることのできる印刷メディアであるかもしれない。何回も読みなおす小説には，自分が感じているのと同じ真実をそのなかに見出しているであろうし，好きな作家の随筆集を折に触れて思い出すのは，それが自分の思いを代弁してくれるからかもしれない。暗唱して覚えている詩や短歌，俳句などは，それを諳んじるたびに，その情景が浮かび上がり，自分もその世界に遊ぶことができるのだ。

　絵画展に行き好きな絵の前でひと時を過ごす，あるいは，写真展でその作家の映しだした世界に共感する，一枚のポスターにドキッとして注意を惹きつけられる……これらはみな，心のどこかでそれと共感し，自分の気持ちを言い当

てられた気がするものなのだろう。暇な時，画集を取り出してめくる動作のなかにも，ひと時，外界と隔絶した自分の世界をもてるのである。

　以上は，誰もがよく目にも耳にもし，自分でも体験することだが，このほかに大自然の中に自分を置いてみる環境とのコミュニケーションなど，メディアを使わないものもケア・コミュニケーションと呼ぶことができるだろう。その人にあったケアのあり方を模索しつつ，自分も他人もケアすることが，殺伐としつつある社会にとっては必要なことではないだろうか。

　ケア・コミュニケーションは，今まで意識せずに接してきたものも多い。しかし，ここではそれを意識化することにより，逆にメジャー・コミュニケーションの特質を照射し，メジャー，シェア，ケアそれぞれのコミュニケーションを自分なりに意識的に取り入れることが必要なのである。自分の情報環境を整えることは，これからも，さらに無限に登場しそうなメディアの津波に対応して生きるために必要なことである。それにより，人との良い関係を保ちつつ，社会との調和のとれた発達をうながすことができれば，これにまさることはない。

　社会全体を包み込むという意味での「インクルージョン Inclusion」の思考，そして，力強く困難から回復し快活に生きるという意味の「レジリエンス Resilience」をもつために，コミュニケーション環境を自分で構築する能力が，求められる時代になったのではないだろうか。

II部 東日本大震災とメディア報道

第1章 東日本大震災とメディア報道の概要

　戦後日本の最大のできごと，それは東日本大震災である。それまでにも不幸なできごとはあった。1995年の阪神淡路大震災は，人びとの胸に大きく刻み込まれ，とりわけ関西の人たちに，大きな影を落とした。自然災害は大小ありといえども各地で起こり，それぞれの地域の人たちには忘れられないできごととなっている。しかし，平和憲法のおかげで少なくとも戦争に巻き込まれることはなく，外国から侵略されることも，自ら外国を攻撃することもなしに，約65年間をわたしたちはほぼ平和に暮らすことができた。大きな被害のほとんどは，地震や津波，台風や洪水などの自然災害で，当事者はもちろん苦しい目に遭っているが，その地域以外の人たちは何事もなかったかのように過ごすことも可能であった。

　しかし，東日本大震災は，それらをはるかに上回る大きな地震と津波，そして，それに輪をかけて決定的なダメージを与えた東京電力・福島第一原子力発電所の事故によって，それまでの災害とは比べ物にならないほどのインパクトをもって日本全体に覆いかぶさった。被災三県といわれる岩手・宮城・福島は最も大きな被害を受けたが，周辺の県も実はかなりの被害を受けている。しかし，通常の災害ならもっと大きく報道されているはずの茨城，千葉などの県も，被災3県のあまりの被害の大きさと比べ，相対的に被害が小さいことであまり報道されていないだけである。また，東北における生産拠点の被害は，東日本はもとより，中部地方から関西・中国・四国・九州を含む日本全体に対して影響をおよぼし，農林水産業や工業など，経済全体に多大な影響を与えた。

　原発事故は当然のことながら，日本人のエネルギーに対する考えを変え，意識的に行動するようにさせた。もっと根源にさかのぼれば，人びとのものの考え方，価値観，世界観の変化をも促したことは否定しがたい。そのことにたいして反応がもっとも鈍い集団は，政治家や官僚，経済人で，これほどの被害が

あってもまだ，原子力発電を継続・推進しようとしている高度経済成長時代の幻想から抜けきれない人びとである。しかし，その他大勢の人びとの意識変化は，従来の政治のあり方を変える大きな力をもっているであろう。

また，東日本大震災はメディアの使い方やあり方にも大きな変化をもたらした。この章では，東日本大震災の概要を説明しつつ，その時生じたメディアの問題点とメディア利用の変化を検証し，災害とメディアの関係について考察していきたい。

1　東日本大震災

2011年3月11日（金）14時46分，宮城県の牡鹿半島の東南東130km付近で，24kmの深さを震源とする地震が起こった。「東北地方太平洋沖地震」と呼ばれるこの地震の震源域は，幅約200km，長さ約500kmに及ぶ東北地方から関東地方にかけての太平洋沖の広い範囲である。地震の規模はマグニチュード9.0，最大震度は宮城県栗原市における震度7であった。このような大規模な地震が起こったのは，日本では約1,000年前の平安時代に記録のある貞観地震以来である。地震そのものの大きさも，特定の場所における震度も，1923年の関東大震災，1995年の阪神淡路大震災をはるかに上回る。この地震（東北地方太平洋沖地震）を元にして起こった災害をふくめた全体像を「東日本大震災」と呼んでいる。

地震が元となって起こった津波は，三陸海岸を中心にこれまでに築き上げてきた高い防波堤を，やすやすと乗り越えて湾の奥深くまで入り込み，最大7kmの内陸まで浸入した。津波は，建物はもとより，車や船，人や動物をも呑み込んで沖に流し去り，そしてまた陸に打ち返してきた。そうした自然の猛威だけでも，人びとはこれ以上ないほどに打ちのめされ，このとき初めて「未曾有の大地震」ということばが現実感をもって心に迫ってきた。

これまでにも「未曾有」という言葉は，経済情勢が落ち込んだ時や，外国情勢が変化し外交がうまくいかない時などに，政治家が用いることがあり，その

言い方は大げさだと感じていたが，今度の大震災ばかりは，わたしも自分の体内からそのことばが浮かんでくるのを感じた。

　この地震と津波という未曾有の自然災害だけでも，人びとは充分すぎるほど打ちのめされていたが，それにつづいて起こった東京電力・福島第一原子力発電所の爆発事故は，それとは全く違う次元での恐怖と被害をもたらした。それは，原発立地周辺の人の生活をおびやかしただけでなく，爆発により飛散した放射性物質が風に載って関東地方やさらに遠くの地方にまでおよび，人間だけでなく家畜や農産物までをも危険にさらしたのである。その影響は一時的なものでなく，遠い将来までつづくものであることは，チェルノブイリ事故*が証明している。

　事故により福島原発は全く機能しなくなったので，東京電力はその分だけ，関東地方へ充分な電力供給ができなくなった。そのため東京電力は，「計画停電」という戦後の一時期以来はじめての「電力規制」を実施した。計画停電により，毎日きちんと動くのが当たり前だった鉄道が，まったく違うダイヤで運行しなければならなくなったり，他の工場との連携を保ちながら生産に励んでいた工場の稼働も止めなければならなくなったりした。平日は電力消費量が大きいからと土日出勤に変えた工場も多かった。都市生活者の家庭でも生活のリズムや方法を変えてそれに対処し，不便な生活を強いられた。このように電力供給の支障はすべての生活に影響をおよぼしたので，逆にこの電力不足問題は，従来の電力使い放題の生活が良かったのかどうかという，消費文化のあり方と，それにつながる人びとの価値観を根底からゆさぶってきた。

　地震と津波の自然災害に対しては，もちろん大変つらいことではあっても，その発生に関しては，「仕方がない」というあきらめの気持ちがどこかにある。

＊チェルノブイリ事故とは，1985年，旧ソビエト連邦（今のロシアを中心とした国々）ウクライナにあるチェルノブイリ原子力発電所での爆発事故のことである。多くの死亡者と長期間にわたる身体への障害をもたらした。たとえば，その当時子どもだった人たちは後に甲状腺がんを多く発症した。また，周辺の人びとは避難を余儀なくされ，25年経った今も放射能が残っているため元の土地には帰れない状態が続いている。

しかし，原子力発電については「人」がそれを作ると決め，人が管理している。しかも，電気の恩恵はほとんどすべての人が享受していたので，人びとは，自分たちも暗黙の了解のうちにそれに加担してきたことに気づいた。それはボディブローのようにじわじわと体に効いてきて，私たちにモノの消費とエネルギーの使い方について再検討を迫った。戦後の高度経済成長の幻想をいまだに引きずっている人びとの意識を，根源から変えるものである。

しかし，岩手・宮城・福島の三県など，被害の大きかった地域の人びとにとっては，そんな悠長なことをいっている暇はなかった。地震と津波による被害で電気が通じなくなったうえ道路が寸断されたので地域は孤立し，一挙に不便な原始的生活に引き戻された。津波で被災した人たちは，長期間，学校の体育館や役所の施設などでの避難生活を余儀なくされ，不衛生な環境のなかで食うや食わずの日々がつづいた。さらに，原子力発電所近くの住民は，目に見えない放射性物質の恐怖に怯えなければならず，とくに子どものいる人は遠くへ避難することについての決断を迫られた。

2　東京電力・福島第一原子力発電所の爆発事故

福島県は「うつくしま福島」のキャッチフレーズで呼ばれたように自然が美しく，果物，米，野菜などを含む農産物の生産，牛や馬を飼育する牧場を中心とした畜産，そして，太平洋岸の漁港を拠点とした水産などの，第一次産業がさかんなゆたかな食物宝庫である。県を東から西へと3つに区切って，東から順に「浜通り」「中通り」「会津」に分かれ，これら3つの地域はそれぞれ際立った特徴をもっている（福島県地図は，図Ⅱ-2-1を参照）。

一番西の「会津」は，山々が盆地を取り囲む緑豊かな土地に猪苗代湖を抱く「森と湖」のふるさとである。歴史的には会津城を拠点とする松平氏の所領で，江戸から明治に変わる際には，当時の長州藩（今の山口県）と戊辰戦争を闘い，現在に至ってもなおその時のことが話題になるほど，地域性の強い土地柄である。藩主の威光は明治以降もつづき，1976〜88年には，最後の藩主・松平容保

の孫の松平勇が，福島県知事を務めていた。

「中通り」は県の中央に位置して，南北に東北新幹線，東北本線と国道4号線が通り，東京と直結するとともに，仙台や青森など東北地方につながる重要なルートとなっている。県庁所在地の福島市や経済の中心地である郡山市を二つの核として，オフィスや工場が集中し，テレビ局もこの二つの都市に存在している。その一方で，田や畑，果樹園などがある豊かな土地でもある。県央にある郡山からは東西に国道や鉄道が走り，西は会津を経て新潟へ，東は阿武隈山地を経ていわき市や太平洋岸諸都市に通じている。阿武隈山地から「浜通り」に至る地域は，近年，地域活性化のために努力が重ねられ，飯舘村では牛や馬が育てられて独自の地域ブランドを育ててきた。

三つ目の「浜通り」は，太平洋に面した海沿いの地域で，いわきを中心都市として発展してきた。気候が温暖で住みやすく，松川浦は県民憩いの海水浴場となっている。海岸沿いに点在する漁港を拠点に漁業が，それ以外の地域では主に農業が行われ，半農半漁の形も多い。

このような自然条件から，首都圏をはじめ都市に住む多くの日本人にとって，福島は文字通り自然の恵み豊かな土地であり，日本を代表する「偉大な田舎」のひとつだった。

しかしながら，日本が現代に至る過程で生じた産業構造上の問題は福島にもあって，第一次産業を中心とした地域では現金収入が低く，若者を雇用できる企業も少なかった。そのため，若者は首都圏に職を求めて出ていかざるを得ないことが，過疎化を進めていたのも事実である。

浜通りの大熊町・双葉町などが原発受け入れに傾いたのは，そのような背景があった。日本が経済成長を始めた1960年代から今日に至るまで，都会から離れた人口の少ない地域によくあるように，福島の太平洋岸地域の町村も原子力発電所の設置を受け入れた。そして，政府や東京電力からの助成金により立派な公共的建物が建ち，雇用を確保し，一時的に裕福な時があったのは確かである。

そこへ，東京電力・福島原子力発電所の事故が起こった。浜通りの人の多く

は，放射能汚染から逃れる「避難民」として，県の中央から西の中通りや会津，関東地方の諸都市，あるいは日本中の町々に散ることを余儀なくされた。大事に育ててきた家畜や作物をそのまま残して，あるいは〝処分〟して避難しなければならなかった人びとの心は，どれほど傷ついたことであろうか。そのうえ，避難先では，生活の手段を失い収入の道も途絶えた。さらには，放射能汚染のために元の土地に戻ることは絶望的で，復興のめどさえ立たない土地も多い。家族を失った上に，住民救助の中心となるべき役場も移転されては，住民の安否や災害時の補償などに必要な書類がないため，本人確認さえおぼつかない場合もあった。

　さらに悪いことに，放射能汚染は福島以外の地にも及んだ。東日本からさらに拡大して日本中に広がり，空気や海水の流れによっては世界中が放射能による恐怖におののくようになった。「福島」という地名は，今や「フクシマ」としてカタカナで表現され，アメリカで原発事故を起こした「スリーマイル島」，旧ソ連時代に大きな原発事故を起こした「チェルノブイリ」と並ぶ，世界的な負の遺産としてその名が残るようになってしまった。

　このような状況のなかで私たち日本人は暮らしており，原発事故以前の日常生活と平常心を取り戻そうとしても難しい。心は依然としてこの大きな事件によって占められ，これまでの生き方や考え方を変えることを余儀なくされている。実際，価値観ばかりでなく，2011年の夏に経験したように，15%の電力使用削減（節電）と，28度以上に冷房温度を設定するなどの規制まで持ち込まれ，人びとは素直に従ってきた。冬もそれまでのような暖房ははばかられ，日常の暮らし方そのものが，もう以前には戻れなくなっている。電灯ひとつとっても，以前の白熱灯や蛍光灯から電力消費の少ないLEDに変えた人も多い。

　しかし，日本人のすべてが大震災に遭ったわけではなく，西日本では直接的被害が少なかったことは救いである。また，大多数の日本人は被災地に立ったわけでもなく，ボランティアとして現地に入った人たちだけが，例外的にその実態を見聞きしたに過ぎない。それにもかかわらず，日本人の多くがこの大震災についての知識と感情を共有し，それによって自分の世界観を組み立てなお

そうとしている。それは何故なのだろうか。

　そこにこそ，メディアの大きな影響と役割がある。人びとはメディアの伝える情報により状況を知り，その解釈をし，自分のものとしていることは想像に難くない。そこで，この後の節では，地震と津波の報道，および原子力発電所事故を例としてとりあげながら，そこに現れたメディアの問題点や特性を中心に，その内容を検討していきたい。

3　原子力発電所事故のテレビ報道

　地震が発生した3月11日夜7時台の枝野官房長官（当時）の会見で「原子力緊急事態宣言」が発せられ，長期・大規模な影響を与える福島第一原子力発電所の事故が報道された。このことにより，東日本大震災は，地震と津波という自然災害とは，まったく別の様相を見せ始めた。ここでは，原発事故に限って問題点を整理していきたい。

　NHK放送研究所が毎月発行する『放送研究と調査』は，事件後に編集・発行された2011年5月号から，テレビ放送を中心にメディアが東日本大震災をどう伝えたかについて，連続的に詳細な調査報告をしている。この項では，主としてその報告をもとに事実関係を確認しながら，わたしの解釈を加えていく。

　NHK総合放送が「冷却用の非常用ディーゼル発電機の一部が使えなくなった」という表現で事故の一端を伝えたのは，11日16時47分，地震発生の約2時間後である。そして，19時台の記者会見で「原子力緊急事態」を伝え，さらに21時台の会見で「半径3キロ以内の住民は避難，3～10キロの住民は屋内退避」と指示を出した。これらの情報はすべての在京キー局によって中継され，全国に発信された（メディア研究部番組研究グループ　2011）。ここに至って人びとは，地震と津波以外に発生した別の事態の重大さを思い知る。

　しかし，現実にこの発表をテレビで見た人は，そう多くはない。というのは，夕方の17時前のこの時間帯では，仕事に出ていた人や学校に行っていた人などが多く，しかも，彼らは交通がストップしたため家に帰りついてはいな

かったからである。また，出先ではインターネットが必ずしも順調にはつながらなかったので，全体的に知るのは停電しなかった地域の家に在宅していた人だけである。地震発生からすぐに，首都圏をはじめ多くの地域で交通機関が線路や車両の点検に入り，交通は遮断された。21時過ぎに徐々に回復し始めたので，それを利用して帰れた人は深夜にこの事態を知り，そうでない人たちは翌日になってこの事態を知ることになる。

　日付が変わった翌12日の深夜2時に，原発1号機に格納容器内の圧力上昇があったことと，圧力上昇を抑えるため排気ベントを稼働させるという計画がテロップで伝えられた。その時，「放出される放射性物質は微量で安全だ」とする政府や東電の見解が繰り返し伝えられた。ここで早くも，今回の原発報道の特徴の一つである**「安全強調コメント」**がスタートし，マスメディアはそれを伝えた。これが逆に，視聴者の政府とメディアへの疑問をつのらせ，メディア・リテラシーが必要とされる場面に入って行ったのである。

　NHKでは専門の記者と東京大学の教授が技術面での解説を行い，教授は「原子炉の中にある燃料は充分に水の中に入っているので破損しているということはない」と述べている。しかし，ベントの作業が始まったと伝えられた9時22分，実は作業は難航し原子炉内では水位が下がっていた。11時20分には燃料棒が最大90cm露出し，原発1号機の周辺ではセシウムが検出されて，14時16分には「炉心にある核燃料の一部が溶け出た」との経済産業省の原子力安全・保安院（以下，保安院）の見解が速報テロップとともに報じられた。さらに，日本テレビでは17時ごろに，系列の福島中央テレビが撮影した爆発の瞬間の映像を放送した。この爆発は実は15時36分に発生し，目撃情報は16時頃に入っていたが，報道されたのはそれから1時間以上たった時点である。この映像は海外にも配信され，世界中のメディアを駆け巡った。

　17時台には上空から爆発のあった1号機を収容していた建屋の，爆発前と後を比較しつつ，「水素爆発」の可能性について言及し始め，NHK記者は，「もし，原子炉が爆発していたとすると，放射性物質が大量に放出されている可能性もあるので，外出せずに窓や換気扇を閉めてほしい」と呼びかけた。

これに対しては，保安院からも東電からも具体的な発表がなく，実態が一向に明らかにされなかった。ここに至って，当初楽観的な見通しを述べていた東大教授も「最悪の事態を想定して対処していかなければならない」と，発言が変わってきた。
　17時47分の枝野官房長官会見ではじめて「何らかの**爆発的事象**があった。原子炉とは確認されていない」と，慎重な言い回しで言及。その後，避難区域が20km圏に拡大されたことで，事故拡大の様子が視聴者にも想像できるようになった。19時37分，NHKは今回の事故が国内初の**炉心溶融事故**であり，米スリーマイル島事故と同じ事態が起きていることをあらためて伝えた。これが**水素爆発であるという事実を枝野官房長官が認めたのは20時41分，爆発からすでに5時間たった後だった**。
　ここでみられる東京電力，経済産業省の保安院，および官房長官等による政府の一連の発表は，日本の政治や行政官庁に勤める"主流の人びと"の発想による事故対応の典型的なものである。まず，① 自分たちはできるだけ情報を手に入れるが，それを出すときは量的にはできるだけ少なくする。② 公表する際には，人びとが動揺しないようにできるだけ控えめに表現する。しかも，③ 自分たちの組織がそれに関与していれば，失態はできるだけ公表しないですませようとする。この事故は東電の発電所なので政府や官僚は直接の当事者ではないものの，原発そのものは政府が認めたものであり，管理は保安院が責任をもってしているべきなので，これは，自分たちが関与していることに準じるのである。そのような場合，外から事実を示されたときに初めてそれをいやいや認め，しかもできるかぎりそれを小さく見せることが不文律である。
　具体的には，かつてない重大な「事故」が起こっているのに，「事象」というマイナス感を与えず，危機感の少ない表現に置き換えていることがひとつ。また，圧力容器内の圧力を下げるため排気用ベントを稼働させることになった時，「放出される放射性物質は微量で安全だ」とする政府や東電の見解が繰り返し伝えられた。しかし，それは人びとの動揺を防ぐというよりは，本来，住民を避難させてからすべきことを，もう避難するのを待つ時間がなくなってし

まったので，被害を小さく見せかけているにすぎない。

「冷却用の非常用ディーゼル発電機の一部が使えなくなった」という発表が地震発生の約2時間後にあったが，その意味するところができるだけ伝わらないように意図したとしか思えない。本当は，その後，長期間にわたり収束しない大事故を意味する大変な事象だったので，言わないで済ませたのであろう。この後多用された「健康にただちに影響はございません」というコメントと同様に，言っていることは嘘ではないが，本当に大事なことは隠しておくという方法で，当面の責任を逃れようとしているのである。

言うなれば，自分たちが関連する問題での落ち度を認めたがらないというエリート集団特有の態度である。しかし，大きな影響を与えないものならまだ良いが，今回のように，客観的な事実を伝えないと多くの人命と財産に多大な影響がある場合には，致命的な問題となる。彼らの言い訳はいつも，「一般の人の間でパニックを起こさないように，慎重に報道する」というものだ。しかし，それは一般人を見くびってはいないだろうか。科学的知識をもち，判断力のある人からすれば，正確な情報を得て自分で判断したいと思うだろう。

また，現代のメディア社会では，あらゆるメディアから正誤・善悪をふくめさまざまな情報が伝えられるから，正確な情報を伝えないことは逆に疑心暗鬼を生じ，混乱するもとになる。今回はインターネット情報のなかに，正しい内容を伝えていたものがあったので，それで正確に把握できた人もいた。また，外国メディアが日本政府と違う発表をして，それに真実を求めた人もいる。その一方，不正確な憶測も流れ，「何を信じていいか分からない」（メディア総合研究所 2011）という状況を生みだした。

今回テレビは，解説をよく聞けば，さまざまな可能性を含めて報道していた。それでも，ニュースでは，東京電力，保安院，官房長会見をそのまま中継していたため，どうしても彼らの意見を代弁しているような印象を与えた。すなわち，記者会見中心の報道をみていると，テレビ局が発表者たちの言い回しをそのまま伝えているので同意しているようにも感じられるのである。

当事者たちによる事実かどうか疑わしい発表に対し，記者たちが有効な質問

をぶつけず，ただパソコンに打ち込んでいる様を見ると，記者たちの質問力のなさにいらだちを覚える場面も多かった。こうしたマスメディアの典型的な報道パターンは，記者会見場における枝野官房長官，経済産業省の傘下にある保安院の審議官，そして，事故の当事者である東京電力の社長，副社長，または会長による事故報告を，正当化したという印象はいなめない。

　東京電力・福島第一原子力発電所事故に関しては，政府とマスメディア発表に対するアンチテーゼとしての意味と，不完全なメジャー・コミュニケーションをおぎなう意味もふくめて，シェア・コミュニケーションが盛んに行われた。また，心身が傷ついた被災者たちのためのケア・コミュニケーションも通常時より活発になった。これらについては，第3章で述べる。

4　震災時におけるメディア間の協力

テレビ放送を同時配信したインターネット

　震災時，一部地域で，停電などにより直接テレビ放送を受信できない人がでてきた。また，避難する際にラジオを持ち出せなかった人もいた。これらの事情を考慮して，テレビおよびラジオの放送は，通常の電波での放送と同時に，インターネットによる同時配信も行った。日ごろは著作権の問題もあり，必ずしも協力関係にあるとはいえないテレビとインターネットが，一致して，視聴者やユーザーの便宜を考えてこのような協力をしたことは，災害時ならではの歓迎すべき措置である。

　このような時，すぐに利用できるのは，普段から動画の配信を行っているところである。そこで，「ユーストリーム」と「ニコニコ生放送」，そして「ヤフー」が協力をした。前節で述べたような問題があるとしても，やはり，メジャー情報を伝えるマスメディアの放送を見ることは，人びとにとって基本的に大事なことである。テレビが常日頃から行っている「全体像をカバーするニュース」を，インターネット放送を通じて，停電の地域の人たちも見ることができた。1週間ほど，この協力関係により地震とその影響の概要を知ること

ができたことは，視聴者やユーザーにとって意味は大きい。

　テレビ局は震災発生からしばらく，震災関連の内容だけにしぼった放送を行い，ドラマやバラエティ，音楽などは放送しなかった。また，CMもスポンサーの辞退によりなくなり，それに代わってACジャパン（旧・公共広告機構）がメッセージを入れた。3月14日以降は，臨時報道特別番組の体制が緩和し始めた。もともとテレビ局には情報番組は多いし，日本の民間放送はアメリカの地上波放送などに比べニュース番組の数が多い。そこで，それらの番組が再開され，それらが特別版・拡大版という形で災害について報道する形がとられるようになった。フジテレビとテレビ朝日も，震災報道の特別編成から一般番組が放送される通常体制に戻るのに先立って，3月14日にインターネットへの同時配信を終了している。TBSは「ニュースバード」の同時配信を18日まで継続した。

　震災にまつわる放送には，色々な配慮がなされている。たとえば，新潟県内にある二つの放送局では，福島県からの避難者に向けての特別編成をしている。新潟テレビ21（UX）は福島放送の番組『福島スーパーJチャンネル』の録画放送を深夜から早朝にかけて行い，新潟総合テレビ（UST）では福島テレビの番組『福島テレビニュース』のダイジェスト版を夕方16時45分から放送し，福島からの避難者に情報を提供した。また，CSニュース専門チャンネルの各社は，震災から一定期間は無料放送を行い，視聴者の便宜をはかっている。

　外国でも東日本大震災のニュースには力を入れて伝えた。とくにアメリカのABC放送では"Disaster in the Pacific"を放送し，NBCでは"Disaster in Japan"という特集を組んでいる。

　一方，被災地である地元局では，キー局に比べさまざまな難しい事態が発生していたことが取材でわかった。多くの地方局では，キー局の要請による全国放送のための取材に時間を割かなければならなかったため，地元の視聴者向けの放送が後回しになった，という反省も一部に聞かれた。これは地元局にとっては大きなジレンマである。地方の民放各局は，東京のキー局を中心にネットワークを組んでいても，それぞれが地元に密着した別会社として自立してい

る。NHKのように全国組織として中央が統括しているわけではない。したがって，常に地元に注意を払い，地元と協力関係を保ちながら仕事をしている。その面からは地元優先の放送をしたいという気持ちになる。しかしながら，地元のニュースを全国発信し，全国の人びとにこの災害の実態を理解してもらうことも，当然大事なことである。両方できればよいが，地方局では報道に従事する人数は10数人から数10人の間，とても両方はカバーできない。地方局ではしばしば報道，制作，アナウンサー等の社員が営業に回ることもある。そこで，別の部署にいる報道経験者が急きょ戻されて記者の仕事をする例も多くあった。

　また，IBC岩手放送は，自社制作の震災報道番組をテレビとラジオでサイマル放送し，それをユーストリームで同時配信する作業を，震災ひと月後の4月11日までつづけている（村上　2011）。

　このように，メジャー・コミュニケーションとしてのテレビ放送内容がマスメディアだけでなく，インターネットにも載ることが同時に行われた。この結果，動画配信サイトの視聴者は11日以降にわかに増加し，震災発生後の24時間には通常の視聴の5倍にも達し，その後，徐々に減少したものの10日後にも2倍程度の視聴者がいた（ユーストリーム・アジアの場合）。また，この配信は海外でも用いられ，アメリカ，台湾，韓国，ドイツなどの118の国と地域におよび，在外日本人の情報手段としても利用されたことがわかった（同上）。

ラジオ放送

　ラジオ放送については，以前から東京と大阪の民放ラジオ13社が協力してラジオ放送のインターネット配信を行っていたので，それを全国に広げて，受信機を持たない被災地などでも，パソコンやスマートフォンでラジオ放送が聞けるようにした。一方，電話会社のKDDIは，自社のスマートフォンで民放FMを聞ける「LISMO WAVE」を利用して，東北地方の民放FMをインターネットで同時配信した。さらに，外国人向けに震災情報を放送していたInterFM，千葉の湾岸被災地情報を放送したbayfm78も加わり，同時配信は4月30日まで

行われた。

　地方局では動画配信事業者のサービスを利用している例もある。東北放送ラジオは，ユーストリームとニコニコ放送を，栃木放送と茨城放送も同時配信を1週間程度行った。原発事故のあった福島県では，ラジオ福島やふくしまFMのように，4月以降もインターネット配信を継続した。これは，原発から避難した人たちが全国にも広がっていたため，この人たちへの情報提供に役立った。「ラジコ」という名前のインターネット放送を使って，全国的に配信する試みも行われた。住民が放射能汚染から逃れるために全国に避難しているので，ラジオ福島の放送を聞きたい人が全国に散在している。福島情報を伝えてくれるこの放送は大いに役立った。

　通常，放送電波の免許は地域限定で与えられるので，全世界に配信されうるインターネットとは，法律上，相いれない性格をもっている。また，コンテンツに対する著作権や，CMをどう扱うかという問題がその間には存在する。今回は，そういった制約を乗り越えて，とにかく必要な情報を人びとに届けるという使命感で，放送とインターネットが協力し合った結果，このような配信が可能となったのである。メディアが人びとに奉仕するためにあることを示すことができたのは素晴らしいことであった。同時に，これまでメディアの間に横たわっていた種別の違いによる法律的な区分けが，果たして妥当なものであるかが問われることにもなったのである。

5　視聴者にとっての東日本大震災とメディア

　普段のニュース報道でもテレビの役割は大きいが，震災のように「現在」の状況と「映像」を伴う情報が力をもつ分野では，とくにテレビの働きは大きく，また，それを見る人も多かった。とにかく，震災後の数日間は，家にいる人はテレビにかじりついていた。そして，外で仕事をする人の間でも，すぐに家に帰ってテレビニュースを眺めていたという人は多い。そして，新聞はテレビで伝えたでき事を後で確認する役割と，テレビで触れられなかった内容の解

説や背景にある問題を理解するために利用されていた。随時インターネットのニュースサイトも利用されたが，前述のように，一般のニュースサイトでは，テレビや新聞の情報をそのまま転用しているものが多い。したがって，ここまではマスメディアによるメジャー・コミュニケーションである。

インターネットによる独自情報は，個別の地域が発する情報や，利用者が直接体験した話の報告，現場で撮影した映像などが多かった。それはマスメディアが伝える内容とは明らかに違うものであり，内容的にみてシェア・コミュニケーションということができる。また，安否確認に関してこの震災であらためてその力が認められたのは，「ソーシャル・メディア」と呼ばれるツイッターやフェイスブック，mixi，GREEなどの，サービスである。電話が使えなくなった時，これらの手段を使って，自分が安全であると伝えたり，誰それはどうなっているのか，と聞いたりしたが，それは直接に話をしなくても，また，時差があっても，お互いにわかりあうことができた。これらの使い方に関しては，内容的にみてケア・コミュニケーションともいえるだろう。

このように，東日本大震災のような大事件の際には，人びとはあらゆる種類のメディアを使って，自分の置かれている環境を確かめる。それは世界的な規模から，国全体の動向，自分の属する都道府県や市町村の情報，そして，家族や友人の安否と，それぞれの段階での情報を手に入れることによって，安心したり対策を考えたりすることができるのである。

まず，マス・メディアの報道がどのように利用されたかについて見ていこう。やはり，多くの人の情報源は，ふだん使い慣れているテレビと全国紙・県紙による報道であった。このような大災害の際最も重要な情報源となっているのは，前にも述べているようにまずテレビである。日常的にテレビは誰でも利用しているし，操作にも通じている。初動の段階では，少なくとも家にいる多くの人が「地震が起きたら，テレビをつける」ことが習慣化していたことは間違いない。前出のNHK放送文化研究所が行った，災害とメディアの関係についての調査から事実関係を引用しつつ，視聴者がテレビで何を見たかについて，以下，わたしのテレビ視聴実体験を交えつつ考察していきたい。

初動から最初の2時間

　NHKの場合，地震発生の直前アラーム音とともに「緊急地震速報」が入り，「宮城県沖で強い地震」という直前予告のスーパー・テロップ（放送の映像に重ねられた文字）が，もともと放送されていた国会中継画面の上に表れた。直後に地震が来てテロップは「地震速報」という文字に変わり，2分ほどで画面は国会中継からニュース・スタジオに変わった。ここからが，本格的な地震・津波報道の体制となる。民放キー局はそれぞれ，ワイドショー，ドラマ等を放送していたが，まずスーパー・テロップで地震発生を伝え，間もなく番組を打ち切って地震報道の体制を整えた。「地震発生から10分を待たずに全地上波が地震報道の体制を整え，津波からの避難を呼びかける放送を繰り返した」（メディア研究部番組研究グループ　2011a）。

　大津波警報が発令され，地震予知連絡会会長からこの地震の大きさが歴史上でも最大規模クラスであることが伝えられるなか，アナウンサーは津波に対する「警戒」を繰り返し呼び掛けた。それから30分前後で実際に津波がやってくると，釜石，宮古，気仙沼などの大津波の映像が放送され，岸壁を越えていく大波や，それによって流される家や自動車の映像が飛び込んできて，この津波の物凄さが実感として伝えられた。

　一方，キー局の存在する首都圏でも被害が続出し，火災・ビルの崩落・埋めたて地の液状化が報道された。折から夕方のニュースの時間帯に差し掛かっていたので，その番組担当のキャスターが主としてスタジオで災害報道を仕切るという形に，順次切り替えられていった。そして，東北太平洋岸の津波はもとより都内の被害状況についても，ヘリコプターによる上空からの映像と警視庁記者クラブ中継などを通じて，詳しく報道する体制になっていった。しかし，この時点ではまだ，それ以外の地域についての様子がわかっていない。東北地方太平洋岸の大槌町，陸前高田，東松島，多賀城，南相馬などの各市の被害の大きさは，もっと後になってわかることで，この時点では情報がメディアに入っていないため，報道されていない。

当日夕方5時以降

　首都圏でもほとんどの人にとって，これまでに体験したことのない大きな地震であったが，東北のそれに比べれば相対的に小さいということもあって，ニュース報道原則からいって優先順位は低くなっていた。その代わりにメガロポリス東京らしい別の問題が発生していた。首都圏の交通機関がほとんどマヒしてしまったため，東京の都心に出ていた人が家に帰れない現象，いわゆる「大量の帰宅困難者の発生」である。

　　　帰宅状況と平常時の通勤・通学時間の関係について述べる。自宅に帰れた人のうち，通勤・通学時間の平均は40.6分であり，そのうち68.6%が通勤・通学時間が1時間未満であった。このことからも，当日は80%近く（東京では約68%）が帰宅したとはいえ，帰宅者は自宅が近い一部の人のみにとどまっていたことがわかる。なお，通勤・通学時間が1時間半以上で自宅に帰った人はわずか47.1%であった（車通勤者など含む）。一方，自宅に帰ろうとしたが途中で諦めた人，自宅に帰らず会社に泊まった人，自宅に帰らず会社以外の場所に泊まった人の通勤・通学時間平均はそれぞれ70.6分，74.7分，66.5分であった。このことから，無理に帰宅を試みたケースもあったとはいえ，自宅の遠い人は会社に泊まるなどして都内に滞留した人がかなりいたことが判明した（廣井悠　2011）。

　徒歩で帰宅した人もいるが，それは相対的に近い人に限られた。遠距離のため帰宅が困難な人たちは，臨時に開放された大学や公共施設，デパートなどに仮の宿を求めて朝を待った。日常的な首都圏の通勤者を950万人と想定すると，515万人前後が帰宅困難者になったと推計している（内閣府　2011年11月22日発表）。

　いくつかのターミナル駅では，鉄道の運転再開を待つ群衆が集まり，それを取材する映像が流された。この日，JR東日本では地震後ただちに運転中止を決め，駅を閉鎖し，翌朝まで再開しなかったので，JR駅周辺には大きな人の群れができた。一方，私鉄や地下鉄のなかには点検を終えて午後9時すぎから運転を再開する路線が出始めたので，その情報が順次流され，やっと帰宅できた人も多い。このような，新橋，渋谷，新宿，池袋などの東京のターミナル駅

周辺の混雑の様子は，東京のキー各局とも撮影クルーを出して報道していた。東京での被害はそれほど大きくはなかったものの，500万人にものぼる人びとが帰宅できないというのは，かつてない異常事態だったのである。異常事態の割には大きな混乱も起こらず人びとが冷静に行動したことが逆に印象的であると，海外メディアは注目し報道していた。

　夜11時過ぎになると，自衛隊から提供された気仙沼市街地一帯の大火災映像が各局で流され，仙台荒浜地区で200～300人の遺体が発見されたらしいという情報が伝えられた。この段階ではまだ全体像はつかめておらず，津波や被災地における火災の「衝撃的な映像」と，地域の「断片的な申告情報」しかない。この状況は，初動2時間とさほど変わらなかった（メディア研究部番組研究グループ　2011b）。

深夜～震災翌日

　3月12日は国公立大学入学試験の後期日程だったこともあり，各地の交通情報が丁寧に伝えられた。

　また，前日の枝野官房長官の会見で「原子力緊急事態宣言」が発せられたが，この時間帯に入って「半径3キロ以内に居住する人たちに避難指示」を出したことが繰り返し伝えられ，東京電力・福島第一原子力発電所の事故の深刻さが，徐々に認識されるようになる。世界各国からも支援の申し出があり，国際的にも注目される大規模な地震であることも客観的にわかるようになってきた。東北地方の被害の様子は夜のためはっきりわからないままだったため，この時間帯はこれまでの情報のまとめと官邸中継が中心である。

　午前3時台に入ると，新たに茨城と千葉に緊急地震速報が，ついで，長野県北部にも緊急地震速報が出され，4時台には，関東，東北，伊豆諸島，新潟，北陸，甲信，静岡にも緊急地震速報が出されるに及んで，その余震の広がりに驚きが広がっていった。この間も，全体像はまだつかむことができず，死者の数もその時点では170～700人という幅の大きさで暫定値として出されている。このような騒然としたなかで，フジテレビはできるだけ通常と同じ報道スタイ

ルをこころがけ，地震警報で途切れがちになった官房長官会見など，直接的な地震情報以外の情報もその都度，スタジオで要点を整理し伝えていたという。

　夜明けを待って各局が被災地の上空からの映像取材を開始すると，三陸海岸全体が壊滅状態になっていることが，視聴者の目にも明白に映しだされた。木造家屋が跡形もなくなり，自動車や家財，船などがまったく元の位置と違うところに運ばれている。鉄道も幹線道路も寸断されているうえ，通信手段も遮断されていることがわかった。

　ここで，NHK放送研究所の調査は民放とNHKの放送の仕方について，興味深い分析をしている。NHKは，比較的高い空から見た地形の変化や，津波が陸地のどこまで達したか，どの範囲で被害が発生しているかなどについて，専門家を交えて被害状況の全体的検証を中心に行ったという。

　一方，同じく空撮を行った民放では，孤立している住民を発見したり，孤立している人の数や建物の周辺状況などを具体的に報告したりして，個別の救助活動に重点が置かれていたという。たとえば，日本テレビではビル屋上に取り残された被災者の自衛隊ヘリによる救助活動を30分にわたって放送しつづけた。TBSは避難住民を直接インタビューし，不足している食糧や資材を被災地の人に直接語ってもらうことで，被災地支援のための情報を伝えた。このように，このケースに関しては，それぞれの局が違う取材をすることによって，多チャンネルの放送体制が活かされたことがわかる。

　2日目以降も，各局の独自取材が進んだが，24時間たった時点で死者・行方不明者が1,400人と報道されたが，それが全体のなかの一部にすぎないことは誰の目にも明らかだった。被害の全体像がはっきりしないままに，もっとも衝撃的な映像が繰り返し流され，その映像がこの災害を表すアイコンのように用いられることもあった。このテレビの津波映像は，当然のことながら「動く」映像であるうえ，写真と比べよりリアルなので，繰り返し見るうちにPTSD（心的外傷後ストレス障害）にも似た影響を与え，気持ちが悪くなる人も現れた。

　在京テレビ局すべてが大震災に絞って報道特番をつづける状態は，12日の夜11時55分までつづいた。テレビ東京が他局に先駆けて定時のアニメ番組を放送

しこの均衡を破ったが，この後も他局はかなり長い間災害特番を放送しつづけ，前述のように民放としては異例の「CM抜き」の状態が継続した。このような体制は1989年1月の昭和天皇死去以来のことである。

　しかし，この商品や企業宣伝のCMの入るべき時間が，実は番組の本編に使われたわけではなく，CM枠としてはそのまま残っていたので，ACジャパンが作成したCMに似た形式の社会啓発メッセージが入った。この枠の数があまりに多いのに対し，用意されている啓発メッセージは余りに少なかった。そこで，繰り返し同じ素材が放送される結果となったばかりか，その内容の多くがお説教じみていたので，そうでなくても緊張状態にある視聴者の間で，この枠の使い方は大変な不評を買うことになる。

　とはいえ，この初期段階で果たしたテレビの役割は大きい。被災地は余りに被害が大きかったので，自発的な発信ができない状態であった。また，自治体そのものが被害を受けて機能しなくなっているうえ，通信手段が途絶えてしまったので，行政も被害状況がつかめていない。そういったなかで，テレビは断片的ではあるが情報を集めて報道し，翌朝ヘリコプターが飛ばせる状態になった段階で被災地の状況を空からつかんで放送し，初めて全体状況が国民にも行政にも伝わった。NHKは全体の地理的状況を，民放は個別被災者たちの状況と要望を伝えて，災害状況を伝えるのに与って力があった。

第2章 原発事故報道の問題点

1 「ただちに健康に影響はございません」

　東京電力・福島第一原子力発電所（以下，第一原発）関連のニュースで，はっきりと誰の記憶にも残っているフレーズは，原発事故ニュースを伝えるたびに出てきた枝野官房長官（当時）のことば，「ただちに健康に影響はございません」ではないだろうか。原子力発電のための設備を覆っている建屋が爆発で吹っ飛んでも，何ベクレルもの放射線が出ていても，「ただちに健康に影響はない」のである。しかし，考えようによっては，これほど正確な表現はないかもしれない。

　原子力発電は燃料を燃やす速度はおだやかで，原子爆弾とは違って瞬間的なエネルギーはそれほど大きくない。そして，今回の事故は，チェルノブイリのように一度に大きな爆発を起こして周囲に多大なダメージを与え死者を出したわけではなかった。津波による浸水で電源を喪失して冷却水を注入できなくなり，原子炉はコントロールを失って問題が生じたが，致命的な爆発はまぬかれ，連続的ではあるが分散して問題が起きた。それゆえ，一度に大きく爆発することはなく，宥めすかしながら事故をおさめてきている。瞬間的に大きく人びとが被曝することなく事態が推移したので，連続的にある程度の放射線が検出されても，その時点では「ただちに健康に影響がない」と言えるのだった。

　しかし，とりあえず人びとを安心させるこのことばは，裏を返せば「今は大丈夫だけれど，将来の健康への影響については知りません」と言っているのと同じである。半減期の長い放射性物質の場合，それは何万年も何十万年もの長さが想定されており，いつまで影響がつづくのか計り知れない。チェルノブイリの例では，事故で亡くなった人が大勢いた上に，5年後～10年後に甲状腺がんになった子どもが多勢いた。大人の例では，これまでの原子爆弾や水素爆弾実験の被害では，何十年も経過してからがんになって死ぬ人の率が高い，とい

うような形で表れる。したがって，個別に直接的な因果関係を断定しにくくても，統計的にはたしかに後になってかなりの影響が出ているのである。

　この問題は，現場で事故を終息させるために働いている作業員の場合はずっと深刻である。「ただちには影響がない」ものの，毎日，放射能に汚染されたものを扱う作業に従事していれば，今すぐには影響がなくても，他の人とは比べ物にならないくらい大きな影響を受けるだろう。しかも，そういう作業をしてくれる人がいなければ，もっと危ないものになるので，私たちの生活はそういう人の犠牲の上に成り立っていることに特段の注意を払わない。

　このことは，高橋哲哉がその著書『犠牲のシステム　福島・沖縄』のなかに書いている。「或る者（たち）の利益が，他の者（たち）の生活（生命，健康，日常，財産，尊厳，希望等々）を犠牲にして生みだされ，維持される。犠牲にするものの利益は，犠牲にされるものの犠牲なしには維持されない。この犠牲は，通常，隠されているか，共同体（国家，国民，社会，企業等々）にとっての『尊い犠牲』として美化され，正当化されている」「そして，隠蔽や正当化が困難になり，犠牲の不当性が告発されても，犠牲にする者（たち）は，自らの責任を否認し，責任から逃亡する。」（高橋　2011）。胸がズキンと痛む。このことばは，政府や東電の幹部に向けられているのはもとより，私たち全員にも突きつけられている。すぐ近くにいる他人を犠牲にしていなくても，遠くにいる見えない他人を犠牲にして，今日も生きている。

　このことを胸にとどめつつ話をもどすと，「ただちに健康に影響はございません」ということばは「真実」とはいうものの，次々と起こる事態に対応して発せられる政府の勧告によって，福島の人びとはじわじわと恐怖に追い込まれていく。政府の放射線量許容数値に対する見解が二転三転することで，結局，健康に配慮して生活するためには，自己決定を強いられるようになったのだ。

　2011年4月19日に文部科学省は，福島県の子どもの許容被曝量*を，年間20

　＊　放射線の被曝量にもちいられる単位：1シーベルト＝1000ミリシーベルト＝1,000,000マイクロシーベルト＝1,000,000,000ナノシーベルト

ミリシーベルト以下にすることとした。そして，毎時3.8マイクロシーベルト以上を検出した福島・郡山・伊達の各市に存在する計13校・園に対し，体育などの屋外活動を1日1時間以内に制限するよう通達を出した。3.8マイクロシーベルトは，年間被曝量に換算すると33ミリシーベルトに相当する。これを，保育園，幼稚園，小学校，中学校に通学する子どもたちに適用する，というものであった。

　これに対し疑問の声を上げたのは，ほかならぬ福島県の子をもつ親たちだ。親たちの疑問は，原子力産業労働者に対する基準と，子どもたちへの基準が，同じであって良いものだろうかということだった。国際放射線防護委員会（ICRP）勧告では，原子力産業の作業員の最大許容量は5年間の平均が年間20ミリシーベルトとなっており，政府はそれと同じ基準を福島の子どもに当てはめている。しかし，放射線に対する感受性が最も強いのは子宮内の胎児，1歳以下の乳児は大人に比べがんのリスクが3〜4倍高く，女児は男児より2倍影響を受けやすい。また，アメリカの科学アカデミーが出した報告書によると，被曝により女性は男性より1.4倍がんになるリスクが高いという。発育盛りの子どもは当然，影響を強く受けるから，成長の過程でどのような問題が生ずるかわからない。原子力作業員は大人であり，仕事上，被曝管理もしているので，それに対する基準と子どものそれが同じであっていいはずがない，というものだ。

　「私は，子どもたちにこの値を押し付けることは学者として良心に照らしてできない」とテレビで辞任会見した小佐古敏荘教授や，「親として，また医師として，福島の子どもたちに，このような放射線被曝を許すという決定は，われわれの子どもと将来の世代を守る責任の放棄であり，受け入れられない」とするメルボルン大学ティルマン・ラフ准教授のことばもある。文部科学省は，「ICRP（国際放射線防護委員会）のPublication109」（「緊急時被ばく状況における人々に対する防護のための委員会勧告の適用（仮題）」日本アイソトープ協会HP）は事故収束後の基準として1〜20マイクロシーベルトを適用することを認めていると説明しているが，そのなかの最高値を子どもに当てはめていることを，ど

新聞の号外

新聞は2011年3月11日に号外を出したのをはじめ，数回にわたって号外を出している。

読売新聞は5回の号外と，13回にわたる「特別版」を発行，この緊急情報伝達に対処した。3月11日には「東日本巨大地震　震度7大津波」の見出しで，3月12日には「原発強い放射能漏れ　福島第一炉心溶融か爆発」，3月14日「計画停電大混乱　東電方針二転三転」につづいて「原発3号機で爆発」，15日には「高濃度放射能を検出　原子炉格納容器が損傷」とつづいて出したほか，13回にわたる「特別版」を発行した。

朝日新聞は，「東日本大震災　号外一覧」として見出しをホームページに掲載している。「宮城で震度6強」を皮切りに，避難所や避難住宅の問題，震災による為替の動き（一挙に70円台に），「3号機から白煙」「高濃度放射能 放出」など，途中から東京電力・福島第一原子力発電所関係がつづくようになり，「福島第一原発周辺に避難指示」「首都圏　帰宅難民」「津波7.3メートル」など，続々と出された（朝日新聞　東日本大震災　号外一覧　http://www.asahi.com/special/10005/pdf.html　2011年9月22日15時確認）。

通常はめったに発行しない号外だが，今回は，この号外発行数の多さと，地域的広がり，影響の大きさから通常の常識を著しく超越しているのがわかる。地震の翌日からほぼ1週間というもの，大手新聞のほとんどは全紙面をこの地震と関連被害に割き，他のニュースについての報道はほとんどない。それほど，この地震の衝撃は大きく，それ以外のことは意識の外に行ってしまったといってよい。その中心になっていたのは，怒涛に呑み込まれ大津波に流される家々の写真で，それはすさまじい光景であった。新聞もテレビ同様に最初は全体像がつかめず，支局や系列局から部分的に入る情報をもとに報道をはじめたが，やがて，被害の概要がわかるにつれ，政府発表や気象庁のデータをもとに，全体像を明らかにしていった。この段階から，メジャー・メディアの特徴である，記者発表資料が多く出てきた。

う考えたのであろうか。

福島の母たちの強い反対に遭って，その数値の訂正はしないものの，「年間1ミリシーベルト以下を目標とする」と文部科学大臣が4月27日に表明し，やっと決着をみた。その際文部科学省は，校庭の除染を初め，1ミリシーベル

トに近づけるためのあらゆる努力をすることを約束した。

　放射能については，何ミリシーベルト以下なら安全という基準はなく，被曝量が上がればそれだけリスクも上がる。したがって，「今すぐには健康に影響はないけれど，蓄積が多くなれば，将来，健康に影響の出る可能性は充分ありますよ」というのが，官房長官発言の正しい読み取り方なのである。それゆえ，このことばの意味するところを本当に知るためには，長期的なフォローをする必要があろう。

2　放射能の影響は，同心円状か？

　東電の発電所事故にともなう報道の大きな問題は，放射性物質の拡散を同心円上に想定して描いた政府発の予測を，そのまま伝えたことである。この方法も，記者クラブの記者会見の様子をそのまま中継する発想と，基本的には同じといえる。しかし，こちらは独自に計測してデータを手に入れるのは難しい。少なくとも，初めのうちはできなかったに違いないが，間もなく各地での計測結果が公表されたので，その発表資料をもとに影響の及ぶ範囲と大きさを描き直せば，その後は，もう少し正確な分布図を作れたのではないか。政府の画一的な避難勧告を批判的に論評すれば，居住地を離れずに済む人たちがいたであろうし，また，原発から遠くても早く避難すべき人びとがいたはずである。

　まず，地震と津波のあった2011年3月11日19時03分，枝野官房長官が記者会見で「原子力緊急事態宣言」を発令。20時50分に福島県対策本部から1号機の半径2kmの住民1,864人に対し，避難指示を出した。21時23分には，菅直人首相から1号機の半径3km以内の住民に避難命令，3〜10km圏内の住民に対し，屋内待機の指示が出された。この時点では，放射性物質流出の可能性に言及しただけで，実際の計測はあまりなされていないから，範囲の設定に原発からの距離をもちい，避難の範囲を設定するのはやむを得ないことだった。

　翌12日の15時29分，敷地内モニタリングポストで，最高1,015.1マイクロシーベルト／時が観測されたが，この数字はただちには公表されず，もっと低い正

門付近の5.5マイクロシーベルトが公表された。また，このポストは原発敷地内では飯舘村方向に位置していた。そのことは後に判明する同村の高濃度汚染を示唆するものだったのである。

　3月12日15時36分ごろ，1号炉付近で白煙が噴きあがり，後にそれが水素爆発であることが確認された。これにより格納機内で圧力が高まったため，13日8時41分，東京電力は放射性物質が混じった蒸気を外部に排出した。13時52分に第一原発の周辺で，これまでで最も多い1.5575ミリシーベルト／時を観測したが，枝野官房長官はここでも「爆発的なことが万一生じても，避難している周辺の皆さんに影響を及ぼす事態は生じない」と述べた（『産経新聞』2011年3月13日取得）。

　そして，3月14日11時1分，今度は3号機の建屋が爆発し，大量の煙が上がった。灰褐色のこの煙は高く上がり炎が燃える様子も見られた。枝野官房長官はこれが水素爆発であると発表，ここで作業をしていた東京電力関係作業員と自衛隊員あわせて11人がけがをした。同長官は「原子炉格納容器の堅牢性は確保されており，放射性物質が大量に飛散している可能性は低い」と発表した（NHKニュース　2011年3月14日）。原子力安全・保安院は原発周辺20kmに残っていた住民600人に屋内退避を勧告した。一方，20時40～50分に福島県浪江町の第一原発から20キロの距離の山間部で，195～330マイクロシーベルトが観測されたと，翌日に発表されている（"原発20キロ地点放射線量6000倍＝住民ら屋内退避中―文科省"『時事通信』2011年3月16日取得）。つづいて，福島県災害対策本部は，飯舘村役場で0時に観測された383マイクロシーベルトが20～40km圏では最高値であったと発表した。同じ福島県内でも，原発からの距離がおよそ40キロある飯舘村の方が，原発からおよそ20キロの南相馬市よりも一桁高い放射線量数値を示している。しかし，政府の当初の避難勧告等では，おしなべて何キロ圏という区切り方で対策を決定してきた。

　北関東にも放射線は回ってきた。3月15日，4～7時ごろ，茨城県北東部の日立市から鉾田市に向かって徐々に南下する高濃度放射線量が観測された。最大は北茨城市の5.575マイクロシーベルトで，那須や赤城をふくめ，この時，

第2章　原発事故報道の問題点　　109

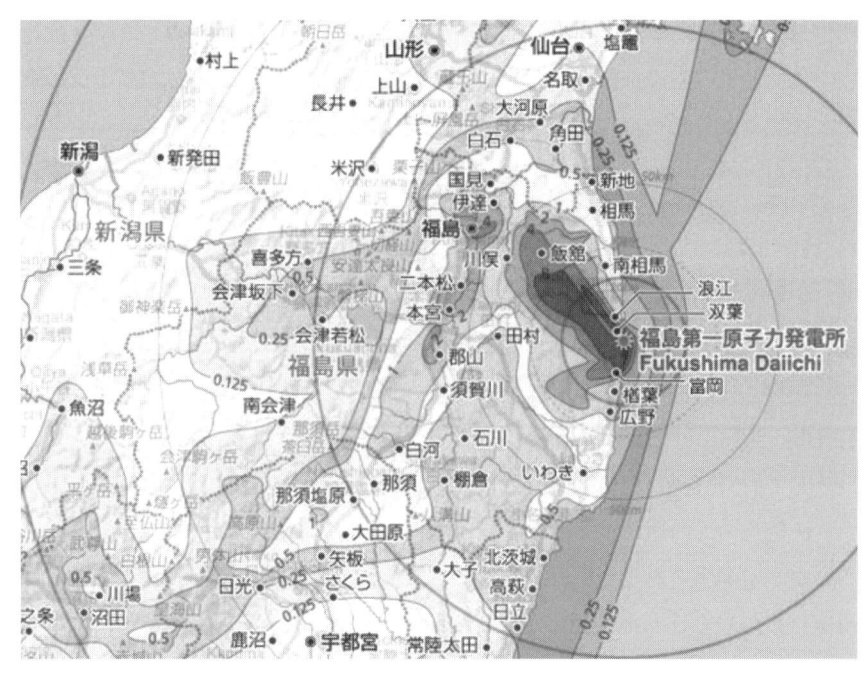

図Ⅱ-2-1　福島原発から漏れた放射能の広がり(2011年12月時点)
（http://livedoor.blogimg.jp/amenohimoharenohimo/imgs/a/6/a688f4cf.jpg）

北関東全域で濃度の高い放射線量が観測されている。

　実は，震災から1ヵ月後の2011年4月11日，枝野官房長官は原子力発電所から20キロ圏内に出している避難指示区域の対応について，「同心円的な対応ではなく，放射線量は風向きや地形で影響されるので，累積した放射線量の観点から安全確保の措置が必要だ。地元と相談しながら進めている」と述べている。しかし，避難指示を指定している半径20キロ圏の警戒区域指定については「最終的には決まっていない」と述べるにとどまった。

　7月20日に文部科学省は，福島第一原発から20km圏内の放射線量の測定結果を発表したが，12ヵ所が5キロ圏内と北西方向に集中している。18日に測ったなかで最も高いのは，大熊町小入野（原発から西南西3キロ）の81マイクロシーベルト／時，2番目が同町夫沢（西62.8キロ）の62.8マイクロシーベルトであり，

5キロ圏内で測定した12ヵ所のうち7ヵ所が20マイクロシーベルトを越えるレベルの値で，そのほかはもっと低かった。一方，北西方向20km付近にある浪江町川房は，5ヵ所で20マイクロシーベルトを越えていた。要するに，放射線量の強さは同心円状ではなく，地形や風向，降雨などによって左右されていることを物語っている。

ところで，「第二世代SPEEDI」といわれる，「緊急時迅速放射能影響予測ネットワークシステム」が，このような状況に対応するためにすでに作られていた。このシステムは，緊急事態が発生した時に，気象観測情報，アメダス情報，放出核種，放出量等の情報を入れることにより，6時間先までの希ガスによる外部被曝量や甲状腺等価線量などをシミュレートすることができる。福島第一原発の事故があった時，当然，このシステムによる予測値が発表されてしかるべきであったが，そうはならなかった。衆議院議員・河野太郎の公式ブログによれば，3月23日にSPEEDIの予測を公開するよう求めたところ，SPEEDIそのものの存在を知らない省庁の係官や，情報公開の決定権がどこにあるのかわからないとの理由で，政府部内の各所をたらいまわしにされた揚句，「原発に関する情報はスピーディにお出しするようにしています」との返事にガクッときた様子が書かれている（河野太郎公式ブログ「SPEEDI，公開できませんっ!?」）。

しかし，SPEEDIの予測と結果を政府が知っていたことは間違いないし，放射能の影響が決して同心円状でないことは明らかである。同心円に近いのはむしろ海上の方だと思うが，海上についてはデータを出していないので，東北地方の東の海上を行く船はデータなしに航海していたことが推測される。

政府発表の放射能の汚染の度合いの情報が少ないことに気がついたメディアの一つが，独自に自分たちで測定を行い，それを地図上に落として示していた。NHK『ETV特集「ネットワークでつくる放射能汚染地図　福島原発事故から2カ月」』がそれである。取材に乗り出したのは3月15日，福島第一原発の2号機が爆発した日だ。そのチームで仕事に従事した人たちの話によれば，取材に同行した木村真三（放射線衛生学）の提案で，行く先々で放射線量を自分たちの手で測定することにした。原発に近い方で汚染度が高いだろうと想定し比

較的年配の人たちが覚悟を決めて阿武隈山地を東の方向に向い，若年層は強い影響を避けるために原発から遠い福島市等を取材・測定することにした。ところが，それぞれのチームが測定してきた結果は逆で，福島市の方の放射線量が高かったことが判明。同心円的な影響度の強さは誤りだったことがわかったのである。放射能汚染された空気は，原発のある大熊町や双葉町から発して，主として北西の方角に流れ，飯舘村や福島市を襲い，次に南下して郡山市に達していた。そののちには那須塩原方面へ向かい，さらに北関東一円に流れたのである。

　木村が測定に熱心だったのは，子どもたちが知らないで汚染した空気にさらされることを恐れたことが大きな動機だった。

　この取材・調査は3月に行われた。そこに住む人びとを取材し人びとの避難の実情を伝える一方で，行政の発表にはない放射能の数値を住民に知らせ，彼らに避難の判断をするよう促した。この放射能拡散の実態を示し人びとに警告する番組は，制作チームが希望したにもかかわらず，制作後すぐには放送されなかった。もし，放送されていれば，より多くの人びとに正確な情報を伝えることができ，もっと社会的貢献は大きかったと思う。しかし，残念なことにNHK内部で放送の決断がなされずにいたため，放送は5月15日になってしまった。遅いとはいいながら，この番組が放送されたことの意味は大きい。人びとは，自分たちの聞かされていた政府発表情報が現実と違うことに驚き，この番組を高く評価した。この作品は2011年度のJCJ大賞を受賞した。

3　知らせないことの罪

　東京電力・福島第一原子力発電所の1号炉付近で白い煙が発生したのは，地震発生から約1日が経過した3月12日15時36分ごろのことである。この時の映像は，福島中央テレビ（FCT）が撮影しており，同局はただちに系列キー局の日本テレビにこの映像を送り，これが何であるかを確認し放送しようと考えた。しかし，日本テレビでは，この煙がいかなる理由で発生したかを直ちに解

明することができる人が現場にいなかった。日本テレビは，20年ほど前には原子力に詳しい記者がいたのだが，その専門では報道でほとんど仕事がなかったので，別の部署に異動になっていた。そこで，東電や保安院等にこの煙について問い合わせたが，はっきりした回答が得られなかった。放送を控えているうちに時間が流れ，結局，煙発生から約1時間経過した17時すぎに，やっと放送した。それは，原子炉が水素爆発を起こしたという最も危険な状態だったのだ。

　そのことを後で知った，川俣町在住の作家は，「自分は，水素爆発が起こったことも恐ろしかったが，それよりもっと怖かったのは，水素爆発が起こったのにそれを1時間半も知らされずにおかれたことだ」と語っている（たくき・よしみつ　2011年10月30日シンポジウム　於 郡山市）。

　それが何かただちにはわからなくても，事故がすでに起こっている原子炉から白煙が上がるのは，尋常なことではない。少なくとも報道機関の知るところとなった以上は，その事実がわかった時点でただちに報道するべきではなかったか。その事実を知れば，避難する人はただちに避難し，残る人は自分の判断で残ることができるからだ。

　言論の自由があり情報公開をするのが当然と思われている国において，原発事故の情報公開をただちに求めるのは当然だ。直接自分たちの健康と安全に関わることがらだから，すべてを包み隠さず知らされるのは，私たちに与えられた権利でもある。情報が公開されなかったために，いたずらに移動させられたり，動揺させられたりした人びとが多いことを政府は知るべきである。

　放射能汚染は危険がある。「正しく怖がる」必要があるといわれるが，まさしく測定にもとづいて現在と将来の危険の可能性を判定し，行動することが大事なのである。その前提になるのが正しい測定とその数値の迅速な公開である。福島や飯館，川俣方面の人たちがもっと早く放射性物質の流入を知っていれば，子どもの集団疎開などが検討されていたかもしれないし，一方，南相馬市など太平洋岸の原発から近い人たちのなかには，福島や郡山に避難しない方がよかった人もいたのである。

放射能から逃れるために避難することに意味はある。しかし，日常生活を奪われるという点で，それ以外の障害がたくさんあり，高齢者，障害者，病気の人等には，負担があまりにも大きい。相馬地区では津波に一切合財流された人や親兄弟を失った人びともいるから，そのうえの避難生活はなお大変だった。原発事故から半年たった時点でも，まだ同心円の発想で20キロ圏立ち入り禁止となっている。もっと現実の数値に基づいた行政判断があってしかるべきだと思うが，なかなかこの発想から抜け切れていない。

4　原子力発電……真実を知らせなかった報道の歴史

　原発に関しては，この震災ではじめて事実の隠ぺいがあったのではなく，原子力発電導入の当初から数々の秘匿事項が存在した。その歴史を駆け足で振り返ってみよう。

　2011年6月25日，わたしがコーディネーターを務めたシンポジウム「メディアは原子力をどう伝えてきたか」が行われ，戦後のメディアと原子力の関係を振り返った。では，そのシンポジウムで提示された問題から話をはじめよう（メディア総合研究所　2011）。

　元NHK解説委員で科学ジャーナリストの小出五郎は，「調べてみると意外にメディアは健闘している」とし，1950～60年代は原子力推進が強く謳われた時代だったが，批判も起きていた，という。しかし，70年代半ばの田中角栄元首相の金権政治が制度化された時，「電源三法」が整備されて毎年何千億というカネが原発のために使われていく仕組みができた。そういう動きに対し，テレビ局では制作者が独自に問題意識をもって取材して歩く「科学検証番組」が作られるようになった。1979年のアメリカ・スリーマイル島の事故，86年のソ連（今のロシア）のチェルノブイリ事故が起きて，原子力をめぐって討論する場も作られている。地方の時代映像祭の受賞番組をみると，青森放送の7回連続シリーズ『核まいね』（核はだめ，という方言）をはじめ原発関連の番組はたくさんある。90年代にはプルトニウム輸送をめぐる問題，「もんじゅ」のトラブル

隠し，東海再処理工場の爆発事故，JCOの臨界事故などを問題視する番組もできた。しかし，と小出氏はつづける。「社会的影響力があったかというと，それほどではなかった」。その理由は国策としての原子力推進があり，それは「原子力ムラのペンタゴン」を形成していたからだという（同上）。

　原子力ムラは，5つのグループから構成されている。①経済産業省・文部科学省・法務省などを中心とする官庁，②国会議員や地方の政治家や地元の有力者を中心とする政治家グループ，③電力会社・メーカー・それらの労働組合からなる業界，そして，④それに同調する有力な学者からなる学会，⑤電力会社からの広告等で利益を得ているメディア，この5つの日本を代表する業界の人びとのグループから成り立つ「原子力ムラの五角形（ペンタゴン）」なのである。何故「ムラ」かといえば，外からの干渉を防ぎ，相互に結びつきながらお互いの利益を担保し，裏切りを許さないシステムだからである。ムラの一員になっていれば，外部の攻撃から保護され，さまざまな便宜も図ってもらえ，居心地がよい。

　メディアについていえば，村人になれば取材が楽になるし，特ダネも取れ，核施設ツアーにも参加できる。一方，電力会社側はメディアを取りこむことによって，原子力の「安全神話」をふりまき，原子力に対する反対を意識させないように仕向けることに成功してきた…と述べている（同上）。

　それに対し，フリーのジャーナリストである小田桐誠は，メディアのもう一つの側面を強調する。それは「電力会社が民間放送の大スポンサー」だという点である。広告収入が経営基盤である民間放送局は，スポンサーなしには成り立たない。電力会社のテレビ広告出稿額をみると，番組の一社提供ができるほど金額が大きい（同上）。3.11事故が起こった時，東京電力の勝俣会長が新聞・テレビ・雑誌のOBといっしょに中国旅行をしていたことが報道されたが，これは電力会社とメディアのつながりを暗示しているのではないか。

　新聞は原子力をどう伝えてきたか。東京新聞報道部デスクの野呂法夫は，3.11以後の大新聞のスタンスをこう説明する。「在京大手紙では，原発推進派が読売と産経です。原子力の父と言われる読売新聞の正力松太郎が，初代・科

学技術庁長官として日本に原子力を導入した経緯があります」とし,「産経新聞は日経連(日本経営者団体連合会)出身の鹿内信隆が経済界を後押ししていたということもあって原発推進でした」(同上)。一方,推進派でない側に回った新聞に対しては,氏独得の表現でこう説明する。「朝日新聞は,今回の事故を受けて,色々と批判がある中で「脱原発」に踏み切ったように見えます。日本経済新聞は私の言い方では「封原発」です。これまで日経は,海外に原発を売り込む,ということで熱心に原発を推進してきたのですが,いまは自然エネルギー,再生可能エネルギーを推奨しようと言う動きになっていて……」「毎日新聞については,迷いましたが「傾・脱原発」という,ちょっとなじみにくい表現にしました。脱原発に傾いていると言う意味です。が,毎日はもう脱原発だ,と言う方もいるでしょう」と話しているが,わたしは毎日新聞については脱原発とみている。ところで,野呂の所属する東京新聞は,一番早く脱原発を表明し,その言論活動を始めた新聞である。

　野呂によれば,原発を抱えている地域の地方紙は,非常にくわしく原発の報道をしてきたという。むつ小河原開発についての東奥日報,東電福島原発のトラブル隠しについての福島民報と福島民友,柏崎刈羽原発の火災事故における新潟日報の大キャンペーンなどが挙げられている。「地方紙は健闘しているのですが,東京にいるとまったく伝わってこない」と述べ,「これまでの全国紙を見ますと,原発に反対する人びとが起こした訴訟や,海外の原発事故の報道はよく見かけるのですが,国内の原発の問題については,原発存置を前提として安全性を向上させるというところにとどまっていたのではないかと思います」と指摘している(同上)。

　ところで,3.11事故が起こった時,東京電力や政府関係者から「想定外」ということばがよく聞かれた。そのことについて,ジャーナリストの綿井健陽は,「過去の事故・教訓から学ぶと言う姿勢が一切見られない世界が原子力業界です」(同上)と言いきり,「10年後に福島周辺の住民に白血病や甲状腺がんなどが多発するようなことがあったら,その時もまた「想定外」ということばがあちこちで出てくるのではないかと言う気がしてなりません」(同上)と心配

している。

　これらの意見を総合的に考察してみると，いくつかのことがみえてきた。

　第一に，メディアは総体として原子力発電に関しては"ペンタゴン"の一角をなして政府寄りの考え方を伝えることに協力してきた。たとえばテレビのニュース番組や新聞記事を作成する際，電力会社や政府の記者会見や電力会社の設定した取材ツアーにもとづいているものが多く，結果的にマスメディアは，政府と電力会社の広報の役割を果たしてきた。それは，報道関係者にとって陥りやすい「取材しやすさ」であるとともに，他社と横並びになって特ダネを落とすことのない安心感でもあったのではないか。

　第二に，営業的なメリットも大きかった。新聞，雑誌，テレビのどれもが電力会社から広告の出稿があり，その比重はメディアにより違いがあるにせよ，欠かせない広告主になっていたのである。さらに，そのなかの幾人かの人びとは定年後の再就職の世話もされていたのであれば，彼らの人生は電力会社丸抱えということさえできよう。それらのコストは私たちの払う電気料金のなかに，そして原発の補償金は私たちの払う税金のなかに含まれているとしたら，報道機関の人たちは，重大なる裏切りを読者，視聴者，ユーザーにしてきたことになる。

　第三に，しかしながら，すべてのメディア関係者が無批判だったのではなく，中にはきちんと原発の問題を検証し伝えようとしたジャーナリストたちがいた。たとえばテレビ放送のなかでは，ドキュメンタリー番組の制作に当たる人びとの中から生まれていた。前掲書（メディア総合研究所　2011）では，1977年以来の原発問題を取り上げたテレビ番組の一覧表を掲げている。それをみると，NHKでは「NHK特集」「NHKスペシャル」「ETV特集」など一連のドキュメンタリー系の番組枠があり，それに加えて，『クローズアップ現代』などのスタジオ系のものに，原発関連の番組が多くとりあげられている。民放では，永年放送されつづけている日本テレビ系の「NNNドキュメント」が健闘しているのがみられる。テレビ朝日では『朝まで生テレビ』が何回もテーマとして取り上げているし，それ以外の局でも批判的な番組はあった。

大切な問題を意識化するためには，「ドキュメンタリーの放送枠がレギュラーで存在する」ことが，いかに大事かがわかる。多くの人がドキュメンタリー番組を見ていれば，事態はかなり変わってくるはずだが，これらの放送枠は，NHKの場合は総合放送ではなく「教育テレビ」(最近では「Eテレ」と呼んでいる)であったり，「BS」であったり，また，放送時間が遅かったりして，放送番組の割には，メジャー・コミュニケーションとなる条件がそろってはいない。また，ここには視聴者の側の大事な番組とわかってはいてもシリアスなものにはチャンネルを合わせない問題もある。かなり良い番組であっても娯楽番組に視聴率では負けることが多く，それゆえにドキュメンタリーには，マイナーな枠が用意されてしまうのである。

　日本テレビ系の「NNNドキュメント」は，1970年に放送を開始して以来，42年間，よくこれほど長く放送しつづけられていると感心し，尊敬もする番組である。しかし，昔から考えるとその放送時間帯はどんどん遅くなってきた。当初は日曜夜の11時台からはじまっていたが，今では深夜の25時25分からと，もう月曜日に入ってしまっている時間だ。しかし，担当者の話では，これがもっと早い時間帯になると，その時間帯に期待される視聴率がとれないからと，すぐに打ち切りになって番組そのものが消えてしまうから，放送しつづけられる方がまだ良い，とのことであった。

　NNNドキュメントを支えているものに地方局の力がある。広島テレビ放送，青森放送，札幌テレビ放送，福島中央テレビ，などがそれである。そのほかに北陸朝日放送，静岡第一テレビ，新潟放送など，地元に原発を抱えている地方局は，どこも問題意識を強くもって，少ない人手と予算のなかで番組を作ってきたのであった。また，毎日放送が2008年に制作した『なぜ警告を続けるのか〜京大原子炉実験所・異端の研究者たち〜』などは，その意見を早くから採用していれば「フクシマ」の事故は起こらずにすんだかもしれないほど，非常に大切な問題を取り上げていたのであった。

　メジャーな大学の教授のなかには御用研究者がいて，原子力関係のさまざまな委員会を牛耳っている。その人たちの杜撰な計画と管理の甘さから，このよ

うな事故が引き起こされたともいえる。その結果，官僚だけでなく原子力の専門家に対する不信が生じたことを思うと，御用学者に反対していた京大原子炉実験所の研究者たちを「異端」として放送せざるを得なかった私たちの社会のバランス感覚が問われるのである。また，「NNNドキュメント」の場合は，ネットワークとして全国放送されるので良いが，その他の地方局制作の番組の多くは，キー局の番組編成のなかに組み込むことができず，その地方の放送にとどまることが多い。したがって，そういう番組の存在さえが知られずに終わってしまうことは大変残念だ。

　いま，振り返って原発報道をみると，たくさんの反省すべき点がある。

　一つには，「絶対安全」というありえない説明を，信じたわけではなくても，人びとが追及しないで放置してきたこと。事故は実際には何回も起こり，そのなかのいくつかは秘匿されていて後で明らかになってもいるのだが，それでも，その体質は一向に改まらないで今日まで来てしまった。

　前福島県知事の佐藤栄佐久は，知事時代の1998年にプルサーマル計画をいったん事前了承した。しかし，2002年に福島第一・第二原発の検査記録が改竄されていたことがわかったので，了承を撤回してこれを認めなかった（佐藤栄佐久 2011）。彼の辞任後，2010年になって"現"知事の佐藤雄平がプルサーマル受け入れに同意し，福島原発の3号機でそれを実施した。しかし，この3号機こそ，3.11の事故で爆発したのである。"前"知事は国に対し原子力エネルギー政策の見直しを求めたり，原子力安全・保安院の経産省からの分離独立を繰り返し要求したりしたが，容れられなかったとのことであった。同書を読むと，事故後に多くの人からいわれていることが，実は前から提言している人があり，それらは常に跳ね返されていたことがわかる。

　また，核廃棄物のプルトニウム等はいったん作られてしまうと，放射能の半減期は著しく長いので，廃棄することができない。その保管場所を提供する自治体がないまま，年々再利用をはるかに上回る量で生産されつづけている。言いかえれば，私たちの世代が後々の世代に対して，とてつもなく危険なプレゼントを残しているということである。たとえ，原発の事故が起こらなくても，

この問題の解決なしに原発の継続的運転は倫理的にも許されないだろう。

　これらのことが，新聞でも放送でも，マスメディアのメジャー・コミュニケーションでは取り上げられずにきたので，多くの人びとは気づかなかった。しかし，中央よりは地方，中央のなかではメジャーよりシェアの時間帯やメディアでは，きちんと取り上げているところがあったのである。このことは，メジャーの偏りを示すとともに，私たちのメディア利用の仕方にも問題を提起している。情報はあったのに自分が利用しないで見逃していたのだ。

　マスメディアのなかでもメジャーとされるニュースは，大勢順応型で，電力会社や政府のメッセージを届けてきた。それが多くの人のなかに原発の問題を意識させず，知らず知らずに受け入れるような素地を作ってきた。しかし，詳しくみていくと，マスメディアの内でも，ニュース報道ではなく番組制作のなかで，また，地方放送局や地方紙のなかでは原発問題が取り上げられ，問題点を示すメッセージを伝えていた。

　また，雑誌の一部でも原発の問題は取り上げられていたし，高木仁三郎など良心的な研究者の著書でもそれを読むことはできた。今世紀に入ってからは，インターネットの発達で，原発の問題を伝えるサイトが多数存在したが，これらはみな，自分が意識的に接触しないと手に入らないメディアだった。そのため，限られた視聴者・読者・ユーザーにしかそれが届かず，多くの人びとは気づかないままに3月11日を迎えてしまった，ということである。

5　ジェンダー視点の欠如

男性より多い女性の犠牲者

　大きな災害の時には男女差の問題など考えない人が多いかもしれない。地震や津波は人を選んで襲ってくるわけではないからである。しかし，その被害者という側面からみると，ここには厳然とした男女差があり，防災の面からはジェンダーの差に考慮しなければならない。

　1995年1月17日午前5時46分に起こった阪神淡路大地震は，震源地は兵庫県

淡路島北部，マグニチュード7.3，死者6,434人，行方不明者3人，負傷者4万3,792人，住宅被害63万9,686棟という1923年の関東大震災以来の大地震であった。ここでの犠牲者の数を男女別にみると，0歳から99歳までの5歳刻みにした20の年齢階層のなかで比べると，男性が女性より多くなっているのは0～4歳と20～24歳だけで，他はすべて女性の犠牲者数の方が多かった（災害対策常在戦場「阪神淡路大震災における男女別死者数」2011年11月23日閲覧）。ごく幼い子どもを除いてほとんどの年齢層で女性死者が男性のそれを上回っているが，中でも40歳代から上ではその差が大きい。もともと女性のほうが長生きなので，高齢者層では女性人口が多いということもいえようが，それ以外の年齢層では母数はそう変わらない。建物の下敷きになった時，あるいは災害から逃げる時，女性の体力が劣るということもあろう。しかし，中年層の女性は，子どもや高齢者の手助けをしながら逃げることが，被害をより大きくしているともいわれている。それは，40歳代女性犠牲者数の対人口比率が男性のそれより大きくなっていることからも推測できる。いずれにしても，実数において女性の死亡者数の方が多いことから，防災対策には女性を当事者として考え，女性の意見を多く取り入れていかなければならないはずである。

　同様のことは，まだ，全統計が出揃ってはいないが，東日本大震災でもいえるだろう。この震災では，死者1万5,281名，行方不明者8,492名（2011年5月31日時点）に及ぶ極めて深刻な被害をもたらした。被害が大きかった岩手県，宮城県，福島県の3県で収容された犠牲者のうち，検視等を終えた人（4月11日時点）の男女別数については，男性5,971名，女性7,036名（性別不詳128名）となっている（男女共同参画白書　平成23年版　2011年11月23日閲覧）。ここでも，あきらかに女性犠牲者のほうが1,000人以上多い。予防段階で，男性基準だけでない女性への配慮が必要なことがわかる。女性への配慮は，高齢者や子どもへの配慮でもある。図Ⅱ－2－2は，東日本大震災における犠牲者の，同年齢層人口における率を図に示したものである。ここでも，30歳代で6.9と同率であるのを境にして，それより上の世代では女性の死亡率が高い。

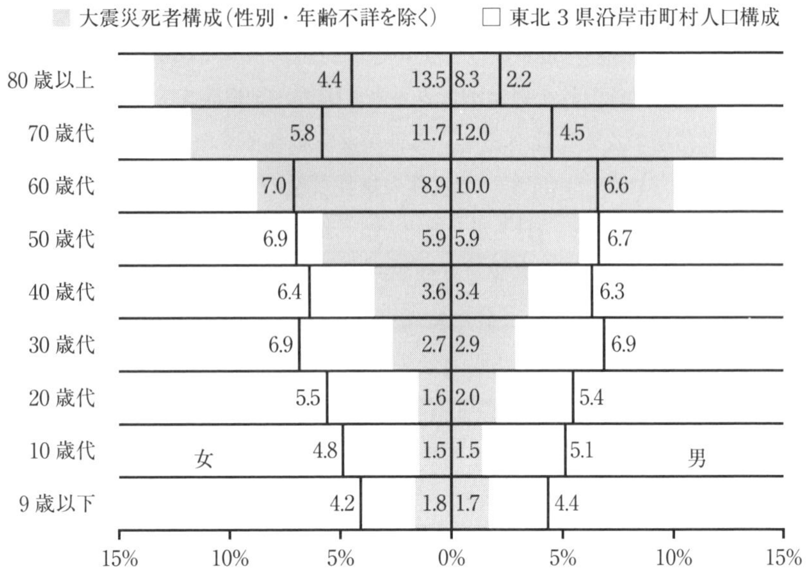

■ 大震災死者構成（性別・年齢不詳を除く）　□ 東北3県沿岸市町村人口構成

年齢	女			男			
80歳以上	4.4	13.5	8.3	2.2			
70歳代	5.8	11.7	12.0	4.5			
60歳代	7.0	8.9	10.0	6.6			
50歳代	6.9	5.9	5.9	6.7			
40歳代	6.4	3.6	3.4	6.3			
30歳代	6.9	2.7	2.9	6.9			
20歳代	5.5	1.6	2.0	5.4			
10歳代	4.8	1.5	1.5	5.1			
9歳以下	4.2	1.8	1.7	4.4			

（注）数字は男女計を100とする構成比（％）。東日本大震災死者は東北3県（岩手県・宮城県・福島県）のものであり警察庁資料から内閣府作成。2011年4月11日現在，検視等を終えている者のデータ（性・年齢不詳は除く）。東北3県沿岸市町村の人口構成は2010年国勢調査による。これらデータにより当図録で作図。
（資料）平成23年版防災白書，平成22年国勢調査小地域概数集計
（本川裕「社会実情データ図録」）

図Ⅱ-2-2　東日本大震災犠牲者の男女・年齢構成

避難所における女性

被災したが生存している女性への配慮は，どうなっているであろうか。内閣府「男女共同参画白書」では，東日本大震災について以下のように述べている。

> 東日本大震災への対応については，被災者支援や生活再建，まちづくりを始めとする復興など，災害対応の状況に応じて，男女共同参画の視点を踏まえ，多様なニーズに配慮しながら，更にきめ細かい取組を進めるとともに，女性の参画を促進していくことが必要である（内閣府「男女共同参画白書　平成23年度版」）。

この白書のなかには，避難所運営等に当たり，女性のニーズへの配慮や女性の参画についての対応が十分に行われていない事例や，増大した家庭的責任が女性に集中している事例などがみられる。地域や社会全体で男女共同参画が十分に進んでいないこと，また，これまでの災害を通じて得られた教訓が十分にいかされていないことが，災害時において顕在化している。「日頃から防災やまちづくりをはじめ，地域・社会全体で男女共同参画を進めていくことが重要であり，また，東日本大震災について，男女共同参画の観点から，取組をさらに進めるとともに，今後課題の抽出等を行い，その教訓をいかし，災害対策の改善を図っていく必要がある」(同上)。

　そして，東日本大震災大震災への対応として，避難所での取組の好事例を，4月26日に，「壁新聞」を使って他の避難所にも周知した。そこには，以下のように書かれている。

　　ⅰ．女性のニーズの反映
　　　女性の意見を集約し，日常生活のルールを改善する。
　　(1) 男女別のトイレ，入浴施設，更衣室，物干し場の設置。
　　(2) 生理用品や女性用下着等の物資を手渡す担当者を，必ず女性が担当。
　　(3) 防犯ブザーやホイッスル（笛）を配って，防犯対策を進める。
　　ⅱ．避難所レイアウト
　　(1) 間仕切り設置のきっかけ作り
　　　　プライバシーのために間仕切りを設置することが有効。そこで，快晴の日に畳や布団を干して，みんなで一斉大掃除を呼びかけ，その機会に設置する。
　　(2) 乳幼児のいる家族だけが滞在する部屋作り
　　　　専用スペース設置により，赤ちゃんの夜泣き声や授乳など，周りを気にせず，子育てができるようにする。また，お母さん同士の情報交換などにもつながる。
　　(3) 土足厳禁エリアの徹底
　　　　ほこりも少なくなるなど，衛生面も改善される。

図Ⅱ-2-3　女性配慮の案内板

　女性のために特別の配慮をうながしているように見えるかもしれないが，こうしなければならない背景には，通常，震災対策等で女性への配慮があまりなされていないことを示すものであった。本来，人間の半分以上は女性なのだから，女性への配慮は特別にするものではなく，もともと備わっていなければならない。しかし，実際には準備段階でも現実の場面でも，中心になって意思決定するのが男性なので，男性基準の設備や行動指針になってしまう。それゆえ，これは女性への配慮ではなく，欠如している部分の復活である。

　また，女性はしばしば自分自身だけでなく，子どもや老人の面倒を見ながら生活している。そういうプラス・アルファの行為のため，避難する際，また避難所での生活において，女性にはより負荷がかかる。したがって，弱者への配慮を公的に考えることも，女性の負担を軽くすることにつながる。

復興会議における女性の委員

　政府は国の審議会等の意思決定機関で，2020年までに女性委員の比率を全体の30％以上にすることを決めている。しかし，東日本大震災において復興計画

会議を組織した時，15人の委員のうち女性はたった1人しかいなかった。

　災害から3ヵ月目に当たる6月11日，女性を中心に「災害・復興に男女共同参画の視点を！　6.11シンポジウム」が開かれ，災害とジェンダーというテーマで議論をした。阪神淡路大震災や新潟地震の経験を経て，実は，学会，行政，市民団体等が災害とジェンダーに関する取り組みを始めていたが，東日本大震災でも同じ問題が起こっており，改善はみられていない。指摘されたことの要点は，以下の通りである。

　① 　女性やマイノリティ視点の欠如。防災対策，避難所の環境整備や運営，復興支援・復興計画・仮設住宅の設計のほとんどが健常者の男性視点のものであること。
　② 　避難所の運営などは男性に任せられる一方で，炊き出しや介護などは女性というような性別役割分業の強化が行われていること。
　③ 　復興支援計画における健康や福祉への配慮の欠如などである。(矢内琴江「災害・復興に男女共同参画の視点を！　6.11シンポジウム報告」)

以上のことは，災害時には常にも増して性別役割分業が強化され，個別の能力よりもジェンダーの決め付けによる仕事の分担がなされることを表している。それは，避難所のような小さなコミュニティから，国の大きな復興計画に至るまで，国内のさまざまなレベルでみられる。

　「女性の視点からの防災行政総点検」調査によれば，「地方防災会議に女性の登用なし　44%」「避難所運営に女性の声反映なし　47%」であることがわかった(『公明新聞』「女性の視点からの防災行政総点検」2012年2月7日取得)。

　地方防災会議では，女性が1人でも入っているのは358団体（54.4%）にすぎず，全くいないのが291団体（44.2%）もある。入っている54.4%の内訳は，1人(25.5%)，2人(16.0%)，3人(8.1%)，4人以上は合計で10%程で「女性もいますよ」というアリバイ程度の人数なのである。これでは，発言しにくいだけでなく，発言しても同調してくれる人を得られない可能性が高いのではないか。2020年に30%を目標とするならば，新しく作る委員会は少なくとも30%の女性委員を確保すべきであろう。

このような場合，担当者はしばしば「それにふさわしい女性がいない」というのだが，わたしのみるところ，彼らが頭の中で描く「ふさわしい女性」は，従来の基準——たとえば，婦人連合会の会長とか，企業経営者，あるいは元官僚などの社会的身分にとらわれている。NGOの代表には素晴らしく知識が豊富で統率力のある人がいるし，ジェンダー研究者のなかには女性の抱える問題をよく研究してわかっている人もいる。社会福祉を専攻する女性研究者も多い。また，医師や看護師，保育士や保育園経営者などには，ケアの業務に精通しどのようなシステムを作ればよいかわかっている人もいる。職名に「長」がつかなくても立派な女性はいるのに，社会的地位にこだわる従来の選考基準を変えないから，「ふさわしい人がいない」などといえるのである。また，そのことは，彼らがいかに自分たちの村から出ずに生活しているかも物語っている。一歩外へ出て色々な人と付き合えば，社会のさまざまなことが見え，女性参加の重要性もわかるというものだ。

　では，女性が意思決定に参加すると，どのような結果が期待できるだろうか。まず，復興計画全体に必要なあらゆる分野への目配りができるようになる。大まかな建設にまつわるハードウェア的側面は，男性が得意にしてきたことと思われている。しかし，建築でも，女性が参加することでより実情に合った建築や必要な設備を整えることができる。また，女性たちの多くは，弱者や個別の事情をもった人に，よりそって対応してきているので，気配りのあるシステムの構築に一役買うことができる。そういうシステムが整っていないと，女性やマイノリティにとって負荷が大きいだけでなく，健常者男性にもストレスとなって返ってくる。復興会議における女性数の極端な少なさをみると，この会議の成果さえ疑問を抱かざるをえない。

　国の防災会議の女性委員が一人というあまりの少なさに，堂本暁子・前千葉県知事を中心とする女性有識者たちは，8月2日，菅首相に面会し是正を求める申し入れを行った。本来，女性に理解があるはずの民主党内閣だが，閣僚に女性が少ないだけでなく，復興には欠かせない女性の視点について配慮がなかった。首相も次に会議を拡大する際には女性をもっと入れることを約束したが

（といっても，すでに野田首相に代わっている），このようないざという場面で女性の存在を忘れるところが，日本社会の現実なのではないだろうか。

デモで政治を動かした「福島の母たち」

　東日本大震災で特徴的だったことの一つに，福島の女性の力が政治の決定を変えさせたということがある。もともと福島は，女性は三歩後ろに下がっていろという土地柄で，わたしが福島県の短大に赴任していた1980年代の経験からいっても，女性が前に出るといやがられる傾向があった。とくに農村部ではその傾向が強く，「嫁」は銀行の通帳を持つのさえ許されないこともあった。

　そういった風潮は各種の公的な統計数字にも表れている。たとえば，政策決定における女性の参画状況をみると，地方議会に占める女性議員の割合は，以前に比べれば増加はしているものの，2010年度で全国平均が10.9％に対し，福島県6.1％である。地方公務員のなかの女性管理職割合は，県庁の女性管理職では，課長クラス13人，次長クラス1人，部長クラス0人。出先機関を含む管理職総数のなかに含む女性管理職数と割合は，1995年の14人（1.5％）から比べると2010年には34人（3.4％）に増えているが，同じ期間に全国平均では3.7％から6.0％に増えているので，依然として極めて低い地位にある。

　かろうじて全国平均に近い数字を出しているのが，県の審議会における女性委員の割合だけである。審議会委員は任期が短く出席必要日数も少ないから，その気になればすぐに女性を増加させることができる。しかし，その審議会委員でも，福島の市町村においては極めて低い水準にとどまり，2010年度の19.6％（過去最高）は，県平均の34.9％，国の33.8％にはるかに及ばない。否，1994年には福島の市町村平均9.8％に対し，県11.5％，国11.3％で，その差は小さかった。その後，男女共同参画社会基本法の成立を受けて，県や国がどんどん改善していったのに対し，福島の市町村は改善幅が小さい。女性農業委員の割合に至っては2004年の5.3％から2009年の4.6％と，むしろ減少している。

　このような風土のなかで，福島の女性たちは我慢強さが災いしてか，困難は個人的に受け止めて，あまり異議を唱えてこなかったし，発言をする機会が少

なかった。ところが，今回，東京電力・福島第一原子力発電所の事故による放射能の影響に関して，子どもたちを守るという見地から行動を起こし，二度にわたって大きく政治を動かした。

その第一は，被曝許容量の設定に対する異議申し立てで，子どもに対して20シーベルト／時を適用するという文科省の方針に敢然と反対をして，実質1シーベルト以下に下げさせたことである。この模様は，「子どもを守るメディア」を目指す独立系メディアのOurPlanet-TVが，映像つきで配信し，文部科学省係官と対峙して子どもを連れた母たちが，涙ながらに訴える様子を映し出している。これほど詳しい情報は一般のテレビ放送にはできないが，OurPlanetはインターネット放送ならではのライブ中継で，すべてを伝えている。そして，OurPlanet独自のインタビューを付け加えて，この問題についての当事者の気持ちを解説している。

　　政府が，子どもの放射能の安全基準を年間20ミリシーベルトに設定していることに関し，5月23日，福島の父母ら70名と支援する市民計650名が文科省を訪れ，「20ミリシーベルト基準」の撤回を求め，文科省に対し要請行動を行った。
　　文科省を訪れたのは，「子どもたちを放射能から守る福島ネットワーク」メンバーら。朝，福島を出発し，2台のバスに分譲して，昼前に文科省に到着した。中には，この要請行動について当日の朝，情報を知り，福島県から新幹線に乗り，文科省に駆けつけた子連れの母親もいた。文科省前に集まった人びとは，事前に連絡をし，高木義明文部大臣や政務三役らに面会を求めていたものの，大臣らは姿をあらわさず，文科省科学技術・学術政策局の渡辺格次長が対応した。
　　「学校に通う子どもたちは毎日被曝させられていて，モニタリングをしている場合ではない」要請文を読みあげた母親は，途中，声を詰まらせながら，年間20ミリシーベルトの基準の撤回を求めた。
　　これに対し，文科省科学技術・学術政策局の渡辺格次長は，「20ミリシーベルトは文科省の基準ではない」と発言。父母からは「それならば，撤回できるだろう」との声があがったが，「夏休みまでは暫定基準を続ける」と態度を変えることはなかった。やり取りの中で，渡辺氏は「健康上は100ミリシーベルトを超えると問題が出ると言われている。100ミリシーベルトよりも小さな被曝では，ガンなどの増加は認められていない」と明言し，一時騒然とする場面も。渡辺

氏は「1ミリシーベルトをめざし，可能な限り下げていく方針がある」とまでは踏み込んだものの，それを文科省の通知として出すかは明言をさけ，政務三役に要請内容を伝えるとの発言にとどまった。

　小雨が降る中，3時間近く交渉は続いたものの，渡辺格次長の口からついに「撤回」の言葉は出なかったことに対し，納得できない市民も続出。「20ミリシーベルト基準」の撤回を求め，「子どもたちを死なせるな」「福島の子どもはモルモットじゃない」とプラカードを掲げ，文科省の入り口で抗議行動を行った。高校3年生，中学2年生，小学4年生と3人の子どもがいるという福島市の女性は「少しでも被曝させないようにと思っているのに，どうして国から被曝を人為的にさせられるのか分からない。子どもたちに，5年後，10年後に『どうしてあの時止めてくれなかったの？』と泣かれた時に，私はなんて言えばいいのか」と切実な思いを訴えた。

　また，5歳と，小学生1人，中学生2人の4人の子どもがいる福島市の女性は，現状，自主的に避難するしか方法がないことに対し，「思春期の子どもは，友達と別れることになったりしてかわいそうだし，疎開について話しても，娘は納得しない。放射能の話をすることすら，聞く耳を持ってくれない」として，学校単位での「集団疎開」を求めた。

　この日，文科省前の行動と院内集会にかけつけた俳優の山本太郎さんは，「わざわざ福島から出向いてこられる方のバックアップ。声をあげたりしか出来ないけど，少しでも現地の人びとの声が聞きたかった。ただ，今日，文科省の上の人たちが来なかったのは，責任ある大人のやることではない。本当に20ミリシーベルトの基準が正しいと思っているなら，上の人が出てきて説明するべき」と話した。また，「20ミリシーベルトの基準の撤回行動を起こしつつも，自主的に子どもたちの疎開を進めるというが大事なのではと感じた」と話した。
(ourplanet　2011年5月24日)

　このような詳細な情報は，マスメディアでは発信されない。せいぜい，デモがあったことが伝えられる程度だ。しかし，このOurPlanet制作のビデオを見ると，どうしてこの母親たちがデモを企画し参加したかが，切々とした思いとともに伝わってくる。時間的制限なしに語らせることのできるインターネット放送の利点，シェア・コミュニケーションの良さがここにある。

　このビデオの中でも言っていたが，福島の人びとは今までおとなしかった。原発という国の政策も受け入れてきた。しかし，子どもの健康を考えず，政治的な都合により学校で許容する放射線量の上限を高く設定したことに，もう我

慢できなくなって声をあげたのだ．本来なら，政府もそれに配慮して当然だったし，会議に参加していたであろう他の男性たちも，その決定の際に異議を唱えることができたはずだ．しかし，誰もそれをしなかった．その会議のメンバーに，デモに参加した母親の代表が１人でも入っていたら，福島の母たちはこの災害の忙しいさなかにデモをしなくてすんだであろう．そして，文部科学省の幹部もこのことでデモを仕掛けられることもなかったであろう．女性はもとより，最初からしかるべき人を入れることは，ものごとを間違いなく運ぶためにも必要なことである．

半年後の11月2日，『毎日新聞』夕刊には「特集ワイド：女たちの脱原発　座り込み集会ルポ」という記事が出ているので，見てみよう．

ここでは，『毎日新聞』というマスメディアが伝えることで，シェア・コミュニケーションが，メジャー・コミュニケーションの一部になって，福島の女性たちの思いを伝えている．この座り込みは「原発いらない福島の女たち」が企画したものである．代表者は「しがらみの残る田舎から出てきて声を上げることが，女性にとってどれだけ大変か．政府は重く受け止めてほしい」と話していた．だが，政府は中長期的に引き下げていくという見解を示しただけで，原発を廃止することには消極的だ．福島の母親たちは，除染をしても雨や土砂崩れですぐに元に戻ってしまうので，学校ぐるみで子どもたちを疎開させてほしいといっている．戦時中の「学童疎開」と同じことばがこの原発事故からでていることで，東日本大震災を第二次世界大戦に重ねてみずにはいられない．子どもたちにとっては，それと同じくらい危険な問題であると認識すべきなのであろう．ふだん，静かな福島の女性たちの行動を提示することによって，そのことが浮かび上がってくる．

6　その他の問題点

東日本大震災報道は，日本のマスメディアが内包する諸問題をはからずも白

◇除染,除染というより,早く子どもの疎開を

「早く子どもたちを避難させて」。東京電力福島第1原発事故から7カ月余り。政府の緩慢な動きに業を煮やした福島県の女性たちが上京し,座り込みによる訴えかけを始めた。それを知った全国の女性たちも後に続き,賛同人にはあの大女優の名前も*。女たちの脱原発――その胸にあふれる思いを聞いた。
【浦松丈二】
＊筆者注:吉永小百合,竹下景子ら。

図Ⅱ-2-3 脱原発を訴えてデモ行進する人たち
東京都中央区で2011年10月29日,須賀川理撮影

10月27日午前,東京都千代田区の経済産業省前に福島県の女性約70人が集まった。原発反対を意味する黄色い服装が目立つ。福島県の女性たちが3日間,さらに,それを支援する全国の環境団体などが5日までの7日間,連続10日間の座り込み集会の始まりだ。「子どもたちを7カ月以上も放射能の海の中に放置したまま。母として女として命を未来につないでいく母性が許さない。私たちはこの思いを3日間に込めて座り込みたいと思います」。

日の下にさらすことになった。マスメディアには色々な問題があったが,それまで専門家によって指摘されることはあっても,一般の人にはあまり知られることなく,人びとはマスメディアをどちらかというと無批判に受け入れていたかもしれない。その一方で,マスメディアでなければ果たせない総合力を発揮して,災害の全体像を伝えることができた。テレビはヘリコプターからの生中継などを通して,被災地の状況をありありと人びとの前にさらした。新聞は,刻々とデータを見せて事実を積み上げていった。また,震災をきっかけに,それまで力を入れていなかったケアの論理も導入され,被災者の心に寄り添うこ

とができるようになった面もある。

　このように，マスメディアは役割を果たしつつも問題をかかえている。それを補う意味でも，シェア・コミュニケーションとしての情報を，インターネット，雑誌，書籍などで併せて取り入れることが勧められる。また，人びとの心が打ちひしがれている時には，厳しい情報だけでなく優しい情報も必要なので，ケア・コミュニケーションも必要なことを再確認したい。

　そうしたなかで，東日本大震災によりマスメディアがもっている傾向が，今まで以上にはっきり出てきたので，メディア・リテラシーの面から三つまとめておきたい。

(1)　大きな事件が起きると，その他のニュースは消える

　東日本大震災は，阪神淡路大震災以来の大地震の規模をはるかに上回るものであった。3月11日の午後2時46分に起こったということは，新聞にとってその日の「夕刊」のための仕事はほとんど終えており，多くの地域では翌朝の新聞の準備に入ろうとしているときに，この地震が起こった。

　しかし，あまりに大きな地震でその範囲も広かったので，情報を出す気象庁等も正確な地震の大きさがまだわかっていなかった。また，被災地域，被災者数，被害の大きさも充分にはわからなかった。この段階では，新聞，テレビなどの大手メディアも，自分たちのわかったことを部分的に伝えるだけの手探り状態である。しかし，巨大な地震であることと，被害がとてつもなく大きいということだけはわかっていたので，新聞はほとんどの紙面をそれに割き，テレビは災害特番をスタートさせた。この時点で，それまで入ってきていた別のニュースは飛んでしまい，それから入ってきていたであろうさまざまなニュースはあってなきがごとき状態となった。

　今となっては，関係者以外はほとんど忘れたと思うが，実は，その直前まで私たちは，ニュージーランド地震とそれによる日本人英語研修留学生のことを心配していたのである。しかし，ニュージーランド地震のことはもう誰も話すことさえしなくなり，「地震」といえば東日本大震災一本になった。

また，もうひとつ日本のメディアをにぎわせていたのは，検察庁の行き過ぎた取り調べ，あるいは，調書の偽造事件であった。障害者郵便制度悪用事件として厚生労働省の村木厚子局長が逮捕され150日以上も拘束されていたが，結局，全くの冤罪だったことがわかり，無罪判決を受けた。これをきっかけに，自分たちの作った一定の筋書きに沿った形で調書を作ることが特捜部で行われていたことが明るみに出て，正義の味方と思っていた検察庁が，犯罪を作り上げていると，大きな議論を呼び起こしていたのである。

　メディアには「議題設定機能」があるとされるが，ここにおいて人びとの心は完全に東日本大震災によって占められ，多くの社会的問題は思い出さないばかりでなく，考えることすらされなくなった。議題設定機能とは，メディア効果論の一つで，「マスメディアで，ある争点が強調されればされるほど，その争点やトピックに対する人々の重要性の認識も高まる」（竹下　2008）とするものである。

　また，この震災では，岩手・宮城・福島の東北地方東海岸の被害があまりにも大きかったために，普通の地震規模だったら「大被害」が伝えられるであろう青森県・茨城県・千葉県などの災害は，ローカルニュースでときどき伝えられる他は，あまり伝えられなかった。

　東京を中心とした首都圏では通勤電車の多くが不通となったために，帰宅できない人が続出した。内閣府が2011年11月22日に発表したインターネット調査にもとづく推計では，東京で352万人，神奈川で67万人，千葉で52万人，埼玉で33万人，その日に自宅に帰れなかったとされる。日本だからこそ，人びとは黙々とそれを受け入れ，大きな社会問題に発展しなかったが，考えてみればこれだけ多くの人が路上に迷っていたら大変なことである。しかし，そのことさえも東北3県の被害に比べれば大したことはないということで，大きく取り上げられなかった。そして，震災から10ヵ月ほど経った2012年の年明けごろから，「帰宅困難者」問題への対策を行政が公表し始めた。メディアは伝えなくても，首都圏の多くの自治体は，もし，同じことが首都圏で起こったらという想定で身のすくむ思いをし，そのような事態への備えを事件後には始めている。

また，その一方で，このような期間にも発生しているであろう，日常的な交通事故や窃盗などの犯罪はまったく報道されないという習性があることを，理解しておく必要がある。

(2) 異常なことはより大きく取り上げられる

東日本大震災は，地震が大きかっただけでなく津波の害がこれまでになく大きかった。とくに岩手から宮城にかけての海岸線は軒並み津波に襲われ，南三陸，三陸海岸，石巻，東松島などは甚大な被害に遭った。映像メディアは，手に入る限りもっとも高く盛り上がった津波を取り上げ，繰り返しそれを放送した。寄せ来る津波に家々や自動車が呑み込まれ，どどーっと山側に迫る映像は，恐ろしさに身のすくむ思いがした。

大地震であり大津波であることは間違いないが，特定の場所ばかりが繰り返し報道されたのである。13メートルもある堤防が呑み込まれた所だけではなく，被害が少しは穏やかなところもある。報道されない地域に知りあいをもつ人びとは，その情報を得ることは難しかった。ジャーナリズムは，社会に影響力のある出来事と異常な出来事を伝えるのが原則だが，まさにこの件で，メディアは最も日常から離れた部分だけをセンセーショナルに伝えることに腐心して，全体像をあまねく映すことを忘れていた。

また，市町村など個別の自治体は，首都圏の個別の自治体の支援を受けて，役場の移転をしたり学童を避難させたりしている。そういう動きがあまり知られていなかったのは，やはり，小さな事柄と考えられているからだろう。しかし，学童がこぞって違う地域に移って勉強するというような事態は，第二次世界大戦中の学童疎開とも似ており，目には見えにくいが大きな出来事だ。東京の各区にも，それぞれ避難してきた人たちがいて，区役所も役場機能の支援をしたりするなど協力をしている。そのような事実はメディアを通してよりも，むしろ，身近なところから直に知ることが多い。

（3） 政府と東電の広報機関になった報道

　今回の震災は，東京電力の福島第一原子力発電所の事故により，その被害のスケールが他に比較できるものがないほど大きいものになった。もちろん，地震と津波だけでも大変なことだが，原発事故による放射能汚染は，その影響範囲の広さと，その影響が今後につづく時間の長さにおいて，想像を絶する事件である。もともと自然界に存在しない人間が作りだした"核"施設が制御不能に陥ったことにより，天災としての地震と津波の被害回復のために費やされるべきマンパワーと資金が，こちらに向かわざるを得なくなった。そうしたなかで，福島原発の問題は，情報源とメディアのあり方を問う重大な問題を私たちに投げかけてきた。

　原発ニュース報道の多くは，政府と東京電力の記者会見場からの情報が多かった。新聞はしばしば一面に政府発表を取り上げ，テレビは記者会見場そのままを中継することが多かった。そうすると，発表の内容が疑わしいものであっても，それが直接伝えられることで信ぴょう性をもってしまうのがマスメディア報道で，最も大きな問題であった。

第3章 東日本大震災における シェアとケアのコミュニケーション

　大きな事件や災害に巻き込まれるときほど，自分が意識しているかどうかにかかわらず，人は心の底ではケアを求めている。しかし，情緒的な表現だけが人の心を癒すわけではない。癒される前にまず安心したいということもあろう。安心するための条件の第一は，正しい情報を手に入れ，そのうえで自分の安全な立ち位置を見極め，その先生きていくための見通しが立つということである。その意味で，災害が起こった時，まず求められるのは，親しい人びと，身近な人びとに関する正しい情報，なかでも「安否情報」であった。その意味では，情報を共有するという意味でのシェア・コミュニケーションと，心を癒すという意味でのケア・コミュニケーションの両方が，ここでは同時に働いていたとみるべきであろう。東日本大震災においては，平常時よりずっとシェアとケアのコミュニケーションの重要性が認識された。

1　シェアとケアのコミュニケーションとしてのソーシャル・メディア

安否情報で活躍したソーシャル・メディア

　安否情報（個人の身の安全，すなわち，生きているか／死んでいるか，負傷や病気をしていないかどうかと，それにともなう居場所の情報）の伝達には，たくさんのメディアが動員されたことが東日本大震災では確認できた。

　地震発生直後はあまりにたくさんの通信が集中したために，また，通信のための施設が被災したために，大規模な通信障害が発生し，人びとが日ごろ私的な通信の頼みの綱にしている携帯電話がつながらなくなった。その代わりに機能したのが，ツイッターやフェイスブックなどのソーシャル・メディアだった。ソーシャル・メディアとは，一般人が参加できるような情報技術を用いて，社会の人々と相互に交流できるように作られたメディアである。個人個人

が日ごろから自分とつながっている人びとに発信し，その情報が共有されて，やがて心配している人にも伝わるという仕組みで機能した。これは，日本の若者たちが友人関係を広げたり，"コミュニケーション遊び"で使用したりしていたソーシャル・メディアの使い方とは目的が違うかもしれないが，現実に機能した使い方として注目される。「いま，どこにいる？」という問いかけは，日常的にはほとんど挨拶代わりのことばになっていたが，災害の時には文字通り現在位置を知らせることで，安否確認の重要な一歩となった。また，たくさんのメディアがあっても，日ごろから使いこなしているメディアしか，いざという時にも使えない。誰でも日ごろから多様なメディアを利用していれば，いざという時にどれかが役立つ。しかし，世の中にはまだツイッターやフェイスブックを使いこなす人はそう多くはない。とくに年齢が進むほど使わない率が高くなるのは，メディアの宿命ともいえる。

　安否情報には，自分たちの安全を告げる「安全発信」と，心配する側が安全かどうかを尋ねる「安否確認」がある。その両方をつなげることができれば，どちらも安心できる。

　従来から通信会社が用意していたシステムは，三つあった。一つは，NTTの「災害用伝言ダイヤル」。これは，被災地の人が自分の電話番号と30秒以内のメッセージを吹き込み，サーバーで保存して，安否確認したい人が相手の電話番号を入力すると，その声が聞けるシステムである。二つ目は，携帯電話事業者が用意した「災害用伝言板」で，これは，被災地の人が伝言を書き込んでおくと，携帯番号から他の人が確認できるシステムである。携帯電話サービスを行っている5会社が連携しているので，どこの社の携帯電話からでも検索できるようになっている。そのため，上位2社の登録件数合計は，3月11日だけで200万件，13日になっても80万件を超え，1ヵ月の件数は300万件を超えていた（村上圭子　2011）。そして三つ目に，インターネット上では，「災害ブロードバンド伝言板（web171）」という，音声や文字だけでなく静止画や動画も入力できるシステムが用意され，被災地の状況と合わせ，ネット上でみることができた。

今回はじめて災害支援に参加し，非常に重宝したシステムにグーグルが提供した「パーソン・ファインダー」がある。これは，ひとりの被災者に関する情報を誰かが入れると，その人のページが作られる。そこへ，別の人からの情報も同じページに加えられていき，同じ人の情報が1ヵ所に集積するのである。これは便利な仕組みなので，東日本大震災の発生以降60万件を超える登録者があったといわれる。

　また，同じくグーグルの「避難所名簿共有サービス」も有効に働いた。地震や原発の出す放射能の影響で避難を余儀なくされた人びとは，とりあえず避難所に入った。が，外からは誰がどこの避難所に行ったかはわからず，役所に尋ねても「各避難所を自分でまわって確かめてください」と言うばかりで，非効率この上なかった。これを目にしたグーグルの社員が，避難所に張り出されている名簿をカメラで写し，ネットにアップロードして情報共有しようと発案した。そして，県庁に対して各避難所に情報を送るよう周知してほしい旨依頼し，公式ブログで写真を募集したところ，1万枚以上の名簿写真が集まった。それをボランティアたちが名前を読み取りデータを作成し，14日には岩手県庁が名簿を県のホームページとメディアに公開，他の県庁もこれにつづいたという（同上）。個人情報保護の面からは問題を指摘する向きもあったが，このような状況では，安否を確認したい人のニーズに応えなくてはとの判断であった（同上）。

ソーシャル・メディア……多面的な活躍

　以上のように東日本大震災ではソーシャル・メディアが活躍したが，その役割に少しずつ違いが出てきた。

　「ツイッター」は一義的に所在確認の情報伝達手段としての役割を果たしたが，その使い方はどんどん進化してきている。震災の際，特定の話題に関する発言をする際に使う「ハッシュタグ」（「#」を頭に付けた文字列を使うこと）により，地震や安否情報などの識別ができ，有効に機能した。また，茨城県つくば市の場合，福島県から避難してきた200人の人たちのために毛布の供出を求

めたが，その際，公式リツイートを使うよう利用者に呼びかけ，充分な枚数が集まったところで元ツイートを削除することで，余分な枚数が集まることを防いだ（吉次由美　2011）。このようにツイッターは常に動く状態を伝える「流動型」のメディアとして，また，情報をまとめて発信する「検索」型のメディアとして働いている。

　「フェイスブック」は，もともと実名で登録し，知人友人関係のネットワークを強力に構成している。そのため，誰かが安全の発信をすれば，それがそのまま周辺の人に伝わるのですぐにわかる。フェイスブック上では直接つながっていない場合でも，心配している人につないでくれるので，家族や知人関係の安否情報を得る上で，より一層力を発揮した。

　このようにして，ソーシャル・メディアは，この震災を通じて，個人的な人間関係をサポートするメディアとしてのケア・コミュニケーションの役割から，社会的情報伝達のメディアとしてのシェア・コミュニケーションにいたるまで，大きく成長していったのである。

　ただし，インターネットには，やはり注意しなければならない部分もあり，コスモ石油千葉製油所の火災に関して，有害物質が大気に流れ出したなどの誤情報や，埼玉の水道に異物が混入したなどのうわさが「チェーンメール」（多くの人に転送を呼び掛けるメール）で流されるなど，負の側面もみられた。このような誤った情報をシェアされては困るので，注意が必要である。

異種メディア間の協力

　東日本大震災におけるこれらのサービスには，さまざまな関係機関，そして，異種メディア間の協力があった。被災者情報の基本はまず，県庁や市町村などの行政機関との連携は欠かせないが，この災害ではメディアとの協力も大きかった。たとえば，新聞との協力では，新聞社のホームページで避難者の9万5,000件にのぼる情報を取り込んでいたが，これをグーグルの「パーソン・ファインダー」に提供することを申し出た。毎日新聞は「希望新聞」欄（後述）に掲載した安否情報を「パーソン・ファインダー」に掲載することを申し

出て，データを集積して活用するようにした。放送では，NHKがコールセンターで受けた安否情報をグーグルに提供した。

　また，グーグルの動画サービスとしての面では，YouTubeのパートナーであるTBSテレビとテレビ朝日が，テレビ局が制作したビデオクリップを掲載して例を示し，被災者支援グループから映像を発信するよう促した。このような協力は，自分たちだけで情報を囲い込むよりも，インターネットの信頼できるサイトに載せる方が公益にかなう，との判断からである。グーグルは企業使命として「世界中の情報を整理し，世界の人がアクセスできて使えるようにする」ことをあげている（グーグル会社概要）。この姿勢は，行政や他のメディアの協力をも呼び込んで，もてる能力を発揮して社会に貢献したといえよう。

　もちろん，NHKや各新聞も従来からのやり方で安否情報を集め，人びとに知らせるシステムを作っていたし，それらの大メディアを信頼して情報を寄せる人も多くあった。しかし，今回，グーグルがイニシアティブをとったのには，やはり理由がある。第一に，前述のようにグーグルは「世界中の情報を整理し，世界の人がアクセスできて使えるようにする」ことを大前提に企業を成り立たせているので，安否情報はこの使命にもっとも適った仕事であったということだろう。第二に，従来のマスメディアは紙面や放送時間に制約があり，通常の利用方法では全部の情報を載せられないが，グーグルではそれが可能であったことが指摘できる。第三に，「検索」機能は最も効率的に人や事柄を探すことができ，新聞やテレビはこの機能にかけてはまったくグーグルにかなわない。むしろ，データを提供してグーグルに集積した方が，社会的貢献ができると判断したことなどがあげられる。

　そして，メディアの使命が「人と人とをつなぐことによって社会的に貢献するためにある」と仮定すれば，東日本大震災では，それぞれの持ち場の人たちが，自分たちの相対的立場をよく理解して，適切な判断により行動したことは褒められて良いだろう。

　この調査を行った村上のことばが印象深い。

今回生まれた安否情報をめぐる新たな取り組みについて取材を進めていくと，その大半が，組織の意思決定によるものではなく，一個人の思いの発露によって実現したものであることがわかってきた。安否情報が入手できない中，我を忘れて壊れた自宅の瓦礫をかき分けながら，また，津波で何もかも失われてしまった街を一望する丘に立ちつくしたまま，大切な人の無事を願ってやまない被災者たちの姿を目にし，それぞれの立場で何ができるのかを模索した結果，生まれた取り組みであったと言えよう（村上　2011）。

　究極のコミュニケーションは，現実の姿を自分で見て肌で感じ，それに共感することからはじまる「人間コミュニケーション」なのではないだろうか。

2　被災者欄……マスメディアのなかのシェアとケアのコミュニケーション

　第一部でマス・メディアのコミュニケーションは，公的発表が多く画一的で"主流の人びと"の意見が多いという主旨のことを批判的に述べたが，東日本大震災を機に，大手新聞もいままでの取り組みとは発想を変えた，新たな"面"や"欄"を作りだした。

『毎日新聞』の「希望新聞」

　たとえば『毎日新聞』は22面を，被災者や被災地のことを伝える「希望新聞」にした。社告で「東日本大震災と全国を結ぶ『希望新聞』をお届けします。情報提供は希望新聞取材班へ。「毎日jp」から閲覧が可能です」として，発信者も読者も被災者も一緒になって東日本大震災に向かおうとの主旨で，この欄を設けた。毎日新聞記者の仕事は，「三陸物語」などの一部の記事の取材と，読者から寄せられる情報の確認と編集，整理などである。『希望新聞』という題字の下に，「被災地に役立つ情報や"伝言板"への投稿をお待ちしています。被災者の今困っていることも募集します」とあって，ファックス，メールなどの宛先がある。このことからもわかるとおり，この面は被災者と支援者をつなぐものである。

内容は，「サポート情報」には，被災者への支援として，ボランティア情報，奨学金の情報，提供できるモノ・コトなどの情報が提供者側から出されている。一方「ニーズ情報」では，被災者の側が求めるもの，不足しているものを知らせ，そのニーズに合ったものを送ってもらう一方，無駄に送られてくるのを防ぐために，「洋服類の募集を終了します」などを感謝のことばとともに載せる。さらに「伝言板」では，「ホームステイの受け入れ」「毛布あります」など個人からの発信をのせるコーナーもある。取材班によるものとしては，継続的に支援をしている人を紹介したり，つらい目に遭った人の取材をしたりして痛みを共有する。さらに，連載ものとして「三陸物語」を載せ，三陸海岸で特に津波の被害に遭った人びとを取材しながら，他の面のような事実中心の取材ではなく，生活のディテールを描きながら人の心の深いところも伝える。この丹念な取材は，心のうつろいを示して一連の物語のようだ。

　そうした，人の心の隅に沁み込むような内容とともに，警察，医療，生活支援，関係省庁，そして，被災したため移転した役所などの電話番号を一ヵ所にまとめて載せ，便宜を図っている。被災者支援のために継続的に一面を割くことにより，「22面をみればケア情報が載っている」という形をつくって支援し，復興の希望をもってもらおうと言う試みである。従来の新聞にはあまりなかった発想であり，これは被災者にもサポーターにも役立ち，そして，特に何もしない人にも，常にそこに震災の跡が今もあるということを印象付ける大事な紙面となっている。

　『読売新聞』の「東日本大震災　明日への掲示板」などもそうであり，他の各紙でもそれぞれ，震災を機に「ケアのコミュニケーション」を始めている。また，東北地方のブロック紙である『河北新報』の「WEB新書」のように，東日本大震災関係の読み物をWeb上で安く（210円）読めるようにしているものもある。東日本大震災が切り開いた「ケア」のコミュニケーションは，震災後の一過性のものなのか，あるいは，今後大新聞のあり方を変えるものなのか，動向が注目される。

コラム：手書き新聞のインパクト

震災翌日，油性ペンで号外　米で展示へ　石巻日日新聞
2011年4月16日10時25分

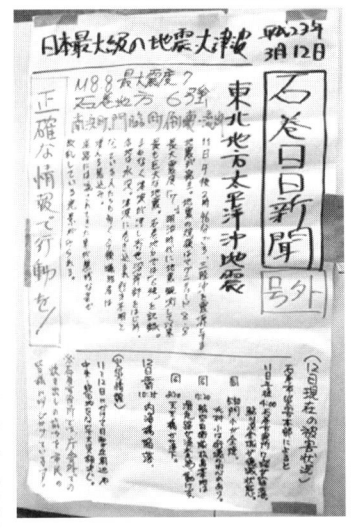

(3月12日付の手書きの『石巻日日新聞』ニュージアム提供)

東日本大震災で被害を受けた宮城県石巻市の夕刊紙，石巻日日新聞が被災後の6日間発行した手書きの壁新聞が，米ワシントンにあるニュースの総合博物館ニュージアムに展示されることになった。困難を乗り越えて発行された歴史的な紙面として，ニュージアムが紙面の寄贈を日日新聞に求め，同紙が応じた。日日新聞は震災で通常の編集・制作・印刷ができなくなったが，記者は懐中電灯の光を頼りに油性ペンで記事を書き，避難所などの壁に張り出した。地震と津波が襲った翌日3月12日付の紙面は「日本最大級の地震・大津波」の見出しで，13日付は「各地より救難隊到着」。印刷が再開できたのは18日付からだった。日日新聞の奮闘ぶりを米紙ワシントン・ポストが報じ，これを読んだニュージアム職員が日日新聞に連絡を取り，寄贈の話がまとまった。ニュージアムはウェブサイトで「この新聞は，人間の知ることへのニーズと，それに応えるジャーナリストの責務の力強い証しである」と紹介。クリストファーソン学芸員は「大変な苦難に直面するなか，日日新聞のジャーナリストは地域社会に重要な情報を提供するという責任を果たし，そのためにペンと紙を用いた」と称賛している。ニュージアムは，報道に関するさまざまな資料や映像などを集めた博物館で，2008年4月にワシントンの中心部に移転・オープンした。(ワシントン＝勝田敏彦『朝日新聞』2011年9月25日確認)

III部 ジェンダーとメディア

第1章　日本のジェンダー状況

1　男女差別の実態

男女平等指数

　日本が先進国のなかで極めて女性差別的な国であることが，日本ではあまり知られていない。国連やその関連機関が発表する「男女平等指数」において，日本がずっと先進国中の最下位，世界全体のなかでも中間より下にあることも，日本人は男女ともにあまり知らないままにすごしている。それは，マスメディアが伝えないからである。"主流の人びと"の感覚からすると，それはマイナーなニュースなので，メジャー・コミュニケーションとは考えられないからであろう。

　世界経済フォーラムが発表した「2010年男女平等指数」によれば，2010年の日本評価スコアは0.6524で前年より0.07アップしたが，それでも，調査対象の134ヵ国中94位であった。このスコアは完全に平等になると1になる数値である。1位のアイスランドは0.8496，2位ノルウェイは0.8404，3位フィンランドは0.8260，4位スウェーデン0.8024と，年により順位に多少の変動はあるが，北欧4国が常に上位を占めている。また，これらの国は0.8以上を達成していてなお，年々スコアを上げてきており，さらなる平等に近づく努力をしている。

　国際機関はこれらのニュースを公表しているが，前述のように，日本のマスメディアではほとんど取り上げられていない。そこで，わたしの場合，ジェンダー関係のメーリングリストで事実を知り，インターネットで詳しく調べるのが，いつもの確認法だ。つまり，シェア・コミュニケー

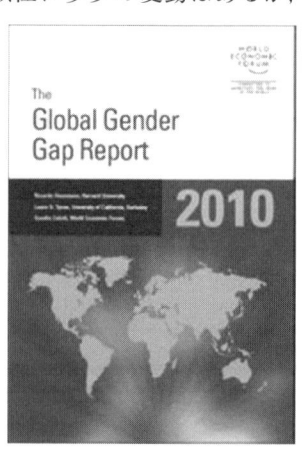

ションにより確認しているわけである。全国紙やネットワーク放送などの大手ジャーナリズムの判断基準を推測すれば，おそらく，ジェンダー・ギャップのニュースよりは，「政局」ニュースのほうが好まれているのではないか。首相の支持率調査や，首相を1年限りで交代させることのほうが，男性ジャーナリストにとって生き甲斐が感じられるのであろうか。その間に，日本女性の置かれている，先進国としてはとてつもなく低い地位——全調査対象国の下から30％については無関心だ。それが，少子化現象を招き，短期的・長期的に，社会・経済にマイナスの影響をおよぼしているのには気づいていないと思われる。

ところで，男女平等指数は，主として次のような経済・健康・教育・政治の項目で成り立っている。

・女性の就業率など経済への参加度
・産休制度の充実や，専門職に占める女性の比率など雇用機会の均等性
・議会や政府など政治決定機関に女性が占める比率
・教育機会の均等性
・女性の健康への配慮

日本の実情

このなかで日本の女性が比較的平等に近いのは，後ろの2つ，教育機会の均等性と女性の健康への配慮である。とくに遅れているのは，議会や政府などの政治決定機関に女性が占める比率で，「意思決定」にほとんど関与していないところが，女性の政策全般を遅らせているのである。これは企業でも同じことがいえ，大企業であればあるほど女性の管理職は少ない。そして，その原因となっているのが，これまで産休や育休をきちんと取れないような制度や慣習があったことだ。とりわけ終身雇用制が一般的であった時代に，出産のために退職を余儀なくされた女性たちは，会社に戻りラインに復帰するということができない。これが管理職への道を閉ざし，女性が意思決定に参加できない要因になっていた。それゆえ，仕事を継続するためには逆に出産をあきらめることになり，それは少子化につながるという別の問題を生じたのである。

北欧をはじめ多くの先進国で，これらの項目をクリアーしているという事実は，いいかえれば人権が尊重され，女性が自立して生きる条件が整えられていることである。女性が自立できれば，当然もっと選択肢の多い自由な人生が送れるし，男性もその方が責任を押し付けられずに良いだろう。平等にすると男性が損をすると思うのは間違いである。母子家庭の子どもに生まれると貧乏で苦労するという話をよく聞くが，それは，女性の労働が正当に評価されないシステムになっているからである。正当に評価されていれば父子家庭も母子家庭も同じ条件となり，他のことで苦労している子どもに，さらにお金で苦労させないですむ。

　これと比較対照しうる例として，平均寿命の発表が考えられる。世界各国の平均寿命（0歳の子どもの平均余命）が発表になると，必ずといってよいほどニュースになる。平均寿命の数字は，その社会の生活水準，医学水準と医療制度，教育水準，環境などの実態を表す。日本人の寿命は女性が世界一を維持しつづけ，男性もつねに高い順位を保っているのは，長期間にわたり日本人がバランスのとれた食生活，身体の健康，健康保険制度と進んだ医療などをたもちつづけ，戦争のない平和な社会を築いてきたおかげである。これは"主流の人びと"にとっても，自分たちが達成した喜ばしい事柄なのでニュースになり，それを知ることで，長寿社会への対応を促すこともできるのである。

　しかし，ジェンダー関係のニュースは，できるだけ敬して遠ざけるのが，これまでの日本社会とマスメディアがとってきた態度であったと思う。

2　女性運動・ジェンダー研究と国連の動き

国連を動かしたウーマンリブ

　1960年代は，アメリカの黒人運動が「公民権法案」という形に結実し，次第に社会を変革しつつある時代だった。それに勇気づけられた女性たちは，1970年，ウーマンリブ（Women's Liberation）として，女性の権利と自由，平等を求め，世界中で大きな運動を展開した。国連も男女平等の重要性を認識し，

1975年を"International Women's Year"（日本語訳は「国際婦人年」，後に「国際女性年」に改めた）と名づけ，メキシコ・シティで国連主催の国際婦人年会議を開催した。そこには，133ヵ国から約3,000人の女性たちが集まり，「平等・発展・平和」のスローガンのもとに男女平等の実現のために話し合った。この年はベトナム戦争終結の年でもあり「平和」な状態でこそ平等は実現されるということが，人びとの意識のなかに強くあった。また，当時まだ貧しい国も多かったので，「発展」により平等を獲得しようとの意味合いも込められていた。その後，これは「持続可能な発展」へと改められていく。
　会議では，根強い女性差別は1年のキャンペーン期間では解決しないとして，次の10年を「国連女性の10年」に設定し，5年ごとに国際会議を催すこととなった。次はアジアということで1980年にイランのテヘランで予定されていた第2回会議は，イラン革命のためできなくなり，代わってデンマークのコペンハーゲンで開かれた。この会議に向けて，世界中の国々が「女子差別撤廃条約」を締結すべく，行政が主導して男女平等に向かって舵を切ることになる。
　そういった流れのなかで，日本の女性たちは各地で運動をはじめた。「国際婦人年をきっかけとして行動を起こす会」（のちに「行動する女たちの会」に改称）が結成されたのもこの年である。彼女らが早速とりかかった仕事のなかで有名なものには，インスタントラーメンのテレビ広告「ワタシ，作る人，ボク，食べる人」がある。女が作る人で男が食べる人と決めつけるのは「男女の性別役割分業」にあたるとして抗議をし，このCMを放送中止に追い込んだ。ちょうど日本国内にテレビ受像機が普及し，テレビ広告費総額が新聞のそれを上回った時期でもあったので，この抗議は大きな注目を集めた。また，この運動は，メディアの影響力に人びとの注目を集めさせたことでも功績は大きい。しかし，このような動きに対し，マスメディアの多くは反感をもち，「表現の自由」の侵害だとするものもいれば，「女は生理になると判断が狂う」（週刊文春）というような理性を欠いた批評まであった。
　このような批判に対し，その当時わたしはこの問題提起に対しこう考えた。まず，よくぞいってくれた，ということである。わたし自身，女性差別のな

か，テレビ局の若年定年制により20歳代で定年になっていたから，こういう時代がやっときたのかという思いがまずあった。また，生まれて初めて参加した国際会議がこの国連婦人年会議だったので，それへの思い入れがあった。そして，メディア批判のこの運動をみて，このような形で運動を起こすことで社会を変えていくことが可能かもしれないと，問題提起の方法を学んだ。

さらに，私がもしCM制作者の一人に入っていたら，文言を逆にして「ワタシ，食べる人，ボク，作る人」にするのにと思ったことである。その方が，インスタントラーメンが簡単に作れることの宣伝として効果的だし，役割を逆転させた方が男女の関係性が新鮮なので，CMとして優れている。しかも，「性別役割にとらわれない表現」となるので批判されることもない。世の中が変わって男性がつねに食事を作る役割の時代が来れば話は別だが……。

このように，平等について意識することは，世間の動きを敏感に感じ取ることにもつながり，ビジネスの世界でもユニークな発想ができて，有利なのではないかと思う。女性やマイノリティを排除している日本のビジネス界では，世界に後れをとるのではないかと考えた。

女性学研究

そのころから女性学研究をする人も増えて，外国ではそれなりに注目され始めていた。

日本では，個別にはすでに色々な面からの女性学研究が「婦人問題研究」などの名称で行われていた。とはいえ，ほとんど男性研究者中心の日本の学会では，「女性学なんて学問じゃない」などといって正統的な学問とは認められにくかった。そのような環境のなかでもめげずに自己の信念に従って，女性学研究をしてきた女性がいたからこそ，今日の基礎が築けたのである。1978年には国際女性学会が設立され，日本初の女性学の国際会議を，当時できたばかりの国立婦人教育会館（後に国立女性教育会館／NWECと改称）で行った。ほぼ時を同じくして日本女性学会，日本女性学研究会等も設立され，それぞれ，地域性や中心となる学問分野の違いをもちながら，並行的に発展してきた。

私が理解する女性学は，以下のようなものである。女性学は，男性中心の学問に異を唱える関係上，当面そのような名前で呼ばれてきたが，本来「人間学」の一部である。したがって，女性が人間のなかで特殊な一分野を形成するのではなく，男性との関係性で現在のような地位に置かれているということを認識するところから始まる。すなわち，男性も女性もどちらも人間の基本形であるから，すべてが男性並みになることが平等ではなく，それぞれの人が，人間として充実して生きられる環境を作り出すことが平等である。誤解を招かないために言い添えると，それは性別役割分業とは正反対で，どちらにも性別の社会的強制を課さないで，個人の適性にあうように生きることが保障されるような社会を志向するのである。

　そういう前提のもとに，全体の傾向としては，平均的には女性が得意の分野もあれば，男性がより得意な分野もあるだろう。また，出産のように女性にしかできないこともあるだろう。その全体的傾向はそれとして認識してもよいが，個人にはそれを強制はしないのが原則である。いいかえれば，統計的に女性の能力の平均値が高い分野があったとしても，それですべての女性が高いわけではなく，男性にも得意な人はいるはずである。とくに，伝統的にそれが女性の担当する分野であると，女性のほうが訓練を積み重ねている人が多いので，女性の能力がその分野では高いと思われがちだが，実は，男性でもかなりその能力が高い人がいる。たとえば，料理・裁縫・保育・看護などは女性の役割とされてきたために，女性の能力が高いと思われがちだが，専門職になった人同士を比べれば，女性の能力が高いということはなく，個別の問題となる。どのような分野でも能力と意思のある人は平等に受け入れるべきである。また，両方の性がいることが発想の多様性につながり，専門分野に活性化をもたらすこともある。

　逆もまた真である。小さい時から平等に科学的訓練を受ける機会があれば，男性が得意といわれている理科系・工学系分野にも，得意な女性がもっと大勢入ってくるはずである。これまでは，中学・高校ぐらいまでに「女性は理科系が苦手」という本人や周囲の思い込みが，進学をあきらめさせたり，女性自身

を頑張らなくさせたりしてきた。逆に，男性が従事しない習慣だったために，男性が下手だと思われていることも，違う環境では男性が能力を発揮することもある。実際には，「下手だ」という定説をいいことに，やりたくないから怠けていることもある。

したがって，仮に，どちらかの性が平均的にみて，何かについて得意であったり不得意であったりしても，そのことで片方の性の参入を制限してはいけない。あくまでも，個別の問題として扱うべきなのである。平均値と個別の問題は，男女の差に限ったことではなく，民族性や年齢などにもみられる。それを役割分業に結びつけるのは間違っているのである。

ジェンダー研究

このようにして，初めは「女性学 Women's Study」として始まった研究だが，そのうち，女性の研究というよりは，男女両方の性の関係性の問題なのではないかということになり，さらに，男女二つの性に二分するということは，その間にあるどちらでもない性を生きる人の存在を無視する結果になるということもあって，次第に「ジェンダー研究」という名で呼ばれるようになった。日本において一般的に，ジェンダー（gender）とは，生物学的な性がセックス（sex）と呼ばれるのに対し，社会的・文化的な性のありようを指すことが多い。しかし，この使い方は初めから定着していたわけではない。

アメリカの心理学者ジョン・マネーと精神科医ロバート・ストラーらは，人間には生物学的な性とは別に，自分が女性であるとか男性であるとする意識があるということで，その男女の意識の自己同一性をはかる意味でジェンダーをもちいた。1970年代に入ると，社会科学の分野でジェンダーが文化的・社会的に形成された性の意味でもちいられるようになり，1980年代にその使い方が定着してきた。これは，その社会における「男らしさ」「女らしさ」など性別に期待される振る舞いや役割をも意味し，その使われ方は男女平等の立場からは，性差別をなくすためのキーワードの一つになっている。

すなわち，ジェンダー役割にこだわるということは，たとえば，男は男らし

く強くて仕事ができることをよしとして期待され，女は女らしく優しくて家庭的で美しいことをよしとしてそれが期待される，というような意味合いで使われる。そして，個人の意識だけでなく，社会のシステム，法律や慣習がそのようにできていることが問題とされる。

　さらに，人間を男女に二分することは，その中間に位置する人びとの存在を無視することにもなるので，ジェンダー役割を固定化しないことは，すべての人間に仕事や役割や他人との関係を選択する自由を与えることにつながる。したがって，「女性学」があたかも女性だけを研究したり，女性に対する差別だけを取り扱う印象を与えるのに比べ，「ジェンダー研究」は男女の関係性からくる相対的な問題を研究し，女性が男性に比べ差別的に扱われている問題だけでなく，その差別の裏側にある男性が置かれている厳しい状況も指摘することができる。さらに，そこにある男女の壁を取り払えば，男女のどちらにも属さない人びとの人権も回復されるのである。

　このようにして得た研究成果をもとに，国連や各国政府，NPO団体は，制度的なジェンダー問題を解決することをはじめとして，社会の慣習を改めることでジェンダーの平等を獲得し，すべての人びとの人権を回復する方向に向かう努力をしている。

3　日本における諸問題

少子化問題

　ジェンダーの平等が人権として当然のことは言うまでもないが，ジェンダーの不平等が社会全体の不利益にもなる実例を紹介しよう。それが日本で近年の最大の問題である出生率の低下による少子化問題である。

　その前にまず，少子化が社会的問題であるという前提が必要なので，それを確認してから始めたい。

　まず，少子化を「是」とする立場の考え方を紹介する。日本の人口密度は，343人／km^{2}で，世界で8番目の高さである。しかも3分の2が山地の日本は，

人が平野や盆地に集中し，東京都のそれは6,017人／km^{2}もの稠密さなので，地価が高騰し1人当たりの利用面積は狭く，住宅も決して広いとはいえない。その意味からは人口が少なくなる少子化が悪いことではなく，江戸時代のように3,000万人ぐらいの人口ならもっと広々とした土地に生活できる，というのが少子化を是認する議論である。

　実態は，2010年10月1日の国勢調査ではすでに1億2,800万人を越え，それに見合った規模で社会や経済が動いていると，人口の急減はさまざまな不整合をもたらす。その顕著な例が年金制度である。今の日本の年金制度は，若年から中年にかけての労働する世代の収める保険料が，高齢で働かなくなった世代の老齢年金となる，世代間扶養の考え方が基本になっている。この制度は1959年にスタートしているので，現在の受給者は若い時代にその上の世代を支えてきた。しかし，もっとも人口の多い1946〜48年生まれの世代が働いているうちは良かったが，彼らが引退し始めている。しかも出生率の低下が労働人口減を招くこれからは，受給する高齢人口の増加に対し，拠出する若年人口が追いつかない。若年人口の減少は合計特殊出生率の推移により明確に示されている（図Ⅲ-1-1参照）。

　1950年までは1人の女性が平均4人を超える出産をしていたが，その後急激に減少してきた。ひと組の夫婦から2人の子どもが生まれれば人口規模はほぼ保たれることになるが，まず1960年に2人を割り込むという事件が起き，人びとをびっくりさせた。そして，1974年以降は一貫して2人を下回り，1989年には1.57に急落し，2005年に1.26の最低を記録し，その後やや盛り返して2010年には1.39になっているが，もう40年近く2人をはるかに下回る状態がつづいている。

　1970年代中半から出生数が減少しているということは，その世代が今親になっているので，これ以降親世代は年々減少していく。そうすると，文字通り母数が減少しているので，たとえ合計特殊出生率が少し上がったとしても，出産する数は少ないままに推移するであろう。このようにしてますます人口が減るのはもう既定の事実であり，人口ピラミッドの構成を変えることができるの

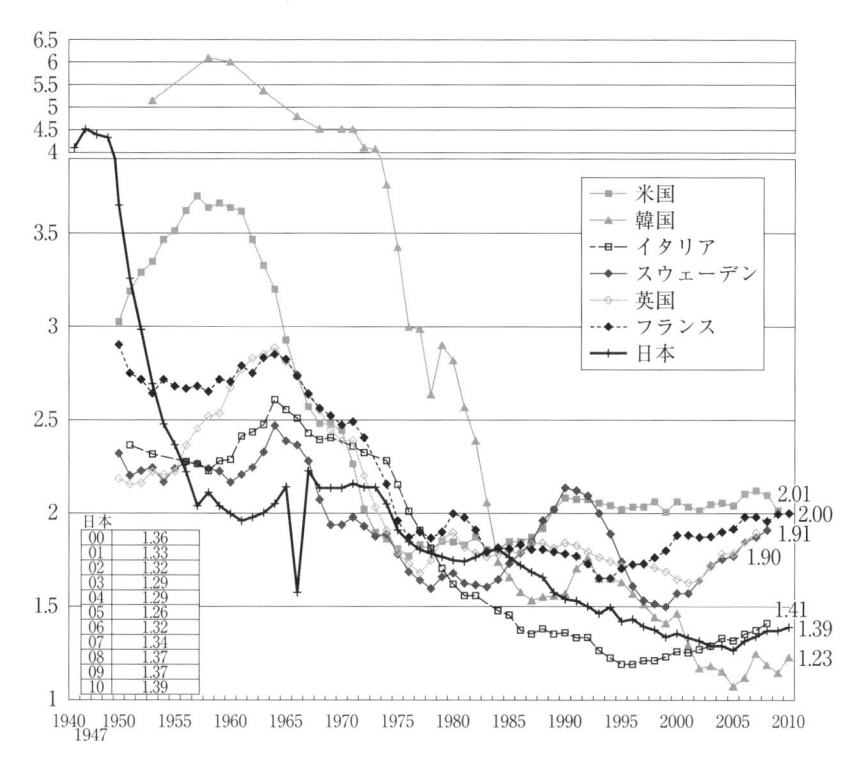

(注) 合計特殊出生率は女性の年齢別出生率を合計した値。数字は各国最新年次。日本10年概数。
(資料) 厚生労働省「平成13年度人口動態統計特殊報告」「人口動態統計」(日本全年、その他最新年) 国立社会保障・人口問題研究所「人口統計資料集 2010」、Korea National Statistics Office

図Ⅲ-1-1　合格特殊出生率の推移 (日本及び諸外国)

は，わずかにこれから生まれる世代を増やすだけである。もし，これから生まれる世代の人口が少し増えたとしても，人口の半分が入れ換わるだけでもあと40年ぐらいはかかる。

　出生率の低下という現実をつきつけられても，「女性がわがままになって子どもを産まない」とか，「女性の問題であってわれわれの問題ではない」として，政府は真剣に取り組んでこなかった。一方，それをまともに取り上げてこなかったマスメディアも見識がなく，今日のこの事態を招いたとわたしは考え

第1章　日本のジェンダー状況　　155

ている。高度経済成長時代のシステム設計を，状況が変わっても変更せずにつづけてきた。その間女性たちは，働きながら子どもを産み育てられるシステムの構築を提案しつづけてきたが，為政者たちは，変わる現実には目をつぶって対策を考えてこなかった。1980年代の終わりごろには，いわゆる「国民年金第3号被保険者制度」といわれる専業主婦に有利な年金制度を作り出し，時代に逆行させた。

　1990年代をとおして少しずつこの問題に目覚めた政府や官僚は，女性たちの働きかけと官房長官の実行力により，1999年に男女共同参画社会基本法を成立させた。これによりはじめて，ジェンダーの平等に関し法律上の問題が整備された。この法律では，女性が出産・育児で休みが取れるだけでなく，男性も家庭人としてしっかり生きられるよう，育児休暇も介護休暇もとれるように定められている。しかし，それから10年以上たつが，景気の悪化もあって，女性の働く環境は整っておらず，出生率も目覚ましい回復はみせていない。「子ども手当」は民主党のマニフェスト案でさえ低額すぎるものを，政治の道具になってさらに安くされている。これでは，子どもを産みたくても経済的に産めない人はなくならないのではないか。

出生率と男女の労働

　社会制度が整っていなかったために女性たちは，これまで個人的に工夫を重ねて，この理不尽な社会を生き伸びる以外なかった。"主流の人びと"のように，自分たちのために整えられた条件のなかを生きてきたわけではないのである。女性という過半数の人口を擁する集団も「社会的マイノリティ」として，"主流の人びと"によって矮小化されていたために，自分たちの意見を公の席で，あるいはマスメディアで話すチャンスをあまり与えられていなかった。会議の中で話すことができても，多くの場合それは無視されたり，「聞きおく」かたちでやり過ごされてしまったりしたのではないか。もっと真剣に耳を傾けていたら，もっと真っ当な政策が作られ実行されて，日本はもっと間違いの少ない国になっていただろう。

このようにして，女性の声が反映されない構造が日本にはできているが，その典型的な例がメディア界である。女性の少ないことが，メディアの中に女性の声を載せられないことにつながり，さらに女性の意見を無視したまま世の中の人は意見を形成するという，悪循環が起こっている。この件については，Ⅰ部第2章2節の「マスメディアは男社会」の項で述べた通りである。

参考までに述べると，年金と子育て支援策をミックスさせ，出生率の向上を図った政策の結果を示すデータが，ヨーロッパの国々にはある。出生率回復のための工夫として，フランスとスウェーデンの例があげられる。「フランスでは3人の子どもを9年間養育した男女に年金額を10％加算するなどし，出生率を94年の1.65から02年に1.88に回復させた」とのこと。「スウェーデンでは，子どもが4歳になる間に所得が減っても，年金計算は(1)子どもが生まれる前年の所得，(2)年金加入期間の平均所得の75％，(3)現行所得に基礎額（約50万円）を上乗せした金額——の3通りから最も有利なものを充てるなどの対策で，01年に1.57だった出生率は02年に1.65に伸ばした」（社会データ図録「合計特殊出生率の推移　日本と諸外国」）。

もちろん，これらの国々では，このほかに，子ども手当に相当するものや，学校や大学で授業料が無料になるなど，きわめて子どもを大事にする政策が取られている。少なくとも，経済上の理由で子どもを産まないことがないような政策をとることが大事である。さらに，産休や育休においても復帰後の母親に不利益がないような制度になっているのはいうまでもない。父親も日本よりは休業を利用しやすくなっている。

男女平等は押し付けか

さらに，よく見聞きする誤解に，「男女平等」を押し付けられる，という考え方がある。「男女平等が嫌い」という人には「男も女もそれぞれ事情があるのだから，平等を押し付けられるのは嫌だ」という思いがあると聞く。その前提には，男女平等というと，女性も必ず外で働かなければならないとか，極端

な場合には男性が女性の尻に敷かれる，という誤解があるようだ。その理由を推察すると，平等を云々する際には，国際比較などの数字を持ち出して，政治への参加率とか，管理職への登用など，職業的に同率でないといけないかのような印象を与えるからだ。しかし，それは誤解である。

　男女平等は，女も男も，性別にとらわれず「選択の自由がある」ということだ。つまり，どちらにとっても社会的な押しつけとは逆に，自分のことは自分で決定できる，きわめて自由な形であるということなのである。

　もうひとつ，男女平等を女性も男並みに仕事をすることだという勘違いをする人もいる。そのせいかどうか，「ボクの知り合いの女性は，仕事をせずに専業主婦に早くなりたいと言っている」と報告し，仕事のことを云々するのは一部の女性だけではないかといいたげなのである。色々な人がいて当たり前だ。自分の能力と志向において，誰でも好きな生き方を自分の責任において選択できるのが人間の平等だから，働きたくない人を無理に働かせる必要はない。ただし，働きたい，あるいは，働かなければならなくなったときに，平等に働ける条件がそろっていることが大事なのである。

女性が働くということ

　今，働くことをためらう女性がいる。それには大きく二つの原因がある。ひとつは，日本において職業をもって働きながら子育てをすることが難しい現状をみて諦める場合である。もし，欧米の先進国のように，男女を問わず1日の労働時間が短く，長期の夏休みが取れ，出産休暇は当然のこととして，育児休暇や介護休暇もとれれば，それほど苦労をしなくても働ける。また，そういう国では，男性も同じような条件にあるので，男性の家事・育児参加も当然のように行われ，女性だけがその負担をするわけではなくなるので，職場だけでなく家庭においても負担が少なくて済む。このようにして，両性が職業をもつことが苦でなく当たり前になると，逆に職業をもたないという発想がなくなる。日本人レポーターが欧州でインタビューした際，「なぜ働くのですか？」と質問して，相手の女性にその意味が伝わらず，ポカンとされた，というエピソー

ドもある。

　もう一つ女性が働くことをためらう原因は，低賃金であったり将来が保障されていなかったり，あるいはやりがいのない補助的な仕事が多いことである。このような場合，苦労して両立させるよりは，収入の多い男性を見つけてその給料で暮らす方が良いと思ってしまうのは，わかるような気がする。確かに女性の場合，パート労働しかつけずに100万円程度の年収であったり，フルタイムで毎日一所懸命働いても年収200万円前後のケースもある。年収1,000万円の男性と比べると，働くのがばからしくなるのもうなずける。それくらいなら，家事労働の質を高めて，時間的にもゆとりのある生活をしたくなるだろう。

　しかし，それがうまく行っている時には良いかもしれないが，1つ歯車が狂うと，途端に著しく困難な状態に陥る。たとえば，夫が失業する，病気になる，といった場合，妻が男性と同等に働いていれば，家計を支えることができるが，そうでない場合は悲惨な結果となる。また，夫が暴力をふるうというような場合，収入のない妻は離婚さえできず，DV（家庭内暴力）に耐えて生きなければならないのか。夫が死亡した場合自分に収入がないと，子どもをも不幸に陥れる可能性がある。妻が一人前の職業をもてれば，子どもを養えるが，職業において女性が補助的な位置づけであると，一人前の賃金を得られないからである。母子家庭がえてして貧乏なのは，一家の稼ぎ頭になったとしても，女性が働く場合には"家計補助"が前提になっている賃金体系に基づく仕事しか得られないからである。

　したがって，現状においては職業をもつことを必ずしも選ばない女性も，働くための環境を良くしておかないと危険が伴う。いざとなった時に，自分の能力を活かしながら，精神的・経済的に自立した生活をできるよう準備しておく必要がある。また，会社が働きやすい環境であれば，結婚した場合でも職業をもちながら家庭生活を営みたいと思うだろう。だから，非常に条件の悪い日本の現状での，女性たちの一時的な意見で物事を判断してはいけないのである。

　実際，前述のように過去に合計特殊出生率の低下を招いた国でも，男性を含む労働時間の削減，育児環境の整備，職場と家庭の両方における男女平等の実

現に力を注いだ結果，出生率の回復を成し遂げ，少子化を防ぐことに成功し，その結果，安定した社会を築いてきている。

　日本でも，女性学研究や女性運動を通じて，労働と賃金のあり方について，また，女性が働きにくい環境をつくっている慣習や法律について，女性たちが改善の提言をしてきた。女子差別撤廃条約を批准するにあたって，日本の法律はある程度整備され，不平等が明白な法律や規則は少なくなった。しかし，後述するように民法には問題項目が残っているし，たとえ法律の文言が直った分野でも，実質的には不平等な慣習は数多く残っていて，それが日本の女性の地位を低く抑えている。

民法改正

　民法改正が進まないことも，ジェンダーにまつわる環境の問題点の一つだ。結婚した場合に97％以上の女性が苗字を変えている。これは，女性が一生を一人の人間として一貫して生きるのにとても不都合な問題を抱えることになる。結婚して苗字が変わると，それまで自分も他人も慣れ親しんできた名前を失うので，自己同一性の面から，あるいは，仕事を継続する面からも数々の不都合が生じる。同窓会で卒業後の追跡をする際に女性の方が見つけにくいのは誰にも経験があるだろう。また，年金記録が消えた事件の場合でも，苗字が変わった女性は追跡が難しく，無年金になったり一部が証明できなかったりして，不利益を生じた。仕事をするうえでも，途中で名前が変わるというのは仕事相手にとってもわかりにくく，継続的に息の長い仕事をする職業には不便だ。さらに，やむを得ぬ事情で離婚・再婚する場合，そのたびに苗字が変わるのでは，プライバシーをいつも表にさらさなければならず不本意だ。その上，子どもは母親が育てる場合が多いので，子どもまでしばしば苗字が変わる結果を招く。このように，ほとんどの女性が結婚相手の男性の苗字に変えることで，女性と子どもが影響を受けることになる。

　その理由は，第一に，民法が「夫婦同姓」を強制しているから法律的にどちらかの姓に変えねばならないこと，第二に，結婚することが「男性の家に入

る」のと同義語という古い観念をもっている人がいて，それが慣習となっている為だ。憲法は，「婚姻は両性の合意にもとづいて成立」することをさだめ，そこでは新しい戸籍をつくることになっているので，本当はどちらの姓になってもよい。しかし，親も本人も古い観念から脱却できないため，現状は女性が苗字を変えることが多い。男性が苗字を変えることは「沽券にかかわる」と思っていたり，女性のなかにも苗字を変えるのは女性の方と思いこんでいたりする無知がある。また当事者は良くても，とくに継ぐべき稼業がない家でも，親が「家を継ぐ」ように圧力をかけたりする厄介な問題もある。

　解決法として，法律的に「夫婦同姓」の義務付けをやめて，「選択的夫婦別姓制度」にすれば，かなり問題は解決できる。すなわち，今まで通りで良い人はそのまま，別姓を選びたい人は別姓を選べる，ということにすれば，誰にも迷惑をかけずに，誰もがハッピーでいられる。保守的な政治家は，別姓の選択を許せば家族制度が崩れるというが，それにはまったく根拠はない。むしろ，現在の傾向は，結婚するとこれまで使ってきた苗字を使えないと仕事にも困るとして「事実婚」を選ぶ。このほうが現行の家族制度を崩すかもしれない。また，一人っ子同士の結婚が多い昨今，それぞれの家名を継続するには，それぞれが元の苗字を名乗れるので，この点はむしろ，保守派の人の好むところとなるのではないか。それに，女も男も一般的には自分の出てきた家とは離れがたく，苗字の継続性は誰にも意味のあることなのだから。

　もうひとつは「非嫡出子」の相続分が嫡出子の2分の1という差別である。これは，子どもは親を選べないのに，生まれながらにして差別をしているわけで，人権問題である。さらに，離婚後300日以内に生まれた子どもは「前夫のこどもと推定する」条項。DNA鑑定などができない時代に作った法律を改定しないのは怠慢なのではないか。ドメスティック・バイオレンスから逃れようと離婚しても，子どもの問題でまた会わなければならない問題も現実に起こっている。遺伝子チェックができなかった時代ならともかく，必要なら親子関係の存否は確認できるのに，技術未発達の時代の条文をそのまま残している。

　このような民法上の差別による問題と，社会生活の実態にいちじるしい差別

がある問題を合わせて，国連の女子差別撤廃委員会からの勧告が日本政府に対して出されているが，自民党政権時代も，民主党政権になってからも，それには真摯に向き合わないで放置してきた。メディアもそれを大きく伝えていない。日本におけるジェンダー問題は，社会とメディアが主流の人びとに支配されているために，問題があるのにそれを問題として認識されずに今日まで来てしまった。今ここで変らなければ，私たちには悲観的な未来しか待っていないだろう。

　行政に対する批判的役割をもつメディアが，今こそ自らを改革し，社会への問題提起をしていくべきではないだろうか。

4　マスメディアのジェンダー構造

　メディア・コミュニケーションに関しては，ジェンダーの差別的表現は非常に顕著であったにもかかわらず，多くの人はそれが"差別"にあたるとさえ気づかずに見過ごしていた。1970年代以降，ジェンダー研究が活発になり，メディアとジェンダーの研究も進められるようになったが，日本におけるマスメディア機関の認識はまだ遅れている。その原因のひとつとして，マスメディアの人員構成の問題がある。メディア・コンテンツの制作に直結する報道や制作での男性比率の高さが，メディア内容に影響を与えている。また，各部門の管理職はさらに男性比率が高いため，意思決定の部分における男性優位がいちぢるしい。

　1980年代前半まで女性の採用は本当に限られた例外的な採用しかなかった。85年の雇用機会均等法の成立前後からやっと女性の採用が本格化してきたが，そうはいってもその比率は10％にも満たないところが多かった。

　女性とメディアの研究グループGCN‐Japan（Gender and Communication Network, Japan）と日本女性放送者懇談会の調査によれば，主だったメディアのなかの女性比率は，1993年調査と99年調査の間に若干増加しているが，2004年までの5年間には変化がみられなかった。2004年時点での調査に回答のあった

106社の平均では，女性が15.4％となっている。経営陣のなかで代表権をもっている女性はなく，常勤役員は全国713人中1人だった。部長級以上の女性比率は，93年1.0％，99年2.5％，2004年3.9％と増加はしているものの，その数値はあまりにも小さい（日本女性放送者懇談会　2005）。

　新聞社に関しては，放送局平均より若干女性比率は低く，また，NHKと大手新聞社はともに民間放送局平均よりはやや低い数値を示している。終身雇用制といわれてきた日本の大組織のなかでは，その組織の過去40年近くの人事政策の集積が，従業員全体や管理職のなかの女性比率に反映されているので，10年ぐらいの短いスパンで社員構成は変えられない。男女共同参画社会を謳いながらも遅々として進まない女性の社会参画の一面をみる思いがする。因みに先進国の多くは，すでに1993年調査の時点で30～40％の女性比率を示し，10％に欠ける当時の日本は，調査した30ヵ国中最下位であった。29位のインドでも10％を超えていた（Gallagher　1994）。

　2010年統計によれば，新聞記者の84.4％は男性であり，女性は15.6％にすぎない。ただし，そこには，過去にほとんど女性を採用しなかった時代に仕事に就いた年齢層も含んでいる。そこで，2010年の採用をみると，747人採用中女性は262人で，35％にあたる（『新聞協会報』11年2月1日号）。以前より採用が増えているとはいえ，入社試験で女性のほうが優秀といわれる割には少ないので，やはり，男性への"ポジティブ・アクション"が働いているだろう。"ポジティブ・アクション"とは，一般的には女性差別を是正するために，女性を優先する時に使われることばである。しかし，日本では逆に，無意識に男性を優遇してしまっている。また，1980年の前半まで女性の採用が少なかったことは，現在，管理職の女性が少ないことに影響を与えている。このため，新聞編集における意思決定は，どうしても男性の意向に添うようになる。

　テレビ局の場合，NHKの男女職員比率は新聞社に近い。2010年の統計で，放送制作関係では男性82.5％・女性17.5％，技術関係では男性95％・女性5.0％，事務関係では男性82.4％・女性17.6％となっている。新規採用は男性64.6％・女性35.4％である（以上，NHK調査）。ここでも，以前より増加しているとはい

え，このままでは女性が3分の1になるのに40年近くかかる。民間放送では，全加盟社平均では，2010年7月現在，男性78.8％・女性21.2％で，新聞やNHKよりやや女性比率が高い。一方，採用では男性65.2％・女性34.8％と新聞やNHKと変わらない（以上，日本民間放送連盟調査）。問題は，民放連のこの数字はここ十数年あまり変わってなく，ずっと20％前後にとどまっていて増えていないことだ。これらの数字は，民放では会社による差が大きいが，出産や子育てなどに対する配慮の少ない職場環境が，女性が継続的に働くことを難しくしてきたことを示す。しかし，この問題も，男女共同参画社会基本法が成立してから徐々に改善がみられるようになり，2011年にGCNが実施した調査では，大手メディアに限っていえば，育児休業を取りやすい雰囲気も出てきたので，将来的には改善されるかもしれない（この調査にはわたしも参加。未発表資料に基づく）。以上のように改善の"兆し"は見えているものの，現状ではまだまだ女性は進出しておらず，不十分な状態である。

　また，単にその人の性別が女性か男性か，だけでは決めかねることもある。すなわち，たとえ，制作者・編集者が女性であっても，その人が組織のなかで一定の地位に就き，制作や編集を任されるためには，組織の標準的思考になじまなければならない。そのために女性で出世する人のなかには，男性よりも男性的な思考を表明して認められた人たちがいる。それがなくなり，ジェンダー的先入観にとらわれない自然ななかで個性を活かしつつ仕事ができるようになるためには，片方の性が少なくとも3分の1は必要といわれている。そのため，スウェーデンをはじめいくつかの国々では，同じ職種に少なくとも40％以上の性が存在することを目標として掲げている。すなわち，新しく採用する際には，同じ程度の能力の人が応募した場合には，少ない性の人を優先的に採用するのである（ポジティブ・アクション）。40％規定は役員にもおよぶことが法律的に決められ，今，スウェーデンでは，女性役員を40％以上にするための研修や努力が行われている。

　メディアにおける女性比率の問題は，単にメディア労働者としての低い地位という問題にとどまらない。むしろ，メディアで働く人の属性の問題は，そこ

から生産され発信されるメディア内容の質の問題に影響を与えることのほうが，一般の人とのつながりは大きいであろう。報道にしても芸能にしても，先に述べた主流の男性を中心とした考え方でメディア内容が取り上げられ解釈され，表現され，そのメッセージが届けられる先には，日本の場合1億2,800万人もの人がいて，大手メディアの発信する情報はそれだけで「常識」となり，「公的なもの」となり，その存在が認知され，そのあり方がその社会で公然のこととして構成されることになってゆく。その意味で，メディアにおける人的構成比率はゆるがせにできない問題である。

第2章　女性雑誌

1　ジェンダーを意識した雑誌

　マスメディアに載らない情報をシェアするために，過去において「女性の女性による女性のためのメディア」がいくつか登場してきた。繰り返し述べているように女性は人口の半分以上は存在するので，本来女性に関心のあるニュースは，メジャー・コミュニケーションとしてマスメディアに載るべきだ。が，女性は実質的な力をもたないために，社会のなかでは少数者と同じような扱いを受け「社会的マイノリティ」になっている。そして，多くの女性がそれを現実として受け入れざるをえないなかで，人間としての自我に目覚め，女性の自立と自由を主張してきた人びとがいた。

『青鞜』

　明治最後の時代の1911年，平塚らいてう等は『青鞜』という雑誌を発行した。その有名な出だしのことばは，「元始，女性は太陽であった。真正の人であった。今，女性は月である。他によって生き，他の光によって輝く，病人のような蒼白い顔の月である」というものである（『平塚らいてう著作集』1983）。「青鞜」は，19世紀にロンドンで始まった女性解放グループ"Blue Stocking"からとったものである。今では社会的に抑圧され輝かなくなった女性たちに，女性は本来輝ける存在であったという事実を伝え，その考えをシェアすることで女性たちに共に立ち上がろうと呼び掛けている。

　彼女らは，明治以後の富国強兵などの国家主義を生みだしている社会状況をも批判した。中山和子によれば，そのことは，「男性文化の記号性に対する，らいてうの直感的批判」であり，「男性と同等に男性のように近代化されることを拒否している」と解釈している（中山　2003）。

　多くの女性が軍国主義のなかに呑み込まれ，自分たちも「軍国の母」になっ

ていくなかで、こういう主張を読者と共有したかったと考えられる。そういえば、『青鞜』に寄稿していた与謝野晶子が「君死にたもうことなかれ」と戦争に行く弟を送り出した時に詠んだ詩にも、お国のために死ねという国論とは逆の反戦歌を謳っているのが思い出される。難しい環境のなかでも強く生きた女性たちの、その強い思いを伝えたシェア・コミュニケーションとしての雑誌であった。

『婦人公論』

　戦前から、女性向けの雑誌はいくつもあった。代表的なものとして、明治大正期の1905年から20年ごろにかけて創刊された四大婦人雑誌といわれる『婦人公論』『主婦之友』『婦人画報』『婦人倶楽部』などがそれである。『婦人公論』以外の三誌は、どちらかといえば、大正から昭和にかけて期待された日本の主婦像に沿って、家政を取り仕切り、家事を上手に行い、子どもをしっかりしつけられる中流家庭の主婦を対象として「良妻賢母」を志向するものであった。読者は、雑誌を買う経済的余裕があると同時に、それを抵抗なく読みこなす識字力があった。「主婦」といわれたのは、当時、次第に増えつつあった中流のサラリーマン家庭の、高等女学校（学習年限からは今の高校程度だが、実質的にはもう少し上の階層）を卒業したような、ややインテリ層の女性であった。大衆層は、経済的余裕もなかったし時間的余裕も少なかったので、あまり読者として想定されていない。

　『婦人公論』はそういったなかでも、また別格である。1916年中央公論社が、男性を対象とした『中央公論』の女性版として創刊し、女性の解放と自立を謳った。一般の婦人雑誌に多い家事・育児などの実用記事ではなく、女性（当時でいえば"婦人"）の生き方について議論を提起し、女学生、家族、職業婦人などをテーマとして、知識層の女性読者から支持された。

　『婦人公論』が提起した有名な論争に、「母性保護論争」がある。平塚らいてうは、妊娠、出産、育児期の女性の母性は国家によって保護されるべきという"母性中心主義"を訴えた。それに対し、与謝野晶子は国家による母性保護に

反対し，それを「奴隷道徳」「依頼主義」と呼んで，「婦人は男子にも国家にもよりかかるべきではない」とした。与謝野は基本的に，自身がそうであるように女性も経済力をもって自立して生きるべしとする考えである。最後は山川菊栄が，両者の論点を部分的に認めつつ，婦人の解放は差別のない社会でしかあり得ないと，母性保護も自立もその前提となる社会のあり方が問題だとした（『婦人公論』1918年3月号，5月号，9月号）。

　この3人のほかに，山田わかが「家庭婦人も金銭的報酬はもらっていないが，家庭内で働いているのだから誇りを持つべき」と主張するなど，この論議は，100年後の今でもなお議論されているところである。その当時から本質的には人びとの意識は大して変わっていないのではないか，また，社会もそれほど変わっていないのではないかとさえ思わせる。

　このような社会一般に関係する議論は，女性対象の『婦人公論』ではなく，一般といわれる男性を主たる対象とする『中央公論』にこそ載せてほしいところだが，そうはならないのが，当時だけでなく今も続いている男性社会の意識であり，メディアの慣行である。要するに，女性に関わる事柄はすべて「特殊」な分野として女性向けに囲い込み，女性たちは，メジャー・コミュニケーションではなくシェア・コミュニケーションとして「婦人雑誌」のなかで意見を開陳するに止める。

　社会の大勢に逆らう男女平等のような考えも，逆にいえば，女性メディアであれば載せることが許されたともいえよう。一部の女性の間だけでこういう議論をシェアし，自分たちをはげましていたというようにみえるかもしれない。しかし，これらの女性たちは，やがて日本が第二次世界大戦に敗れ，アメリカが男女平等の精神と制度を日本にもたらした時，はじめて外来の文化を学ぶのではなく，自分たちの考えとしてそれに対応することができた。戦後民主主義を日本に植え付けるためアメリカのとった政策はラジオを利用することだったが，彼女らはNHKの『婦人の時間』に登場して，女性たちに平等と民主主義の精神を説いた。

　しかし，ここでも，せっかくNHKラジオという当時のメジャーなメディア

を使いながらも，『婦人の時間』という囲い込みのタイトルをつけているため，女性聴取者以外のリスナーは少なかったかもしれない。本当は平等の精神を男性とこそシェアしたいものだが，多くは女性コミュニティのなかでのシェアにとどまっている。

『全国婦人新聞』（改め『女性ニューズ』）

　1950年，兵庫県姫路市で女性のためのミニコミ紙ができた。戦後の女性参政権などをへて，女性のための情報が必要と感じて，柴田たきが創刊したものである。15年後の1970年，ウーマンリブ運動が盛んに行われた年に，彼女は東京に拠点を移して『全国婦人新聞』として本格的に新聞づくりに取り組んだ。このように，地方紙が東京に出て全国紙となるのは珍しいし，女性の新聞という発想も珍しかった。同紙はれっきとした商業新聞で，全国規模の大手企業のスポンサーを獲得して経営し，特定の政党や団体には所属せず，独立した存在であった。

　基本的に女性の人権を尊重するスタンスをとり，女性に関する政治・法律・行政の記事をはじめ，国際的な女性関連記事，実際に展開している女性の活動，事件・事故・裁判などをきめ細かく報道した。たとえば，国連の世界女性会議，女子差別撤廃条約，母子家庭をめぐる問題や，女性労働問題とその裁判など，さまざまな場所に取材に赴き，本当は大事な問題なのにマスメディアがとりあげない女性に関連するニュースを，充分に伝えてくれた。また，女性問題に関わる適切な論評や，女性に関わる本の書評も掲載され，総合的女性新聞としてありがたい存在だった。日本の女性問題を主導する人びと，活動家，研究者，官僚など，女性に関わる活動をしている人の多くは，同紙を購読し参考にしていた。したがって最盛期には8万部の発行部数があり，その読者の質は高かった。商業紙であっても職場や集会での「回し読み」を奨励していた。

　永年，女性だけのスタッフで，「平和と平等」をモットーに新聞を編集し，月3回の旬刊紙として発行してきた。『全国婦人新聞』の総合企画／編集長を永年務めた関千枝子は，元毎日新聞記者。ぶれない編集方針で，女性たちへの

情報提供に大きな貢献をしている。これらの活動が評価され，1992年には日本ジャーナリスト会議の特別賞を受賞している。

「婦人」ということばのもつ古いイメージと，「婦人」が差別的なことばであるという意見もあったので，1995年，新聞の名前を改め『女性ニューズ』として刊行をつづけてきた。しかし，今世紀に入ってからは，読者の高齢化と幾度かの経済危機によるスポンサーからの広告収入の減少などが重なり，2006年6月30日，ついに休刊になり，それ以来，発行されていない。

半世紀以上にわたる活動で，この新聞紙面がそのまま日本の戦後の女性史を表しており，全国婦人新聞社が半世紀以上にわたる活動で撮りためた写真は，日本女性の映像記録でもある。写真はアーカイブとして国立女性会館の〔NWEC Women's Digital Archive System〕が管理している。

これだけ頑張ったのに，結局，この新聞も休刊に追い込まれている。こころざしが高く，一定の読者はいても，シェアするメディアの存続には困難があることがうかがえる。『全国婦人新聞』は，取材方法などはメジャーの新聞と同じであり，信頼性も高かったので，継続を望む声が多かった。が，結局，その思いを共有する人たちが高齢化し，次世代の人たちが購読するに至らなかったことが，休刊につながったとおもわれる。

『新しい家庭科We』

1947年に学校教育のなかで，「家庭科」を男女同一のカリキュラムで学ぶ考え方が，生活の基本学習として提起されたが，実施されたのは小学校だけだった。中学校では，1958年から「技術・家庭科」という名称になった。女子は「家庭科」として被服・食物のことを学ぶことになり，男子は「技術」として電気・機械などのことを学んでいた。1975年の国際女性年前後から，そのあり方を巡って異論が出てきた。1974年に市川房枝が代表世話人になって，「家庭科の男女共修をすすめる会」が発足したのもその動きの1つである。雑誌『家庭科教育』編集長だった半田たつ子は，男女平等に関して，女性が男性並みの職業に就くことだけでなく，男性も女性並みに家事・育児などをできるように

するのが平等と考え,「家庭科の男女共修」に取り組み,雑誌のなかでその論を展開した。しかし,それは当時の文部省の方針とは相いれなかったので,雑誌に圧力がかかり,結局,彼女は編集長を辞任し退社を余儀なくされた。

しかし,自分自身の信念を貫くために,彼女は出版社We書房を立ち上げ,月刊誌『新しい家庭科We』を発行した。それに同調した人びとに支えられて,雑誌は運動を支援しつづけた。頑固に共修を退けていた文部省も,1979年に国連が採択した女子差別撤廃条約の批准に向けて,日本政府が国内条件を整えるために,男女共修に向けて舵をきることになると,方針を変更してきた。その結果,1993年に中学校で,翌年には高校でも男女共修が実施されることになった。半田の思いは20年の歳月を経て実現したのである。家庭科男女共修という現在では当たり前のことを実現するために,編集長の職を失い,精神的にも財政的にも大きな困難に遭遇しながら初志貫徹した。現在の男女共同参画の基礎となるその考えを論理的,かつ,心情的にシェアしつづけてきたことの意義は大変大きい。

この雑誌は現在『We』(フェミックス)として引き継がれ,「一人ひとりが大切にされる社会の実現をめざし,知恵や情報の交換,ネットワークづくりができる＜場＞として」(フェミックス・ホームページ)機能している。

その他の女性シェア・メディア

1962年に平塚らいてう,いわさきちひろ,壺井栄,野上弥生子,羽仁節子,岸輝子ら,当時の錚々たる顔ぶれの女性たちの呼びかけで結成された「新日本婦人の会」というのがある。個人で加盟する女性だけの団体としては日本で最大の20万人を擁している。ここで出している『**新婦人しんぶん**』は週刊紙として,継続的に女性情報を流している。

そのほか,『**あごら**』(BOC出版部),『**女の新聞**』(女性会議),『**行動する女**』(行動する女たちの会)など,どこも女性の思いを伝えたいとして,努力をつづけてきている。

「高齢社会をよくする女性の会」は,1983年,来るべき現代の高齢社会を予

測した樋口恵子が会を設立，2005年にNPO法人の認証を受け新しいスタートを切った。「これから生まれてくる生命の未来が輝く社会を，そして老いていく生命の尊厳と輝きが保持される社会」を望んで歩むことを理念の1つにしている。『**高齢社会をよくする女性の会会報**』は，今まさに正念場を迎えた高齢社会に対する提言を，30年も前から実施している団体が出す会報である。

外国の例

外国の例では，フェミニストのグロリア・スタイネム（Gloria Steinem）が発行した雑誌『ミズ（*Ms.*）』が有名である。ウーマンリブ運動のすぐ後の1972年に発行され，一時は30万人の読者を獲得し，87年まで15年間発行されたが，休刊に至った。しかし，1991年復刊に成功し，2005年には発行元が変わるなどがあったが，彼女は編集者の一人として残っている。

インドの女性誌『マヌシ（Manushi）』。発展途上国では，女性の就学率も識字率も低いから物事が先進国のようにはいかない。最近でこそテレビが都市部では普及しているが，圧倒的に農村人口が多いインドでは，電気の通らない村さえあり，バンガロールのようにITが発達しているというのは，例外中の例外である。したがって，女性がメディアに接したり，そこから何かを吸収したりすることはまだまだ難しい場合がある。

『マヌシ』は女性問題を考える女性たちが，ボランティアで発行している雑誌である。もともとは英語版で発行しているが，英語を読めるのは限られた女性だけなので，次に，それをヒンドゥ語にして読者を広げる。しかし，実際に多くの末端の女性たちが使うのは，たくさんの地方言語である。そして，それは必ずしも文字にすればよいというものではないので，その地方それぞれの言語に直して話して聞かせるというスタイルがとられるという。要するに，1つの雑誌が，回し読みはもとより，何回も何回も翻訳されたり語られたりして，次の人びとに伝えられていくのだ。また，伝える一方ではなく，末端の女性から話を聞いてそれを編集者に戻すことが，この雑誌の問題提起にもつながる。この話を最初に彼女から聞いたのは，1988年の国際女性学会（現・国際ジェン

ダー学会)のシンポジウムだったが,その後,発行者のマドゥ・キシュワール(Madhu Kishwar)は雑誌の出版だけでなくビデオ制作やその他の出版にも手を広げ,雑誌は時代の進歩に合わせて発展しているようだ。台所は相変わらず苦しいらしく,彼女が主催するブログでは,常に募金を呼び掛けている(http://word.world-citizenship.org/wp-archive/1460)。

マーサ・スチュアートの"Are you listening?"

東南アジアやインドのほか,発展途上国の女性たちにビデオ操作を教え,自分たちで自分たちの問題点を撮影できるようにして,問題解決をはかった人にマーサ・スチュアートがいる。彼女はメディアの多くが国や世界の権力の中枢から発していることが,問題解決を遅らせていると考えた。情報伝達を上下関係でなく水平な関係のコミュニケーションにして,自分たちの論理と方法で,現地の女性自らが自分で考え,語り,取材し,仲間に向って発信することで,学習効果を上げてきた。「女性たちは,ただ聞くだけ傍観するだけでなく,平等なパートナーとなるべきなのである。女性も語る価値のある存在であること,そして,意見を聞かれるべきであるということが,この番組で示されて,村の女性たちに恵みをもたらすことになるだろう」(Martha Stuart. 1989)

ここから伝わってくるものは,まさしく,彼女たちの生活に根差した知恵であり,経験であり,哲学である。えてして机上の空論となりがちな役所や政府や国連の議論とは違って,実際に役に立つ。また,そのプロセス自体が自分たちの自信になるとともに,社会的にも評価され,説得力をもって生活改善と社会制度の変化へとつながっていくのである。

女性が社会的な力をもたない時,女性の体験は狭い空間に閉じこめられて,広がりをもたない。広がりをもたない体験は,社会的に次の世代に共有されることはなく,そのことが,女性を空間的・時間的に分断してきた。メディアをもつことによってそれが少しでもシェアされれば,やがてそれが力になる。メジャー・コミュニケーションになる道は険しいが,まずシェアすることで,社会的な広がりが始まる。

このように，シェア・コミュニケーションは，当面できる範囲で発信することにより人びとと情報をシェアし，考えを広めたり，行動に結びつけたりしながら世間に訴えかけている。属性の面で主流ではないために，あるいは，考え方の面で未だ主流ではないために，社会全体に発信する手段をもたない人たちが，やがては社会変革につなげたいとしているものが多い。その際，組織がしっかりしていてそのメディアをサポーできれば良いが，そうでない場合は継続が難しい。商業的になりたつことは稀であり，大抵の場合は，不況や何かがきっかけで購読者が減り，休刊・廃刊に至るのは残念だ。

　このシェアするメディアの到達点は2つの相反する方向にある。ひとつは，小さなコミュニティ内で情報を分け合うのでなくて，メジャー・コミュニケーションとして，マスメディアのように，大勢の人と問題を共有する方向にもっていくことである。問題が主流化することは多くの人の知るところとなり，情報を広げる上では望ましく，成功といえるだろう。しかし，同時に，そうなることによってメジャーの道を歩むことになり，シェア・コミュニケーションのもつナイーブさもなくなるかもしれない。しかし，今からそれを心配する必要がないほど，女性のコミュニケーションは主流化からは程遠い。

　もうひとつの道は逆に，もっともっと個人に寄り添い，客観的な情報共有だけでなく，心情的・感覚的に個人としてわかりあい共感する方向である。後者は，ケア・コミュニケーションへの方向性をもっている。

　ここでは，全部に言及することはできないので，例としていくつかの紙誌を取り上げるにとどまった。

2　女性雑誌

　女性雑誌を，女性を主な購買層とする雑誌の総称とすれば，前節の雑誌も女性雑誌である。しかし，それらの雑誌は，女性の人権問題を基礎におきつつ，男女の性別役割に疑問を投げかけ，それからの解放を意識していることで，社会変革の役割を果たしつつあることに注目した。本節では，必ずしもジェン

ダー意識を明確にしてはいないが，それでも女性たちのニーズに応えるということで大きな役割を果たしている雑誌を取り上げる。女性の生活の仕方に関心をもって，家事を合理的にする方法や，楽しみを多く暮らせるような内容の提示は，女性の間でのシェア・コミュニケーションとして，意味のあることであり，その時点における女性を応援するものであろう。

また，少なくとも社会のなかでまったく女性が無視されているのではなく，女性の存在が確認され，さまざまな役割を果たし，苦労をしていることが理解されれば，ケア・コミュニケーションとしての役割を果たしていることもあろう。女性たちの人生ストーリーの紹介などは，経験をシェアしつつ，同じ立場の女性たちにとっては，同情の涙をながすことが癒しにもなり，ケア・コミュニケーションとしての役割も同時にはたしている。

ただし，社会の差別的規範をあまりに無批判に受け入れて，それに従うことが何の疑問もなく行われていると，かえってその規範を他の女性にも強制する結果となり，平等な世の中にして男女共に幸せになるための社会変革からは，遠ざかってしまう。そういうことを念頭に置きながら，一般の女性雑誌をみていこうとおもう。

(1) 第二次世界大戦前からの雑誌
『女学雑誌』

明治時代中期（明治18〜37年）に，その名もずばり『女学雑誌』が厳本善治によって出された。「欧米の女権と吾国従来の女徳とを合わせて完全の模範を作り為さんとする」(『女学雑誌』第1号（明治18年7月20日発行））ことを目的として，女性を読者に想定して創刊された。江戸時代を引きずっていた当時の社会で，女性が家事以外にはあまり期待されていないことに対し，この雑誌は国家百年大計のためには女子教育の確立こそ大事と考えて，社会に新しい風を吹き込んだ。この雑誌は，厳本のキリスト教精神にもとづき，(1)此の道を信じて初めて女の心得定ること，(2)男子との交際清潔なること，(3)夫婦の間いよいよ深くなること，(4)一家の親睦があつくなること，(5)子どもの教育完きを得

こと，が提唱された（『女学雑誌』第36・8・9号）。

この雑誌は儒教の「三従の教え」からみると，革命的なものである。「三従の教え」とは，女性は，「子どもの時は父に従い，結婚してからは夫に従い，高齢になってからは息子に従え」と，一生を通じて「家長」たる男に従うということである。それからみると，夫婦平等で良い家庭を築き，子どもを立派に育てようという趣旨だから，当時の欧米キリスト教国の社会倫理に近い。

これは，「女権」により女性の地位を高くしようということもあろうが，むしろ，西欧先進国を手本とする家族の形成をつうじての，女性のあり方を示したというべきであろう。前節で述べた，女性の女性による女性のための雑誌とは少し趣を異にするので，この節に記述した。

四大婦人雑誌

先述の「四大婦人雑誌」は当時の人口規模や女性の経済規模，識字率などから考えると，かなりの大部数ということができる。昭和6年の時点で『主婦之友』(1917年創刊) が60万部，『婦人倶楽部』(1920年創刊) 55万部であるが，両誌とも100万部を越えていた時期があった。『婦人公論』(1916年創刊) 20万部，『婦人画報』は，最盛期に10万部といわれている。

このうち，『婦人公論』については，前節で述べた。判型を変えたり，従来の硬派路線から女性の体験・告白ものなどに重点を移しながら永らえて，現在も発行されている。

『婦人画報』(1905年創刊) は，国木田独歩が創刊・編集した雑誌として知られる。ビジュアル性を重視したグラフィックな雑誌であることが，100年以上たった今も新鮮な感じをもたせ，つづいていることと関係があるかもしれない。

東京家政研究会の創立者・石川武美により創刊された『主婦之友』は付録に初めて「家計簿」を付けたことで知られ，合理的な家庭運営に先鞭をつけた。家計簿をつけることはそれまでの日本女性の習慣にはあまりなかった。この雑誌により，家計簿をつけることで出費の実態を知り，ひるがえって計画的な家

計支出へも人びとを導くことができるようになった。この雑誌を購入しない人の間でも家計簿がつけられるようになり，その面での家政改革が行われたといってよいだろう。年々工夫も加えられて，年初の1月号には「家計簿」を手に入れるために売り上げが伸びた。そのような実績から戦後も脈々と生き伸びたが，月刊誌の購読全体が減少し，活字離れも進み，実用面ではインターネットの便利さにも圧倒されるなど，出版界全体のもつ問題からも影響を受けて，ついに2008年，休刊に至った。

『婦人倶楽部』は，家庭生活に役立つ実用記事を主体にした誌面が人気であった。『主婦之友』とはライバル関係にあり，両誌の付録合戦などは有名である。終戦の1945年に一時休刊したが，その後，復刊。その後時代の変化から，女性週刊誌などの発行間隔の短いものに押されながらも持ちこたえたが，1988年に廃刊となっている。

戦前からの女性雑誌の特徴

これらの女性雑誌は，非常に息の長い活躍をしてきたが，その背景には，その時々の女性の状況を意識しながら，それへの解決法を提示してきたことが大きい。主に都会の中流階級の女性に多く読まれたことから，当時としては全国的には多くない核家族も含まれていた。そのため，農村の女性に比べて昔の風習に従う必要がなく，雑誌の提案が主婦の判断で導入できることもあり，生活の近代化には貢献しているだろう。

この時代の雑誌が「良妻賢母」を志向していることで，フェミニズムの視点からはよく批判される。今の視点から，それは男性にとっての「良妻」であり，女性を家に閉じ込める意味を含む「賢母」としては，それを批判できるかもしれない。しかし，女性に教養を求め，理性的な判断により家政をつかさどることを勧めているのは，家政の近代化につながっている。また，母として尊敬される立場になることを勧められているので，三従の教えとは明らかに異なる。したがって，女性を家庭内に閉じ込める点で「良妻賢母」は問題かもしれないが，家庭内改革という意味では一歩前進ということはいえる。多くの女性

を読者として取り込むためには、その程度のゆるやかな改革が必要だったのかもしれない。理論的に正しくても、現実社会とのかい離が大きいという意味で急進的な思想は、なかなか受け入れられにくいからである。

いいかえると、これらの雑誌の多くは、いわば女性雑誌としての"主流の人びと"によって編集され、社会的にも公認されるなかで発行がつづけられてきた。一方、前節で述べた雑誌は、戦前には"急進的"という評価をされたために、社会的に公認されず、発行をつづけられないものも出てきた。

他方、これらの婦人雑誌は農村部の女性たちにとって、すぐには実行しがたい内容を含んでおり、高嶺の花だった部分もあるが、数十万部も発行された当時のマスメディアであった。したがって、女性の間で読まれる内容という意味ではシェア・コミュニケーションだが、社会的に優位にある女性を対象として発行されるものとしては、女性のメジャー・コミュニケーションであったと位置づけることができる。

(2) 女性週刊誌の時代

第二次世界大戦後に新しい風として生まれたのは、1950年代に相次いで創刊された週刊誌である。56年には『週刊新潮』が出されたのをはじめ、翌年には『週刊明星』、さらに次の年には『週刊大衆』が発刊されていた。そのなかに、『女性自身』(1958年創刊)、『週刊女性』(1957年創刊)、『女性セブン』などの週刊の女性誌も含まれている。週刊という刊行の間隔は、高度経済成長の助走が始まった当時、次第に忙しくなる世の中のすう勢に合わせたものであった。

雑誌が成功するためには、発行間隔だけでなく、当然のことながら内容が、時代とマッチしていないといけない。その当時のヒット・コンテンツといえば、"ミッチーブーム"をおいてほかにはない。"ミッチー"とは、日本の皇太子・明仁（現在の天皇）と婚約した聖心女子大出身で日清製粉社長の娘・正田美智子（今の皇后）のことである。1958年から59年にかけて起こった、新しいプリンセスをたたえる熱狂的なブームが起こった。

戦後日本最大の慶事である「皇太子ご成婚」が発表され、その相手が若く美

しく聡明な女性、正田美智子であったことが、週刊誌にとっては何にもましてラッキーなことだった。もともと、これらの女性誌は、当時、社会に進出し働き始めた事務職の女性、当時のことばでいえば「OL」を対象としていた。まだ戦前の皇族・華族の感覚が残るなか、平民出身でこの上なく素晴らしい女性がプリンセスになったことは、若い女性の心を夢見心地にさせた。

　折から週刊誌に多用されるようになったグラビアは、行く先ざきで待ち構えているカメラに撮られたお妃候補の写真で満たされた。結婚後もしばらくはこの傾向がつづき、皇太孫（今の皇太子）が生まれればその写真が母とともに撮られてグラビアを飾った。それは、優雅で上品な一幅の絵のようで、人びとはそのなかに幸せな家庭を見出していた。

　こうして成功した女性雑誌は、その後も似たようなコンテンツ、たとえば、まだ独身だった第四皇女・清宮貴子をとらえ、彼女の婚約会見で「私の選んだ人を見てください」という主体性のある発言を掲載したりして、話題に事欠かなかった。

　このようにして、若い女性向けの恋愛、会社での仕事、家庭での料理、そしてファッションなどを掲載してきた。OLたちには自分の収入があったから、そのような雑誌を買いつづけることができたのである。その人たちがやがて結婚し、主婦となっていくと、より家庭向けの記事を併せて掲載するようにしたり、読者投稿のページを増やしたりして、女性の興味を引き付けている。その後の皇室記事は、現在の皇太子と秋篠宮が結婚する際に話題になったほかは、若くてきれいなスタープレーヤーがいなくなった今、ブームにはなっていない。高齢の天皇・皇后が被災地や災害のあった土地を訪問するなど、地道な活動が報じられる形で、今日まで継続してきている。

　これらの週刊誌は、一般的には「恋愛至上主義」のイデオロギーをひろげ、男性にもてることが女性には大事だとのメッセージを発しつづけてきたが、折に触れてジャーナリスティックな視点から重要な問題を取り上げて、女性たちにメッセージを送っている。これらの雑誌に掲載される硬派の記事にはそれなりの役割があると、わたしは考える。すなわち、はじめから難しそうな雑誌だ

第2章　女性雑誌

と誰も手にとらないが，芸能ニュースと横並びで出てくると自然に読んでしまうからである。女性週刊誌は，1980年代ぐらいまでは美容院や病院の待合室には必ずといってよいほど置いてあったので，そうして手にして難しい社会問題に入った人もいただろう。東日本大震災の後は，原発の問題なども積極的に取り上げられている。

　これらの雑誌も，多くは男性編集長をトップにいただく編集人によって記事が取捨選択され，マスメディアを通じて出版されてきた。彼らが想定する女性読者像，すなわち，家事を主に担当している女性で，芸能人のゴシップにも関心があり，きれいなものが好き…その意味では，女性誌のなかでのメジャー・コミュニケーションということになるだろう。その一方で，読者の投稿では，個人的な悩みをシェアしつつ，同じ境遇の女性にはケアの要素をもっている。それが女性の実情と合っていれば今後も継続するかもしれないが，時代の波は少し違うところに動き始めてきてはいる。

(3)『an・an』と『non-no』

　女性週刊誌の次に来たものは，1970年代の創刊誌ブームである。女性向けに出されたものの典型的な例は，『an・an』と『non-no』の二つの雑誌であった。この時代の女性誌の特徴を，井上輝子は次の3つに集約している。(1) 内容と読者層の細分化と多様化，(2) アルファベット誌名とビジュアルな誌面づくり，(3) 外国有名女性誌の日本版の発行と他業種からの参入，である（井上輝子・女性雑誌研究会　1989）。

　1970年創刊の『an・an』は，当初，フランスの女性誌『ELLE』と部分提携し，「ELLE JAPON」と名乗っていた。日本人と外国人との間のマルティ・レイシャル（多人種間に生まれた）と思しき女性モデルが巻頭特集を飾っている。翌71年に創刊された『non-no』も，同様のモデルを表紙に起用し，自由自在なポーズで撮影されている。どちらも，白人女性ではなく，大人の女性でもなく，セクシーでもなく，にっこりとほほ笑んでもおらず，子どもっぽさと自由さが同居する新しいコンセプトの図像である。婦人雑誌の奥様志向とも，女性

週刊誌のセクシャルなイメージとも違う，自然体の新しいタイプの女性像を描き出そうとしているのがわかる。

　こうした表紙は，内容を象徴している。すなわち女性はもはや家にこもっている存在でないばかりか，芸能人のゴシップを追ったりするのでもなく，自ら行動する時代に入ったのである。この時代若い女性たちは，男性ほど仕事熱心に会社に身をささげることは期待されていなかったので，有給休暇などを利用すれば，余暇はかなりあった。一方，誰かを扶養する必要もなかったので，そこそこある収入を利用して，旅に出ることができた。両誌は「旅の雑誌」として企画を出すことで成功したのである。これらの雑誌を購読して旅行をする女性たちを「アン・ノン族」と呼んで，社会現象のひとつを作りだした。旅にファッションはつきものということで，すらっとしたモデルを用いて，ファッションも大いに盛り上げた。

　また，この時代は『クロワッサン』に代表される，ワンランク上のおしゃれな生活を作りだす雑誌も数々生まれ，美しいライフスタイルを志向する動きが作られた。1975年が国際女性年であったから，時代的には，国連が主導する世界女性の10年にもさしかかっていた。日本では，すでに古い時代の女性観念からは脱していたが，女性が経済自立を目指すには至っていなかった。そこで，若い女性たちは，真の自立を目指す前に，当面の自由さを楽しむ方向に動いていたように思われる。女性向けの雑誌がもう少し男女平等を志向していたら，世界における平等の動きに遅れをとらないで済んだかもしれない。仕事上の男女差別をなくすことを第一義的にかかげた男女雇用機会均等法は，1985年になってようやく成立する。

(4) ファッション誌

　今では，女性誌といえばファッション誌を指すぐらい，ファッション誌が主流を占めるようになった。インターネットで，2012年2月現在発行されている雑誌を調べてみると，以下のような名前の雑誌が上がっていた。

Seventeen	Steady.	FUDGE	JJ	ELLE JAPON
egg	AneCan	GINZA	GINGER	Numero
mini	GLITTER	HERS	SPUR	TOKYO
Domani	GLAMOROUS	KERA	GISELe	Nicky
Grazia	InRed	JELLY	NYLON	TOKAI SPY
STORY	VERY	Happie Nuts	JAPAN	GIRL
eclat	LEE	I LOVE mama	MORE	SWAK
nicola	marisol	non-no	with	Love Celeb
ピチレモン	Precious	mina	Oggi	GOSSIPS
ラブベリー	CHOKi CHOKi	リンネル	MISS	Celeb Scandals
Popteen	girls	Ranzuki	CLASSY	Girl's CELEB
KATY	CUTiE	Zipper	25ans	FRUiTS
SEDA	JILLE	Soup SPRiNG	GLOW	STREET
SCawaii!	Sweet	ViVi	装苑	
BLENDA	美人百花	CanCam	VOGUE	
EDGE STYLE	BAILA	Ray	JAPAN	

（ファッション雑誌ガイドホームページ）

　どれも一度は聞いたことがあるような雑誌名である。それぞれ何十代女性とか，小学生とか年齢対象が定まっている。また，ファッションの種類や傾向も細分化がなされていて，ストリート系，コンサバ系，ナチュラル系，ガーリー系，フェミニン系などにカテゴライズされている。その多様さに驚かされるとともに，それぞれ経営が成り立っているのだとしたら，その市場の大きさにも驚かされる。

　雑誌の中身をみると，20年近く前に井上輝子ほかが調査した際に明らかになっているように（井上輝子＋女性雑誌研究会　1989），広告が著しく多いのと，それにも増して多いのが，「広告記事」と呼ばれる，一見記事のような形をとっているが実は広告主とタイアップした誌面である。たとえば，今年の春の流行として傾向を記述しながら，それに沿った服や小物を写真で提示し，それを扱っている店の名前と価格を記入しておくなどの手法である。また，「読者モデル」と呼ばれるプロのモデル以外の女性をモデルとしたページも用意されており，読者の自己顕示欲をくすぐるとともに，それにつづこうとする人を醸

成している。

　こうすることによって，女性にとってファッションほど大事なものはないとさえ信じ込ませることに成功しているのは，一体，誰の策略なのだろうか。女性たちが自発的に心からそれが好きでそうしているのか，あるいは，そう思い込まされていることに気づかないでいるのか，そこが問題である。豊かな社会なら，ファッションを楽しむのもひとつの文化として尊重されてもよいであろう。しかし，本当はもっと大事なことがあるのに，それを知らずに表層的な事柄に走っているのだとしたら，それは考えなければならない。とくに，小学生のうちからファッションやダイエットにばかり気を取られるのは問題ではないだろうか。雑誌の場合は広告主との関係，広告記事の場合は提携先との関係を調べることによって，その意図がわかってくる。

　これまでジェンダー論では，「見られる存在」として，男性社会の中での女性の客体性から，この問題が論じられてきた。しかし最近は，男性のファッション誌もたくさんあることを考えると，ジェンダーの問題だけではかたづけられない事象なのではないか。それは誰が広告のスポンサーかという，商業目的との関係で考えるべきであろう。

3　隠された広告

美を強要する広告

　すでに述べたように，雑誌のなかには，広告という形では出てこないが，記事のなかに入り込んでいる広告記事がふえている。ファッション誌の中身のほとんどがそれに費やされていることを考えると，実は雑誌の読者たちは気づかないうちに，自分でお金を出して，広告本を買っていることになる。一生懸命勉強をしている女子学生も，仕事にはげむ会社員女性も，全くそうでない若い女性も，女の子たちの関心はファッションに集まり，誰でもそれを気にするようになっている。ファッションにばかり夢中になっていて良いのだろうかと思いたくもなる。

第2章　女性雑誌　　183

しかし，ファッションは，選んで着るだけで済むから時間とエネルギーはそれほど費やさないですむ。ファッションと並んでおしゃれにつきものの化粧や髪などの美容はどうだろう。化粧品も美容院もかなり高額化している。毎朝鏡に向かって使う時間はかなりのもので，それへのエネルギーの使い方は相当なものだ。とはいえ，ここまでは，まだ許せるのは，身体の外側に関することだし，特別高額なものを買わなければ，なんとか普通の収入でやりくりできるからだ。

　しかし，美しくなりたい人はこれにとどまらない。全身を美しくするために，エステティック・サロンに通い始める。これはかなり高額で，若年女性が普通に働いて得られる収入では無理なのだ。高額の出費を維持するためには，普通の仕事以上に稼げる別の仕事をするか，誰かに頼らなければならない。それはどちらにも多少の危険がともなう。しかし，ここから先がもっと問題だ。

身体改造の危険

　もっと美しくなりたい人は，顔の造作を変えるために整形手術を受ける。鼻にシリコンを入れて高くしたり，瞼から脂肪を取り除いて二重瞼にしたりする。あごや頬の骨が張っているのが嫌な人は，骨まで削る。最近は年齢の進んだ人が，しわ伸ばしのために表面の皮膚を切り取ることもある。これらは手術の際に危険を伴うことがあり，皆が成功しているわけではない。また，手術を一度すれば永久にそれが保たれるわけではなく，年とともに崩れていく。そうなると，不自然な形で老けこんでしまうか，永久に手術をしつづけるか――そうしても結果は，やはり不自然な形で老けこんでしまうのである。

　もうひとつの身体への影響を及ぼす問題は，ダイエットである。ダイエットは，本来「一日の食事」という意味であり，日常の飲食物，転じて栄養面を考えた規定食を表している。しかし，今では痩せるための「減食」の意味で使われることが普通になってきた。思春期の女性の4割は「痩せ願望」があるといわれている。痩せているのか太っているのかは，BMI（Body Mass Index＝体重kg÷身長m^2）で目安をつける。この数値が18.5未満は痩せている部類に属す

るとされている。ある調査によれば，「思春期の女性がダイエットする時には，元の体重とは無関係に，平均4.4kg痩せることを望んでいる（井上知真子他1992）とのこと。また，女性の半数以上がダイエットの経験をもっているともいわれている。「ダイエット期間が1年以上にわたる者も10%弱おり，期間が長くなれば弊害が出てくる率が高い」。「（ダイエットにより）体重が減少すると，美しくなるとの自己満足が得られる一方で，卵巣機能が障害されるのです。当然のことながら，ダイエット期間が長いほど，体重減少が多いほど，無月経となる率が高いといえます」「無月経期間が8カ月以上と長いほど，同じ無月経でもより重症（第二度無月経）になるのです」。思春期の無月経は，将来における，(1)妊娠するかどうかの能力，(2)骨量の減少，骨粗鬆症の発生，にも重大な影響を及ぼす，ということである（三宅婦人科内科医院ホームページ）。

　ここではとくに思春期の影響について警告を発しているが，それを過ぎた人でも身体に悪い影響を及ぼすことはいうまでもない。また，最近の痩身願望は小学生にまで及んでいるというが，そのような場合，発育そのものにも大きな影響を及ぼす。ダイエットは適切な指導のもとに栄養バランスを考えて行えばまだよいが，食を受け付けなくなる拒食症や，その反対の過食症を招く恐れがあり，その結果，平穏な日常生活を営めない可能性まで含んでいる。どうして，女性がここまでするのか，その原因にさかのぼって考えることが必要だ。

　雑誌・新聞・ちらしの広告だけでなく，テレビやインターネットの通信販売にも，ダイエット食品の広告は多いし，痩せるための健康器具も多く売られている。エステティック・サロンの広告も整形手術の広告も非常に多い。何キロもやせて美しくなった？人を，これでもかこれでもかと見せられると，いくら「効果には個人差があります」と傍らに断りが入っていても，自分も少しはやってみようかという気にさせられる。これだけでも，相当気持ちを揺さぶられるが，これは目に見える形で出ているので，まだわかりやすい。

　実は，もっとわかりにくい方法で女性たちは終わりのない"美"の追求に向かわせられているのではないか。

隠された広告

　たとえば、雑誌のなかで、いつも体が細く顔の小さい人が、美しく装って出ている。次から次へとそういうモデルが出てくれば、それはモデルの標準となる。そこへ、読者のなかからもそういう人が取り上げられて「読者モデル」として紹介されると、普通の人でもそうでなければ美しくないと考えてしまう。

　テレビを見れば、同じように今はモデル出身の人が活躍している。モデルではない女性でもモデル並みの容姿の人が選ばれて出るようになる。すると、そうでない人は、申し訳なさそうに「顔が大きくて」とか「太っていて」などという。バラエティではもっと露骨に普通程度の容姿の人を笑い物にする。さらに、『ビューティ・コロシアム』のような番組では、「美しくないために自分の人生が暗くなった」というような告白をする女性をわざわざ選びだす。そして、整形手術を施し、エステで磨き、髪とお化粧で仕上げて、似合う洋服を着せ、何週間か後に再登場させる。そして、出演者みんなであっと驚いて、寄ってたかって美しくなったとほめそやす。すると、きれいにしてもらった女性は、「これで皆の前に堂々と出られます」とか、「これで別れた彼氏に意趣返しできる」などと言ったりする。整形手術により美しくなったことで、人生が前向きに生きられるというのである。本当にそうだろうか。

　また、女性で何かに優れている美しい人がいると、かならず「才色兼備」という形容がついて紹介される。それだけで、優れている「才」の価値が減ってしまうというのに。美しいかどうかは見ればわかる。だから、本当に優れている人は、むしろ、自分が美人でなくほどほどの方が良いとさえいえるのだ。どうして、女性の価値は美しいという物差しがないといけないのか。男性が「才色兼備」といわれたら怒るに違いないのに。

"美"の信奉者の創造

　ナオミ・ウルフは著書 *The Beauty Myth*（日本語訳『美の陰謀』）のなかで、女性が美を求めなければならなくなったことをさまざまな面から検討している。この本が最初に出版されたのは1991年だから、彼女が基礎においている現

実は1980年代のアメリカであろう。しかし，21世紀の日本でも充分に通用する話が多い。メディア状況が違うだけであり，社会の意識としてはほぼ通用する。

一章の「仕事」のところでは，女性が美しくあらねばならないことの「政治性」について述べる。女性労働者は働いても報われない。そして，女性が働く場合には美しいということが「雇用や昇進の条件として，広く慣行化されつつあるのだ」として，それをPBQ（Professional Beauty Qualification）と呼んでいる。これは，アメリカの性差別的法律BFOQ（Bonafides Occupational Qualification　誠実に適正な職業資格），イギリスのGOQ（Genuin Occupational Qualification　真正な職業資格）をもじって名づけたものだ。80年代のアメリカといえば，女性の社会進出が進んでいる時期だったので，「能力主義体制のなかで，自由な女性が自由な体をもって自由に進歩したら，どんなことになるのかと恐れたのだ」（Wolf 1991）とし，それに対し女性誌を使って女性をおしゃれに向かわせたという。

　　女性誌がふりまくのは，こういうことばだ。能力主義体制の夢の言葉としての「あなたの価値にふさわしいボディを」「努力なしに素敵なスタイルは生まれない」や，起業家精神として「生まれた時から持っている財産を最善に活かす」，ボディサイズや年齢については絶対的な自分自身への義務感として，「あなたのボディは完全にシェイプし直せる」「顔の輪郭は自分の好きに」，そして，ついに告白「美女たちが長年の秘密を今明かす」といったものだ。こういうことばをちりばめながら女性誌は，女たちには広告主たちの製品を消費させつづけ，男たちには金銭という形で受け取る消費社会の地位への変身を，女に求めさせるのである。（同上）

確かに，企業に進出したり社会的に高い地位に昇る女性たちも，こぞって美しくなることを望み，あるいは，それを求められる。あるいは，結果として美しい女性のほうが出世しやすい環境にあり，女性たちは，お金と時間とエネルギーをそれに費やしている。そうしないで済めば，もっと体は楽だし，お金もほかのことにつぎ込めるだろう。ウルフはそうさせない男性社会のPoliticsが

第2章　女性雑誌　　187

あるという。ここでいう Politics は，政治性というよりも，社会的な戦略，慣習，意識に近いかもしれない。彼女はこうもいう。

> 実のところ，美の神話は，感情的距離や，駆け引きや，金を貢ぐことや，性的抑圧といった要素で成り立っている。美の神話は女性とはまったく係わりがない。男たちの制度や，男たちの制度的な力に係わるものなのだ。（同上）

　女性誌は2つの顔をもっているとウルフはいう。ひとつは，「女性誌は女性の地位の変化を反映する」というものだ。ヴィクトリア朝時代の雑誌は「家庭の中に閉じ込められているも同然の女性に娯楽を提供するものだった。」それが，戦争になると男が戦争に行っている間の工場生産を担わせるためのものとなり，戦争が終わればまた，家庭に帰るキャンペーンに使われる。
　もうひとつの顔は，歴史の変化を決定づける顔である。編集者はスポンサーの利益のために，どんな社会的役割が女性に求められているかということに敏感でなければならないとして，「主婦たちに理想の自己——良い妻，良い母，有能な主婦になりたいという自己——と自分との接点をみつける道を与えた」「しかし，何が完璧かは，雇用主や，政治家，そして，らせん状に上昇してゆく消費にたよる戦後経済の中での広告主たちのニーズによって変化するのである」（同上）という。結局のところ，企業経営者や政治家の意のままに，女性にその時々の役割が与えられると同時に，「もっと物を買うよう」仕向けられているのである。
　そういえば，高額の整形手術やエステティックの広告の近辺には，よく「消費者金融」の広告も出ていた。物理的に体を改造され縛られるだけでなく，経済的にも縛られて，結果的に心も蝕まれるとしたら，「美しさ」の行きつく先には何があるのだろうか。そこまで行かない人でも，外見的に美しくなるための努力，エネルギー，時間，お金を，他のことに振り向けたら，もっと良いことがたくさんできそうな気がする。
　女性雑誌は色々な顔をもっている。本当に女性を自由にするための理念をか

かげ，運動を推進するものから，社会情況に応じた女性の生き方を示唆するもの，そして，商業主義の尖兵となって，金儲けのために女性の体を喰いものにするものまである。

現代の特徴は，あたかも女性が自分の意思でそれらの行動をとるように，メディアが仕向けていることである。おしゃれをして美しくなるのも良いだろう。しかし，それが自分の心に不安をもたせ体をむしばむことだとしたら，そして，それが誰かによって仕掛けられたのだとしたら，問題は深刻だ。

雑誌の真意を読みとることのできるメディア・リテラシーが必要である。

第3章　放送文化とジェンダー

1　放送文化

　放送番組は文化の総合的ショーウィンドウである。放送内容を時刻とともに掲載したタイムテーブルには，ありとあらゆる種類の番組が並んでいる。総合放送と呼ばれるチャンネルの場合には，さながらスーパーの特売のチラシのごとく，あるいはまた，デパートの催しもの案内のごとく，とびつきやすいタイトルを先頭に，「売り」になりそうな中身を取り出して番組表が作られる。

　それを一般的な分類で分けてみると，教育，教養，ニュース，ニュース解説，天気予報，ワイドショー，トークショー，ドキュメンタリー，旅行，ドラマ，音楽，バラエティ…などが並ぶ。しかし，ここで述べた分類は，番組の内容のジャンルを示すものもあれば，形式を示すものもあり，同じ基準で分類してはいない。また，最近はすべてのジャンルにバラエティ化が起こっていて，番組を一つの基準ではまとめにくい。

　そのような事態に至る背景には，テレビの成熟化が進み，もはやシンプルな形で一つだけの対象を扱うことがほとんどなくなってしまったことがある。日常生活で私たちが脈絡のないさまざまな出来事を身に受け，その混沌の海を泳ぎながら進む方向を決めているように，テレビにも社会のさまざまな現象が覆いかぶさるなかで，全体としての番組編成を成り立たせている。よく見れば各テレビ局や各チャンネルには方針があり，時間帯による主たる視聴者層の想定や，スポンサーとの折り合いなどで，流れを作り出しているのである。

　しかし，それにしても昨今のテレビ番組は低俗だとか，画一的で変化がないなどの，批判にさらされている。それは，自分の期待するものが得られないから批判するのであり，実は，批判する人たちこそが，テレビの本当のお客様である。若者は批判をせずにインターネットに向かっている。

放送番組への批判

　批判の原因として，いくつか思い当たることがある。

　まず，「低俗」といわれる番組には，若いお笑い系のタレントが大勢出演し，仲間内のネタで笑うものが多い。要するに普遍的ではなく限られた人の間の笑いが，それ以外の人には受け入れられないのである。また，笑いのなかには差別的表現も含まれているので，笑えないケースがあり，そのなかにはジェンダー的な問題も少なくない。けれども，バラエティ番組すべてが悪いわけではなく，一般人の視点でするどく政治や学問に突っ込みを入れる番組も出てきたし，また，蘊蓄とバラエティが融合した番組づくりも盛んで，日本語の語彙を豊富にするクイズなども登場している。

　「見るものがない」と思う原因は，同じ時間帯に似たような番組が並ぶことにある。朝から午後にかけてのワイドショー，夕方の情報番組，ゴールデンのバラエティ，深夜の男性向け番組などが，横並びで似た番組の例である。これは，この種の番組が好きでない人にとっては，その時間帯については見る物がなくなってしまう。

　では，どうして同じ時間帯に同じような番組が並ぶのか。放送局は，調査にもとづいて，その時間帯で最も多くテレビを見ている層に向かって番組を企画する。たとえば，昼間の視聴者には主婦が多いとなると，自営業や高齢の男性も見ているのに，どの局も主婦向けの番組を作る。若い視聴者の多い時間帯であれば，横並びでバラエティ番組が増えてしまう。これは多様な視聴者の要求に応えていないのだが，編成作業はそれぞれの局が独自に実施するので調整は難しい。

　以上，述べてきたことは，「視聴率」と大きく関係している。民放で「視聴率」が重視される理由は，「GRP」（グロス・レイティング・ポイント）という尺度で，視聴率を「通貨単位」として使って取引をすることはすでに述べた。民間放送局は視聴率の取れる番組づくりと編成に取り組み，それが結果的に各局横並びになって，どこを見ても似たような番組になってしまう原因だ。

　放送は現代の日本の文化を示す象徴的存在である。あるセクシーなタレント

は，自分の出演番組を家族には見せないと言っていたが，家庭に入りこむテレビ番組は，放送する側が，誇りをもって自分の家族や地域の人に胸をはれるものを作ってほしいものだ。わたしたちの調査によれば，母親たちは子どもに良い番組を見せたいと思っているし，女性たちは暴力や性的表現のある番組は避けたいと思っている。また，多くの人たちが，くだらない番組を見せられて，時間を無駄にしたくないとも思っている。それにもかかわらず，前述のような不満の出る番組が日常的に流され，人の目に触れる。それが日本の放送で流されていると，外国の人たちは「それが日本」という印象をもつだろう。

この章では，そういう日本のテレビ放送に刺激を与えうる概念の一つとしてのジェンダーを提示する。

日本の放送番組を海外で売り込む仕事をしていた人が，ジェンダー的な偏りの大きい番組や人権的に問題のある作品は海外では売れないと言っていた。すなわち，子ども向けの番組では，まず，そういった問題がチェックされるし，大人向けでも放送を一定以上の水準に保とうとする国では，当然の社会常識でそれがチェックされるという。日本の放送番組が，日本的社会慣行の下に，狭い社会の視聴者を対象にした常識だけで作られていることが，普遍的価値のある番組づくりの力を低下させているのではないか。国際的にはジェンダーの平等が当たり前の人権として位置づけられているので，その意識なしには良質の番組を作れないところに来ているのである。

メディアが大きな影響力をもつ今日，メディアは文化とどうかかわり，そこにはジェンダーがどのように働いているのであろうか。社会のなかでメディアが果たす役割，中でも，インターネットが進出した今でも依然として大衆を動かす力をもっている放送に着目し，それが形成する文化について考える。そして，文化を生み出す力となる［人］あるいは［人びと］の属性に着目し，「ジェンダー」がどのように放送文化の形成に関与しているかを考える。とくに，グローバリゼーションが進んだ今，放送文化とジェンダーがどうかかわり，何と共闘して何を解決し，どう次の時代を切り開く可能性をもつかを考察したい。

文化の意味

「放送文化」を考えるにあたっては，まず文化の意味を確認しておきたい。文化の定義は数限りなくあるので，ここでは「文化」は，人間の記憶・知識・思考と，それにもとづく作業や行動などによって作り上げられたモノであり考え方である，とする。ここから導き出されるものを集約し，3つの側面があると考える。

第一は文化人類学的な意味で，特定の集団における社会構造や生活様式の総称としての文化である。ある社会で放送を取り入れるかどうかは，その社会の政治・経済・社会のあり方による。放送をもたないという選択肢もあるなかでテレビを導入するには，それだけの情報欲求，政治判断，経済力が社会になければならない。また，電気というインフラがなければテレビの発信・受信は限定される。放送制度のあり方はその社会の総合的なありかたにかかっている。

第二に文化は，学問や芸術などをさす。そのなかには，ハイカルチャーと呼ばれる専門家が評価する知的・美的に洗練された伝統的なものもあれば，そのようには評価されない大衆的な表現物も含まれる。放送がコンテンツとして載せている番組等はすべてこの分類に入る。放送はしばしば知識人の批判にさらされ，文化がないとか程度が低いといわれるが，その理由は二つある。一つは，文化の前提を「ハイカルチャー」においていることにある。もし，すべての表現を文化とすればローカルチャーも含まれて当然である。一方，学問や芸術・芸能とは違う報道や情報も放送にはあり，それらすべてを包含して，放送番組は現代社会における文化の総合陳列場と考えることができる。そして，この番組内容が，社会規範の解釈装置として，人びとのものの考え方に大きな影響を与える。

江原由美子は，メディア表現に言及し「人びとはこの『規範』を参照しつつ，他者の行為の意味を『解釈』し，『状況を定義』し，自らの行為戦略を，決定する」と言っている（江原　1995）。この意味するところはすなわち，メディアが何かを表現すると，それが一つの規範となってしまう。言いかえると，そういうことばや行為が社会のなかでは「許される」，それも「あり」な

のだという印象を与える。そして，人びとはそれが良いか悪いか，あるいは，批判的に使われているかそうでないかなどを，提示されている状況からくみ取りながら，自分はどうするかを決める，ということだろう。そこにメディアが人びとの基準を作っていく怖さがある。

ボードリヤールによれば，再生産されたもの「シュミラークル」は，自然のコピーであるかのような「模造品」に始まり，大量生産時代にはオリジナルなものの「複製」の形をとることになり，さらに進むと「オリジナルがないままのコピー」となる（ボードリヤール，竹原あき子訳　1984）としている。ここでは，模造品はオリジナルにさかのぼることが想定できるが，大量生産になると似せて作る「模造」ではなく，同じものがたくさんある「複製」となってしまう。そうすると，モノとしてのひとつだけのオリジナルな価値ではなく，それのもつ記号的な価値，すなわち「皆が共有する価値観にもとづく価値」となって，オリジナルな価値は失われ，皆が共有するということで生み出される価値となる。すなわち，そこでは，「皆がどう思いどう言うか」が価値となってしまうのである。

第三は，「文明」の側面である。18世紀には科学技術が急速に発達したので，「野蛮な状態から脱したという意味で，文明Civilizationが人間の進歩や美徳をも表す語ともなった」（吉見　2006）。放送という伝達手段はメディアそのものであり，技術がないと存在しえない。技術そのものは価値中立的であるから，「すぐれた技術」は人間がそれをプラスに利用したときに価値が生ずる。テレビ技術も人間の使い方によりその価値が決まってくる。その意味でも科学・技術を文化と離して考えることはできない。

2　放送と社会システム

社会のあり方の骨組みを示すのは法律である。法の精神はその社会の基本的なあり方をもとにしながら，個別の分野の問題についての原則を決めている。そこでまず，放送法を起草した時の考えを知るために，放送法の目的を見てみ

よう。

> **放送法**
> 第一条［目的］
> 　「この法律は，左に掲げる原則に従って，放送を公共の福祉に適合するように規律し，その健全な発達を図ることを目的とする。　一　放送が国民に最大限に普及されて，その効用をもたらすことを保障すること。　二　放送の不偏不党，真実および自律を保障することによって，放送による表現の自由を確保すること。　三　放送に携わる者の職責を明らかにすることによって，放送が健全な民主主義の発達に資するようにすること」（アンダーライン筆者）。

　アンダーラインの個所を，放送とジェンダーの現状から検討していこう。

「公共の福祉」「不偏不党」とジェンダー的偏向

　「公共の福祉」の"公共"には，当然女性の福祉も含まれている。自分たちの生命や健康，社会生活や政治判断に必要な情報を手に入れることは，放送によってもたらされる福祉である。「不偏不党」は1950年ごろには「イデオロギー」と称された，共産主義・自由主義など思想の偏りや党派的な偏りをなくすという意味でとらえられていた。しかし，1975年以降，国連主催の世界女性会議が5年ごとに開かれ，女子差別撤廃条約が結ばれて，ジェンダーの平等は世界的に唱導されてきた。1975年の第一回世界女性会議で採択された「行動計画」では，第4章がマスメディアにあてられ，女性の地位向上には，マスメディアが示す女性への態度や価値が大きな役割を果たすことを述べ，そのためにも女性がメディアに参加し，メディアが描く女性像に批判的論評を加えることを奨励している（「世界行動計画第4章　マスメディア」174項参照。国連主催「世界女性会議」で採択。）。

　日本でも1985年の雇用機会均等法，1999年の男女共同参画社会基本法などの成立により，ジェンダーの平等は当然のこととして受け入れる理念となった。したがって，表現が「一方に偏らない」という考え方のなかには，ジェンダー

的なバランスが含まれることも奨励されてしかるべきである。

　放送におけるジェンダーの平等を語る場合，労働者としての権利の側面と放送内容の質的側面の2つがある。両者は相互に関係があり，女性の多い職場ほど女性の発想に理解ある企画や方法論が通りやすく，とくに管理職女性の存在が女性の発想を内容に反映させる重要な要件になっている。そして，女性の発想を活かす職場には，優秀な女性が集まりやすいという現実もあるので，その職場ではさらに女性比率が上がるという良循環も起こる。

　しかし，日本の大手メディアの人事担当者は「女性はものすごく優秀」と口で言う一方，実際の採用は抑制してきた。わたしはそれを「女性へのネガティブアクション」，あるいは「男性へのポジティブアクション」と呼び，その習慣が改められることを希望している。採用側がいう表向きの理由として，男性は体力がある，無理がきく，長時間勤務が可能であるなどが出される。これは2つの問題を含む。ひとつは，これが性別ステレオタイプであり，個別にみると必ずしもそうとは限らない，という点。もう一つは，このこと自体テレビ局における男性の過激な労働実態を示すので，その改善こそが必要なことである。男性労働者の人権が損なわれてはいけない。すなわち，全体の労働環境の改善が女性の社会進出を可能にし，それが男性をも救うことになる。

"主流の人びと"

　さて，放送局社員・職員は別稿にあるように極めて男性比率が高いが，これは，日本の社会構造の典型的な例のひとつとみなすことができる。上述のように，彼らは働きすぎるほど働き，それによって実権をにぎり，社会に影響を与えている。彼らのもつ属性は決してテレビ局独特のものばかりではなく，むしろ多くの部分を社会の他の層の人と共有している。第一部で説明しているが，ここでもう一度，繰り返そう。その属性とは，［男性，20～60歳代，（一流）大学卒，首都圏在住，日本人，健常者］である。彼らの多くは，橋本健二がいうところの「新中間階級」（橋本　2003）に属する人たちである。特別の権力者でもなければ有力者，資産家でもない。しかし，日本の主要な組織を抑えている

のである。政・官・財や，司法，研究，教育，大手マスコミなどに所属し，年齢が進み認められれば主要な地位を占める可能性をもつ幹部候補生であり，彼ら自身，やがて幹部になるつもりで行動している。彼らは，同じ属性からくる共通の価値観で多くの合意を形成しているが，彼ら自身それに気づいていない。なぜなら，彼らを取り巻く世界はほとんど同じ傾向の考えをもつ人たちなので，みんなそうだと思い込み，それに属さない人たちの考えに想像力がおよびにくいのだ。彼らはお互いに対立するようにみえるが，実は基本的考えや生活習慣を共有したお友達同士なのである。

　この姿がはっきり見えないのは，これらの組織や集団では，10〜20％程度の女性や，多少の高卒者，少数の日本以外の民族集団に属する人や障害者を含んでいて，民主主義とか男女平等の建前を残しているからだ。しかし，上に行けば行くほど，"主流の人びと"であることがより求められ，組織の長はほとんどこの条件の人のなかから選ばれる。

　また，日本は同調性を尊ぶ社会なので，多数を占める"主流の人びと"がまず合意すれば，それ以外の人も大抵従う。女性を含め社会的少数者に発言する場が形式的には与えられていても，発言しにくい環境であったり，発言しても無視されたりすることが多い。経験的に，同じ属性の人が3割程度いると発言に対し聞く耳をもたれるというが，官庁や会社など日本の主要組織で意思決定に加わることのできる地位にいる女性の数は極めて少ない。

　このように，社会構造上の問題がメディアとジェンダーの諸問題には大きくのしかかっている。

　さて，"主流の人びと"が企画し編成したテレビ局の番組は，どのような傾向をもつだろうか。次に，番組ジャンルごとに傾向をみていきたい。

3　放送番組とジェンダー

　"主流の人びと"中心で制作する放送内容には，数々のジェンダー的問題点があることは，つとに指摘されている。村松泰子（1979）がテレビドラマについ

いて実証的に偏りを指摘したのに始まり，井上輝子が雑誌を，鈴木みどり (1990) はメディア・リテラシー問題について言及した。わたし (1989) もニュース・ジャーナリズムを中心にジェンダー関連の研究を行ってきた。

ここでは，現代の放送が抱える問題をジャンル的な傾向を例示しながら説明していこう。

ニュース番組

ジャーナリズムはテレビ放送にとって最も重要なジャンルである。生放送の即時性，映像と音声を伴うリアリティのある表現，編集と解説でわかりやすく伝える親和性，そして，指先でスイッチを押すだけで見られる利便性により，テレビは依然として情報を得るのに最もよく利用されるメディアである。したがって，情報源としての役割を担うテレビの責任は重大で，人びとはテレビ報道によって社会を理解し，テレビ放送によって自分の直接見えない世界をイメージすることが多い。一般にメディアには「議題設定機能」があるといわれる。人びとはメディア・メッセージによって直接影響を受けるとは限らないけれども，メディアによって選択され提示されたものについて，人びとは考え判断する。ニュースに現れなければその事実を知ることはできないので，その存在を知らず，したがって考えることもしない。メジャー・コミュニケーションが取り上げなければ，現実は無きものと同様に考えられてしまうのである。

ところで，ニュースを選び解釈を加えるのは，日本の大手メディアにおいては8割方が男性であり，彼らの評価と関心によりニュース項目が選択され，ニュース解釈の枠組みも決定される。デスクやさらに権限のある管理職のほとんどが男性であるのが日本の現場だ。

ジャーナリストの多くは他人や他組織の人権問題に批判を加えるが，自社の内部課題には口をつぐんでいる。たとえばⅠ部で述べたように，国際比較として発表されるもののなかで，日本の経済的な地位については言及するが，女性の地位についてはあまり記事にしない。そのため，日本のジェンダー・エンパワーメント指数 (GEM) でも，男女平等かどうかを示すジェンダー・ギャップ

指数(GGI)でも，先進国中最下位であることを，日本人男性のほとんど誰も知らない。

　女性ジャーナリストでそれを打破しようと努力する人はいるが，男性的風土のなかで職業教育を受け男性のように行動することによって地位を得た人は，マジョリティの男性思考に慣らされてしまう。日本のジェンダー不平等の原因の一つは，批判的であるべきメディアが自分の足もとさえ改善できないことにあるのではないか。

　その意味で，女性の目で選択し女性の解釈を加えたニュースが出現すれば，現在のテレビニュース文化を大きく変える可能性をもつだろう。それがメディアの「議題設定機能」に関連した人びとの「何を考えるか」という部分に影響を与えると，この国の政治のあり方も少しは変わってくるかもしれない。

お笑い・バラエティ

　もともとお笑い芸人には男性が多く，そのうえ興業の世界では封建的な空気が色濃く残っていた。師匠には絶対服従，一日でも先輩であれば礼を尽すことが求められる。お笑い作家も男性が多いので，女性差別を笑いのネタにしてはばからない「人権に鈍感な業界」を作っている。その結果，弱い者をバカにし，女性の器量を悪くいうのがひとつのパターンであり，家事をするのはダメ夫の証拠とするなどが，はびこっている。そのようなネタは全然可笑しくもなんともない。しかし，観客はそれを笑う習慣になっているので，笑って見せる。舞台には観客と演者の暗黙の了解のようなものがあって，それが文化の一部を形作ってきたが，その残存する幻影にすがっているかのようだ。

　スタジオ番組においては，パネルに並べられた"美女"たちが，人気芸人の主導によるジェンダー・ステレオタイプにもとづいた言葉かけでことが運ばれる。それにうまく合わせない人たちは「乗りが悪い」として番組から下ろされる。また，観客がいないテレビ番組では，「笑い」が効果音として用いられるが，これは視聴者に対する既成の笑いの強制ということができよう。

　ジェンダー問題をもっとよく理解する人たちが，番組制作に参加するように

なれば，笑いをジェンダー平等の視点から面白く書き直すことができる。即ち，差別観で弱い者を笑うのではなく，差別する側の矛盾を笑えばもっと可笑しいだろう。その上，男女平等に貢献し，人権尊重の立場にたつことができ，しかも，笑われた立場の人びとにも考えるきっかけを与える。チャップリンが機械に操作される現代人の様子を笑いに変えたように，"常識"の"非常識"をつくことこそが，普遍的な笑いにつながる。ジェンダー視点をきっかけとして，他の差別についても同様に新タイプのコントを作って放送すれば，もっと豊かな笑いの世界が広がるに違いない。

ワイドショー

　古い意識は，ワイドショーの司会者やコメンテーターの発言のなかにも顔を出す。たとえば，結婚の際女性が男性の姓になるのを当然とし，両性が平等に結婚届を出すにもかかわらず，女性が男性の「籍に入る」という表現をする。ワイドショーのレポーターやプロデューサーは，目先の現象は新しいことを追っているが，意識は戦前の民法そのままである。民法改正がもう20年以上前から身近な問題となっていることさえ知らないのではないか。

　また，ニュースなどの報道番組に比べ，本来，自由な発言が許されるのがワイドショーなのに，逆に保守的になっているのが気になる。たとえば，セクシュアル・マイノリティのコメンテーターが出演していても，多様性の実例として扱うより，異性愛者との違いを物笑いの種にしている。また，外国人や"ハーフ"と呼ばれるマルチ・レイシャルの女性は，美人であることだけを条件に登場し，彼女らの異文化体験や知識は問われることが少ない。テレビ画面のなかでは，一般社会より高い割合で外国人や同性愛者が出演しているのに，多文化共生時代を具現化するチャンスをみすみす逃している。また，男性のセクシュアル・マイノリティはテレビに出る機会も多いのに，女性では，それがわかった途端，テレビから排除され不可視の存在となる。ここにも，重層的なジェンダーギャップがある。

子ども番組

　平等に見える子ども向けの番組にもそれは及んでいる。NHKの長寿番組『お母さんといっしょ』は，男女共同参画よりはるか以前に発足したせいもあって，なかなか「お父さんといっしょ」に遊ばない。漫画アニメは時代によってさまざまな色づけがなされるが，親世代からつづく人気番組ではジェンダーの偏りがそのまま残る場合も多い。子どもの夢をはぐくみ，ほのぼのとした名作の『ドラえもん』。男の子は多種多様だが，女の子はその名も「しずかちゃん」，いわば男の子たちのマドンナのみの出演である。1990年代前半に一世を風靡した『セーラームーン』は，女の子たちに自分が活躍する夢を見させてくれたが，服装はなぜか超ミニで，いよいよとなると頼みは「タキシード仮面」様，最後には白馬の王子の来るのを待っている。

　もちろん，さくらももこの『ちびまる子ちゃん』のように，男女ともに色々な性格の子が出現するアニメもあるし，西原理恵子の『毎日かあさん』のように，父母役割を同時に果たしているような母もいる。したがって，皆が皆，ジェンダーの平等に無頓着というわけではない。しかし，子どもの番組ならばなお，平等には気を配ってほしいのである。

　とはいえ，作品には個性があってしかるべきだから，全部がジェンダー平等でなくてもいいだろう。文化には多分にセクシュアリティの要素は含まれているので，個別の作家の世界観が反映されて作品ができるのは当然である。とはいえ，プロの作家として，その創作においては，ジェンダーに関しての自分の相対的な立ち位置を自覚してこそ，より鮮明に内容を表現できると思う。

　たとえば，西原理恵子原作の映画『女の子ものがたり』は，男の子のわんぱく物語とはまったく違う視点から，過酷な環境のなかで自分の生きる道を模索する女の子たちを描いていて，普遍性のある作品にしていた。しかし，題名で「女の子」であることを断っているところが，女性には遠慮の癖がついていると思う。男性作家が男の子の物語を書くときも，それは「男の子」の世界であることを意識して断るだろうか。たぶん，断らないだろう。

　社会的マイノリティとしての自覚がある女性作家は，必然的にそれを意識し

て作品を書いている。しかし,「主流」の一部である男性は,これまでのところ,あまり自分の性を相対化しないで,普遍的なものと考えてきたようだ。常に「女性」という"特殊"の冠をかぶらせられてきた女性作家の登場は,改めて,こうした問題を男性に提起している。

　まだまだ,例をあげればきりがないが,典型的なジェンダー的に問題のある番組のあり方について考察してきた。ここで述べた番組内容は,マスメディアのなかでも全国放送のものばかりなので,メジャー・コミュニケーションということができる。こういうところで提示される価値観が,"主流の人びと"の価値観であり,日本全国でメジャーな考え方として受け取られるものである。

第4章　グローバル社会に豊かな文化を形成するために

1　技術の進歩に遅れる文化

　放送文化基金初代理事長を務めた経済学者の中山伊知郎は，『放送文化基金報』創刊号の巻頭言でこう述べている。

　　電波に乗せるべき文化の選択が行われねばならない。いままでのところ，その選択はあまりにも無方針ではなかったか。…放送文化に関する限り，いまのところでは，文化の選択の方が，技術の進歩におくれている。このおくれをとり返すことが必要である」（中山伊知郎　1974）。

　「技術に対する文化（放送番組の内容）の無方針とおくれ」が強調されているが，それから40年近くなる今，テレビ関連技術のなかで大きな変革をもたらしたものを振り返り，それが放送文化を豊かにしたかどうか検討してみよう。
　1970年代後半，小型軽量カメラの開発を中心にENG（Electrinic News Gathening）システムが発達して，現場でのニュース取材が飛躍的に便利になった。フィルムではなく，ビデオで電子的に取材を行うことにより，カメラ他の装置の軽量化で，取材編集も容易となった。この軽量化は女性の記者やカメラパースン登用の絶好の機会であったが，あまり採用には結びつかなかった。それとは別に，スターや政治家などの有名人を対象として追いかける形の，メディア間の競争につながり，「集団的過熱取材」現象が起こった。無統制に集まったメディア集団が，加害者・被害者・家族・周辺住民に迷惑をかける一方，放送内容は皆が同じ現象を追って画一的になってしまったのだ。
　1980年代，衛星の実用化により情報が即時に世界中に送信可能になったのはグローバリゼーションの先駆けとして一大進歩だったが，それは，政治力・経済力・技術力，そして文化発信力を備えた国々による寡占的情報秩序を生みだ

した。そこで，1980年にユネスコ特別委員会は「多くの声，一つの世界」という報告書をまとめ，情報弱者（情報弱国）の参加促進を求めた。しかし，結果は逆に「ひとつの声，残された多くの世界」となってしまった。湾岸戦争やイラク戦争報道がアメリカ側の報道に偏り，アラブ諸国の声に耳を傾けなかったのは象徴的である。1990年代になりアルジャジーラが放送を始めてから，やっと中東の声も聞けるようになったが，そうなってからでさえ，アメリカ国民のほとんどは聞くチャンスをもたなかった。この世界情報秩序の構造を，日本のメディアに置き換えてみると「男性によるひとつの世界，聞かれない女性とマイノリティの声」ということができよう。

　2000年12月，BSデジタル放送が実施され放送も本格的なデジタル時代に踏み込んだ。しかし，民放ではショッピング番組中心の編成で独自の番組は数えるほど。この新しいメディアをもてあまし気味だった。2011年7月になって地上波のアナログ放送停止により，テレビ受像機のデジタル化が一挙に進み，BSを受信できる世帯が増えた。ここでやっとBS独自の番組作りが以前より進み，地上波より落ち着いた教養番組が登場し始めた。現在の懸念は，デジタル化で受信者数が増えたことが逆に，せっかく独自の放送が許されていたBSが，視聴率を追う大衆迎合型の地上波と同じような編成になりはしないかということだ。テレビ局の"主流の人びと"の価値観は，他局との競争に勝ち利益を上げることに流れがちなのである。

　一方，NHKの衛星放送は，BS1がニュースとスポーツに，BSプレミアムは文化・教養に特化しているので，地上波の総合放送とは違う路線の番組を提供している。

　このような技術的変化の背景に見えてくるのは，政府主導による放送のデジタル化と規制緩和政策が，産業界の要請にしたがった単なる多チャンネル化だということである。ここでも放送内容の多元化は考慮されず，利益中心の商業主義が"主流の人びと"が共通して求める価値として働いている。CM投入量からみてもすでに飽和状態に達しているなかで，チャンネルだけが増えると一番組あたりの予算は少なくなり，粗製乱造の画一的な放送内容が増える恐れが

ある。外国の例をみると，法律でマイノリティを含む多様な人びとのアクセスを可能にする放送や，地域重視のチャンネル設置が義務付けられるなど，多様化・多元化を促す政策が実施されている国も多い（くわしくはⅣ部で述べる）。日本で総務省が示す放送の未来像には，多様で豊かな内容を保障するための取り組みはほとんど含まれていない。日本のテレビ放送は，1974年の中山伊知郎の心配から一歩も進んでないのである。

2 "主流の人びと"の陥穽

放送が他の主要組織同様"主流の人びと"中心で構成されていることは前に述べたが，それゆえに，あるべき役割を果たせなかったことはなかっただろうか。実例をあげて説明していきたい。

戦争報道に新しい側面

皮肉なことに，もっとも男性向きと思われていた戦争の取材で，女性記者は男性が見逃していた大問題を発見した。戦時における性暴力の問題である。テレビ記者として戦場を取材したCNNのアイリーン・オコーナーが，コソボで取材中に見聞きした出来事は，彼女に衝撃を与えた。

> 「赤とグレーの布を頭に巻いた制服を着た兵士たちが，若い女性を取り囲み，レイプしているのをみた。その少女は後でずたずたにされた衣服で帰ってきたが，それはムスリムの人たちにとって余りに恥ずかしいことだったので，性暴力をふるわれた少女は何も言わなかった」。これらの情報は女子医学生のMaya（仮名）が難民キャンプをまわって集めた（O'Cornnel CNN, April 17, 1999）。

実は，昔から戦争時にレイプは当たり前のように行われていたので，男性記者はそれをニュースとして取り上げる問題とは思わなかったのである。この，戦時強姦のニュース化は，後に述べる日本軍における従軍慰安婦問題とも呼応する。男性兵士の性のはけ口とされた慰安婦は，世界的な文脈では「戦時にお

ける性暴力」という枠組みのなかでとらえられるようになった。有史以来行われていたに違いないこの行為は男性記者は見てきたに違いないが，それを不問に付してきた。そのためこの問題は私たちの視界から排除され，その問題が「存在しなかった」という言説さえ導き出してきたのである。それが次に述べるNHKの放送改変事件とつながっている。

『ETV2001　問われる戦時性暴力』改変事件

　まず，「『ETV2001　問われる戦時性暴力』改変事件」とは，何なのか，この事件の概要を述べよう。

　戦争と女性への暴力に反対する民間組織VAWW-NET Japan（以下，バウネット）は，2000年12月，外国からの国際法の専門家や元従軍慰安婦を招き，元日本軍兵士らの参加のもと，「女性国際戦犯法廷」を東京で開いた。これは，「民間法廷」であるから法的拘束力をもたず，有罪になったとしても誰かを拘束したり命を奪ったりすることはない。目的は，昭和天皇を含む9人の旧日本軍関係者を裁き，彼らの従軍慰安婦問題に対する道義的責任を問うため行われたものである。第二次世界大戦後の，敗戦国日本を裁く「東京裁判」では，従軍慰安婦に対する罪は議論の対象となっていない。また，こうした国際民間法廷は，バートランド・ラッセルやジャン=ポール・サルトルらが，アメリカのベトナム政策を批判するために開いた例がある。

　この民間法廷開催の模様をドキュメンタリー番組として放送すべく，NHKとその関連会社NHKエンタープライズ（NEP）は，ドキュメンタリー・ジャパン社（以下，DJ）に制作を委託した。DJは番組趣旨を説明してバウネットに協力を依頼し，事前準備の段階を含め民間法廷の取材と編集を進めた。それを知り不快に思った保守政治家たち（後に首相となる安倍晋三，中川昭一等）がNHK幹部に圧力をかけ番組改変を迫った。彼らに面会した直後の1月30日，NHK幹部は現場の反対を押し切って「女性国際戦犯法廷」の核心となる天皇有罪部分をカットし，この「法廷」開催の意義を低める改変を放送直前に行って電波に乗せた。

この放送を見たバウネットは，特別の便宜を図ってDJ/NHKの取材に協力した信義に反するとして，（正しく伝えられる）期待権の侵害と，番組趣旨変更の説明がなかったことを遺憾として，NHK，NEP，DJの三者を裁判に訴えた。2004年3月，一審では，直接取材に当たったDJだけを有罪，NHK，NEPは無罪とした。二審では，「NHK幹部は編集権を守ろうとせずに政治家の意図を忖度して番組を改変した」「そのことが取材対象者の権利を侵害した」としてNHKを含む三者を敗訴とした。しかし，最高裁では二審を破棄，政治家の介入には言及せず，番組の編集は放送事業者の自立的判断に委ねられるとして訴えを退け，原告は敗訴した。

　こうして司法の判断は権力に与するものとなったが，放送組織の第三者機関である放送倫理検証委員会は2009年4月28日，バウネット側の申し立てを支持する「意見」を表明し，NHKが放送に先立ち躊躇なく政治家と接触したこと，その直後に強く番組改変指示をしている事実を問題とし，「番組編集の自由を実質的に支えるのは…放送事業者の自律」であるとして強く倫理を求めた。

　この事件で目に見える形で表れたのは，政治家のメディアに対する「表現の自由」の侵害と，「表現の自由」を守らずに自分たちの保身を図ったNHK幹部の倫理欠如，そして，NHK幹部による制作者の内部的自由の侵害である。

"主流の人びと"と従軍慰安婦

　しかし，その背景には目に見えない意思が隠されていると，わたしは考える。それは，保守政治家の偏狭な愛国精神と，その人たちに代表される男性の性暴力を不問に付したい願望，その両方から従軍慰安婦問題を表面に出すことへの嫌悪感があり，それらが慰安婦を「不可視化」する試みにつながっているのではないか。さらに，天皇が裁判の対象となることは彼らの「天皇制批判タブー」にふれるので，そのことへの畏れもあるだろう。そして，その対極には，バウネットの女性たちに代表される強権的男性に対抗するグローバルな連帯がある。日本の保守的男性には，そういう女性たちに対する拒否反応もあるようだが，彼女らは正義感のある心優しい普通の女性である。

元従軍慰安婦は人生の誇りを取り戻すために遥々日本にやってきたにもかかわらず，その主要部分は破棄されてテレビ放送では描かれず，日本の法廷で彼女らの正しく描かれる権利の侵害が認定されることはなかった。戦時に性暴力の犠牲となった女性たちの苦しみを認め，その責任を明確にすることをつうじて，双方の和解につなげようとしたバウネットと，そのために世界中から集まった女性たちの試みは，保守政治家とそれに追随するNHK幹部によってゆがめられてしまったのである。そして，その後，批判されているにもかかわらず，NHKは検証番組を作ろうという気配もなく，早く忘れてほしいと願っているかのようだ。

　ところが，現実には，忘れてほしいと願う保守派の目論見とは裏腹に，当事者たちはそうされればされるほど，逆に燃え上がる。2011年12月14日，ソウルの日本大使館前の道路の反対側に，従軍慰安婦の少女のブロンズ像が韓国の民間団体「韓国挺身隊問題対策協議会」により設置されたのだ。20年間にわたり毎週水曜日に日本大使館へ，国家としての謝罪を求めてデモを行ってきた人びとが，1,000回目を記念して寄付をつのってこの像を制作した。

　このようにして，自分たちにとって不都合なことには向き合わずに過ごしてくると，何時までも問題は引きずられ，かえって自分たちの首を絞めることにもなる。人種差別と男女差別の二重の苦しみを与えられた従軍慰安婦たちは，存在すら否定され，死ぬ前にせめて名誉を回復したいと願って最後の運動をつづけている。それを放置することは許されないからこそ，若い人もその運動を支援し継続している。"主流の人びと"は，自分に嫌な問題ともしっかり向き合う必要がある。

3　グローバル社会に豊かな文化を形成するために

　21世紀に入ってからますます情報のグローバル化は進行し，その重要な一翼を放送が担っている。放送のグローバル化とジェンダー，そして文化はどのような関係があるだろうか。まず，情報のグローバリゼーションの3つの側面か

らみていこう。

　ひとつは，情報発信の一極集中の問題である。湾岸戦争やイラク戦争のアメリカの立場がそれに当たる。放送ではアメリカの放送会社が優位を占め，世界の議題設定がアメリカによってなされ，アメリカによって解釈された。オバマ政権になってブッシュ政権の時とは姿勢が変わったとはいえ，社会制度としての放送体制は継続している。イギリスのBBCが対抗し世界中に放送網を広げているが，情報源としてのアメリカ合衆国の強さと，ユニバーサルな映画コンテンツの伝統をもつハリウッド的娯楽の強さから，アメリカの優位はゆるがない。が，どちらもアングロサクソンを中心とする国である。

　それに対抗して第三の勢力が伸びてきている。それを最初に実現したのは，カタールにできたアラブの放送局「アルジャジーラ」であった。これによって，アラブの側の意見も発信できるようになり，西側世界のメジャー・コミュニケーションに対抗するシェア・コミュニケーションが得られるようになった。アルジャジーラは，アラブ世界ではメジャー・コミュニケーションの役割を果たしている。

　また，破竹の勢いの中国中央電視台（CCTV）が国家的なプロジェクトとして，中国情報と中国の考え方の発信に力を入れている。すでにある英語放送に加え，2009年9月にロシア語放送を立ち上げたのを手始めに，2010年には17の国と地域に19の支局および総局を設置している。欧州センター，アメリカセンター，ロシアセンターの体制をとり，国際ニュースに関して西側依存から脱却しようとすると同時に，世界情報戦略に乗り出した。わたしたちが直接CCTVの担当者から聞いた話では，世界向けの特別な放送をする必要はなく，「中国の放送をそのまま流せばそれが世界である」という考え方に向かって一歩踏み出したという。その一方，中国国内にもここ10年ぐらいの内に，広大な中国のなかの地方の考えや，政府に対する批判的言説を載せるメディアが表れている。中央のメジャー・コミュニケーションに対抗する，シェア・コミュニケーションといえるだろう。

　二つ目はそれと反対の，それぞれのローカルな文化が世界に向けて発信でき

る可能性である。日本でもたとえばＣＳ放送で，ブラジルから移住している人たちがグローボというポルトガル語の放送や，スペイン語放送を見ることができる。一方，ＮＨＫインターナショナル放送を世界各地で見ることができるようになった。が，ＮＨＫやブラジルのポルトガル語放送は，前述の「世界戦略」の放送とはいえない。なぜなら，自分たちの世界観そのものが，そのまま「世界」を表し，世界で通用するという自信とも傲慢ともいえる発想は，送り手側にも受け手にももたれていないからである。相手国のなかでこれらの放送は，シェア・コミュニケーションのひとつとして受け取られている。

　三つ目は，国内放送が結果的に国際化につながるという現象である。放送は言語的制約や放送範囲の問題などから，実際は限定された視聴者を対象とする国内放送が多くを占めている。ニュースは国内の身近な話題が好まれるし，笑いはその文化のなかで消費されることが多い。娯楽番組については，アメリカのハリウッド発の映画が世界を席捲するようになってから１世紀が経った。今，韓国初のコンテンツが各国で受け入れられるなど，新しい動きも出ている。日本のマンガやアニメも，外国の若者の間で人気だ。

　グローバリゼーションにより放送局同士が提携し相互に利用可能にしているため，国内向けニュースがそのまま外国に流れ出ることもある。テレビは取材の対象外の周辺事実のディテールまで映し出すので，ことばで解説する以外のこともすべて筒抜けとなる。経済格差の激しい国，中央集権的な国，人権が尊重されない国等々は，それそのものをいくら隠しても何処かに映ってしまう。そのことは各国政府の思惑とは別に，世界がひとつの公共圏となる可能性を示している。

　放送番組の内容と放送組織のあり方は，その国の背景にある社会事情を表している。国営か，公営か，商業放送か，ＮＧＯかなど，その成り立ちは社会構造的な意味の文化的表現である。キャスターやレポーターの性別，それぞれの性役割，立ち居振る舞い，ことばの発声法などは，その国の社会習慣的な意味でのジェンダー秩序を表現している（小玉　2006）。こういうローカルな事情が直接出るということにより，日本という国がジェンダー的にどういう状況にあ

るかということが，外国からは一目瞭然である。

　同様のことは多文化共生についてもいえる。1980年代以降日本に来たNew Comerたちが取材されるときは，「珍しさ」だけが注目され，彼らの立場，文化や価値観について語る機会は少ない。これは"主流の人びと"が構成する社会のなかで女性がステレオタイプで扱われるのと似ている。彼らは経済的にも周辺労働力としての待遇しか受けられず，構造的に「貧困」を強いられているのも女性と共通である。上野千鶴子は「格差とリスクがユニバーサルになることをつうじて，女性の問題もまた女性のみの問題としてではなく，さまざまな格差や差別の問題の一つとしてユニバーサルに扱われることが可能になるなら，この共闘の中からジェンダーが可視化されるといえるだろう」と述べて，多文化共生とジェンダーの平等との共通項について言及している（上野　2009）。

　2011年7月に，地上波放送のデジタル化が東日本大震災の被災地域を除いて完成した。そのため，多くの人がテレビ受像機を買い替えてデジタル化したため，放送衛星（BS, CS）の番組も，地上波とほとんど同じ手軽さで見られるようになり，多チャンネル化が一層進んだ。

　このチャンスにこそ，放送内容の多様化・多元化を実現すべきなのであり，女性を含む多文化共生の視点を導入しうるはずであった。しかし，その時，デジタル化に対応できずに取り残される人がいたことに象徴されるように，またも，マイノリティに対する放送の多様化・多元化は顧みられず，"主流の人びと"中心の画一的な経済至上主義で進んでしまった。

　放送が本来もっている表現力が社会改革に及ぼす力は，かなり大きい。たとえば，送り手内部におけるジェンダー平等化をなしとげ，放送内容のジェンダー平等を実現すれば，多くの女性が抱いてきた，平和，福祉，環境，安全などの価値がより実現しやすくなるであろう。また，それは，マイノリティを尊重する契機にもなるから，多文化共生が実現でき，豊かな文化を形成する可能性をもっている。

　しかし，"主流の人びと"に牛耳られている日本の現状では，まだその力を十分に発揮できていない。マイノリティへの刺激をも包含するジェンダー視点

による放送の改革は，放送文化の未来と世界の課題である多文化共生に貢献できるものとして，もっと認識されるべきであろう。そして，それらを実現するためには，社会制度や社会慣習全体を見直して，ジェンダー平等を実現することが大切なのである。「ジェンダー」はこのように，放送文化と社会全体に影響を与えるべく満を持している状態である。

IV部 メディア・リテラシー

第1章　メディア・リテラシー

1　メディア・リテラシーとは

　この問に対する最も簡単な答えは「メディアと賢くつきあう法」ということになろうか。もう少し詳しく説明しよう。

メディアとリテラシー

　メディア（＝media, mediumの複数形）とは，人やモノの間にあって情報を伝達・保管・仲介する手段のことである。おおむね「マス」(mass　大衆・集団・大量）がつかなくても「マスメディア」を指すことが多く，マスメディアは「情報をパッケージにして大量に伝達する」という意味では，テレビ，ラジオ，新聞，雑誌，映画などがそれに該当している。パッケージにして個別に伝達するものとしては，書籍が古い歴史をもつが，それより新しいものとしてはレコードや，ビデオテープなどがある。マスのつかないメディアの種類は多いが，中では古くから手紙が長い歴史をもち，電話などは近代の産物として現れたが，今では「ケータイ」「スマートフォン」などにも発展してきている。

　また，メディアをもっと広い概念でとらえると，人を集めて情報を伝達することのできる，広場，ホール，教室も，メディアと考えることができる。古代ギリシャの昔から人びとは広場に集まって議論してきた。日本でも村々の寄り合いでは，どこかの家に集まって議論し，コミュニティの意思決定をしてきた。今では公民館がその役割を担っている。若い人たちなら，コンサート・ホールで演奏家や歌手とふれあい，観衆同士で共感を分かち合いながら，同じものを共有する喜びがあるだろう。これは「場」がその役割を果たすので「場のメディア」と考えることができる。

　近年，コンピューターとインターネットの発達が，メディアの概念を大きく広げた。それまでのメディアとは格段の差で大量保存ができるようになったの

はコンピューターのお陰である。本物に近いものをデジタル化することで，文字や映像などの情報を，人びとは時空を越えて共有できるようになった。さらに，オリジナル素材を電子化することで，「同じようなもの」をつくる模造を超えて，そのまま「同じもの」をつくる複製ができるようになった。それがCDやDVDである。そして，それらの素材をインターネットに載せると，受け取る端末をもっている人であれば，誰でも受信できるのである。そのインターネットの使い方も年々進化し，「使い方」の考案は，あたかも新しいハードウェアを作りだすほどの効果をもって，情報交換に力を発揮するようになった。

　メディア・リテラシーのもう一つの単語，「リテラシー　literacy」は読み書き能力をいう。従来，情報の入手手段としてもっとも重要なのは「字が読める」ことで，字が読めれば，過去の情報，遠くの情報を自分のものにすることができた。同様に，遠くの人に伝えるには「字が書ける」ことが大事であり，またそれは，記録として未来の人に伝える手段にもなっていた。リテラシーには，そうして得た知識をもとにして物を考える能力の意味も含まれていたから，教養全体をも指すことばでもある。

　そして，このようなメディア全盛の時代がやってくると，メディア・リテラシーは，メディアを上手に使って，自分の知識を広げ，考え，発信する，新しい時代の教養として登場したのである。

　私たちを取り巻く世界には，数え切れないほどたくさんのメディアが存在しているが，そのなかから自分がどれを選んだらよいか，それだけでも大変なことである。その選び方によって時間が無駄になったり，楽しかったり，為になったりと，色々であろう。そうしながら，何がしかの知識を得て，それに，過去に得た知識や体験を重ね合わせ，自分の考えを構築する。それを今度は，自分が使える適切なメディアを使って自分から発信していく……というプロセスが，メディア・リテラシーなのである。

　これを理工学的な人びとは受信と発信に重点を置いてメディアを使いこなす能力として紹介し，社会・文化系の人びとは，真中の批判的読み取り能力に重点を置いて，メディア・リテラシーとしている。その際，受信と発信も機械的

な能力とは限らず，自分の身体能力やおかれている環境など，さまざまな個体的，社会的，文化的背景がある。また，個別に，その人がそれまでに積み上げてきた知識とものの考え方が，その新しく吸収した知識と反応し合いながら，その人のものになって行くのである。

　以前のメディア研究ではコミュニケーションの流れを，「送り手」「内容」「受け手」という形で，それぞれ役割が分れていた。簡単にいえば，送り手はプロフェッショナルな制作者としてメディア内容を作る人，受け手はそれを読んだり視聴したりして受け取るアマチュアの人，という考え方である。しかし，送り手といわれる人も，仕事を離れれば，一般の受け手の一人になるだろう。

　受け手といわれた人びとも，徐々に変化してきた。家庭用ビデオカメラが安く買えるようになりその性能が上がってくると，映像を撮り編集を楽しんで作品を作るようになってきた。さらに，今世紀に入ると，インターネットが普及し，自主制作した作品をYouTubeなどに投稿して，広く発信することができるようになった。こうして，送り手としての制作側の条件と，それを送り届けるチャンネル（インターネットなどの通信路）の両方が揃ったので，プロであろうとアマであろうと皆が送り手側にもなれるようになった。

　災害など突然の出来事に対しては，プロのジャーナリストのカメラが現地に到達するまでには時間がかかり，決定的な瞬間を撮れないことが多いが，その時現地にいる普通の人が，情景をカメラにしっかり収めていれば，その映像をテレビ局がニュースやドキュメンタリーに使用することができる。2004年のインドネシア・スマトラ島沖地震の際起こった津波の映像は，特にそのことを世界中に印象づけた。

　21世紀に入って10年以上経過した現在，文と写真をつけて発信することが容易なソーシャル・メディアの普及もあって，一般の人が情報発信するのは特別なことではなくなってきた。

　このようにして，すべての人びとが，「受信」→「判断」→「発信」につながる一連の過程を経て，メディア・リテラシーを実践しているのである。

　メディア・リテラシーを獲得し発展させるための過程を概念的に示すと次の

図Ⅳ－1－1のようになる。

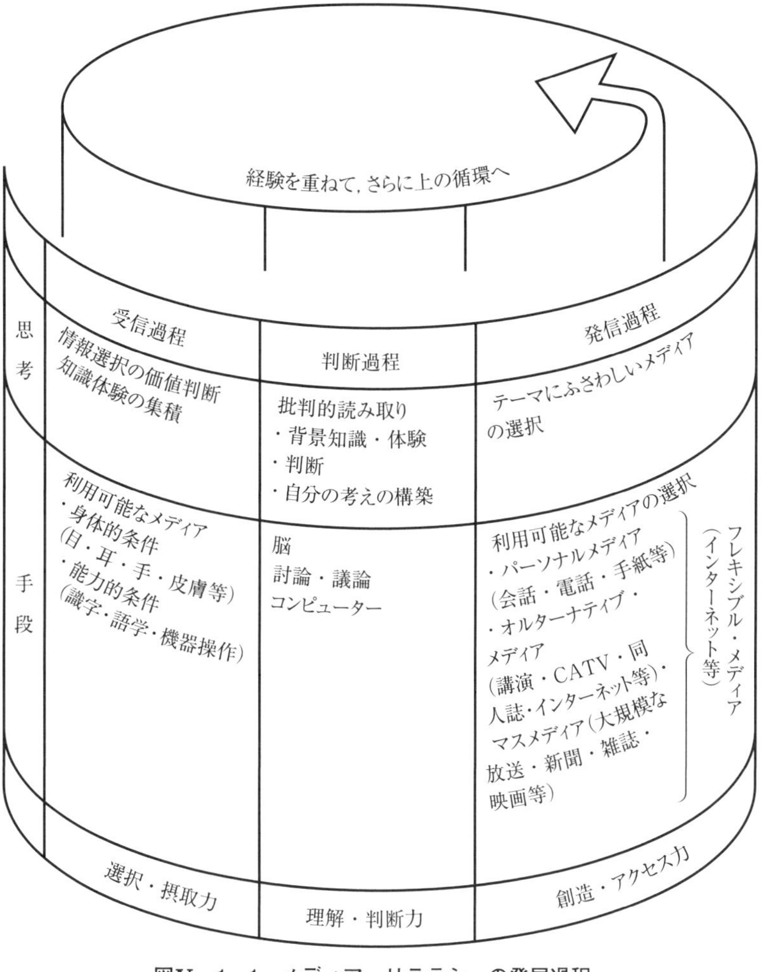
経験を重ねて，さらに上の循環へ
思考
手段
受信過程
判断過程
発信過程
情報選択の価値判断
知識体験の集積
批判的読み取り
・背景知識・体験
・判断
・自分の考えの構築
テーマにふさわしいメディア
の選択
利用可能なメディア
・身体的条件
(目・耳・手・皮膚等)
・能力的条件
(識字・語学・機器操作)
脳
討論・議論
コンピューター
利用可能なメディアの選択
・パーソナルメディア
(会話・電話・手紙等)
・オルターナティブ・
メディア
(講演・CATV・同
人誌・インターネット等)・
マスメディア(大規模な
放送・新聞・雑誌・
映画等)
フレキシブル・メディア
(インターネット等)
選択・摂取力
理解・判断力
創造・アクセス力

図Ⅳ－1－1　メディア・リテラシーの発展過程

(初出　小玉　2004)

それぞれの過程について，図に沿って説明していこう。

受信過程

　一番左側にある「受信過程」は「情報を選択」し，あまたの情報の選択肢から自分にとって必要なものを選び出す作業を意味する。どこに必要情報があるかの見当をつけるのは，過去に蓄積した自分の知識と体験，そして，そこから来る勘などによる。そこで用いられる「手段」には，その人が使える情報技術や技能の種類や程度が関係している。その人にとって利用可能なメディアには，大きく分けて二つの条件がある。一つは「身体的条件」，もうひとつは「能力的条件」である。

　「能力的条件」を先に説明すると，これは自身が後天的に獲得したコミュニケーションのための能力を指す。たとえば，読み書きができることはコミュニケーションにとって大事な条件である。手紙やメモを読んだり書いたりできれば，時間的・空間的に離れた人と情報を共有できる。また，印刷物を読む，パソコンや携帯に映し出された内容を読むなどは，それができない人と比べ有利である。現代の日本では字が読めること，言いかえると「識字」は，ほとんど当たり前のこととなっているが，発展途上国の，中でも女性には，この能力をつける教育機会に恵まれていない人もいる。経済的理由も大きいが，女には知識が必要ではないという，社会の差別的な文化が関係しているケースも多い。日本では明治以来義務教育が進められて非識字は大変少ない。しかし，第二次世界大戦が終わるまで，ほとんどの大学で女性を受け入れなかったことは，程度の差こそあれ，高度な識字や学問から女性を遠ざける文化があったといえよう。こうした考えは今でもまったくないわけではなく，女の子は高校か短大卒，男の子は4年制の大学卒を妥当な学歴と考えている親はいる。

　「識字」を「外国語」に置き換えてみると，別の文脈が見えてくる。たとえば，外国語ができると世界のさまざまな資料が手に入り，グローバルな環境を手に入れられる。それに伴いものを見る視野もぐっと広がるから，大学では英語，ドイツ語，フランス語，ポルトガル語，スペイン語，中国語，韓国語ほかが学べるようになっているのである。翻訳本がそれほど出ていなかった戦前には，西洋の知識が外国語でしか学べないことも多く，それがエリートの知識の

もとであった。今でも，英語ができるとインターネットから得る情報量は飛躍的に多くなる。世界中の重要な言説は大抵英語に訳されているし，どの国の人も英語を国際語として学んでいるので，英語はリテラシーを構成する重要な要素となっている。

　インターネットで物を調べるにはパソコンを使う能力がなければならないが，これも後天的に習得するものである。若い人は子どもの時からこれらの機器が身近にあるから簡単に操作できるが，大人になってからこれらの機器に対面した人たちにとっては，操作がなかなか難しい。多少できるようになったとしても，次のステップには容易に進めないということがある。これらのリテラシーにも段階があり，単に「できる」「できない」だけではない，「よくできる」か「素晴らしくできる」かなどで，使い勝手が違ってくる。

　もう一つは「身体的条件」で，目，耳，手，などが自由に使えるかどうかである。目が見えなければラジオや音声テープを利用し，耳が聞こえなければ視覚メディアを利用する，皮膚感覚があれば触覚を利用し点字等で読める…というように，個人的な条件に合わせたメディア利用である。障害は生まれながらのものもあれば後天的なものもあるから，それに応じて自分が適応できるメディアはちがう。たとえば，子どもの時から視覚障害のある人は，盲学校などで点字を習うことも多いが，中途で失明した人にはその習得が難しい。また，年を取れば全体に機能が衰えるのは避けられない。そのような場合に，新しいメディアは「ついていけない」ものになりがちだが，逆についていけば障害を緩和したり，のりこえたり，新しい発見につながることもある。

　ものごとに努力は必要だが，すべて努力すれば克服できるとは限らない。たとえば，識字であって能力も高いのに，読み書きに多少の困難があるディスレクシアと呼ばれる傾向のある人もいる。そのような場合でも，コンピューターの操作ができれば，文字を音声に変えたり，逆に音声を文字に変えたりして，理解を助けることが可能だ。近年，そのような利用の仕方が次第に進んできたので，この身体的条件と能力的条件は相互に補い合える関係になってきた。

　以上，「受信過程」についての，「情報選択の価値判断」に関する知識と技術

について説明してきた。

判断過程

　次に,「判断過程」だが, この部分は「批判的読み取り能力」の部分である。「批判的　critical」というのは非難する, 咎めるという意味ではない。自分で情報の価値を評価することであり, 安易に受け取らずに考えてみることであり, また, そうできる能力である。良い・悪いだけでなく, それ以外に評価できるポイント, 評価できない原因, 現状での折り合いのつけ方など, 鑑識眼をもってみるのが「批判的思考力　critical thinking」である。

　その情報に関する背景の知識があればあるほど, 真偽や評価の判断がしやすい。しかし, 人にはいつもそれが備わっているわけではない。知識がない場合は, 全面的に信じるとか信じないとかではなく, 他の文献で調べたり, 他人の評価を参考にしたりすることも必要であろう。また, 最終的な結論をすぐ出さないという方法もある。いったん, ペンディングにして脳か心のどこかに置いておき, 他の資料から情報が入った時などに, もう一度引き出して考えることも一つの方法である。そのようにして多くの情報を集めながら, それぞれに判断をしつつ自分の知識・思考のポケットにしまい, ときには人と議論してそれを磨く。そうしながら, 次第に自分の考えをまとめ構築する。これが「判断過程」である。

　判断に使う道具の最たるものは, 自分の脳そのものである。脳は使われるのを待っているから, 自分で考え, まとめ, 判断しながら, 訓練をする。その際, 助けになるのは, 他の人との議論・討論である。議論の過程で今まで自分でもはっきりしなかった立論の筋道が見え, 相手と自分の共通部分・相違部分が明確になり, 何を中心に考えるかによって物事が違って見えてくることなどがわかるのである。これは他では得難い体験である。だから, 他人との意見の違いを恐れず, それを楽しみながら議論することがリテラシー向上には大切だ。なお, コンピューターは, 調べ物をしたり, 統計を示したり, 考えの整理などに役立つ。

このようにして，入ってきた情報が正しいかどうか，その情報の真意は何か，一方の言い分に偏らないバランスのとれた情報なのか，他に必要な情報があるのに隠してはいないか，などを判断する。そして，過去に自分が蓄積した知識やものの考え方のうえに，それを重ねていく。そうして，自分なりの考えがまとまったら，それを他人にもわかりやすい形に構成しなおし，次の段階である発信過程に進む。

発信過程

　発信過程では，まず，自分の考えをどのような形で表現したら良いかを考える。それはテーマにふさわしい形が一番なのだが，自分の能力には限りがあるので，自分にできるかどうかを見極めるのも大切なことだろう。音声・文字・映像などの選択とともに，それをどういうチャンネルを経て誰に伝えるかも，それまでに培った社会との関連で形成した力で，決めていく。

　インターネットの出現により，非常に多くの人がこのチャンネルを通じて発信できるようになった。インターネットの優れたところは，たったひとりの人とコミュニケーションをとることもできれば，数人のグループ間で情報の共有と意思疎通ができ，さらに，制約を取り外しオープンにすれば，世界中の人とつながれる。言いかえれば，パーソナルなメディアとしても，オルターナティブなメディアとしても，国内のマスメディアとしても，また，グローバルなメディアとしても使える，きわめてフレキシブルなメディアである。

　ただし，どのような優れた技術も，人の使い方次第で，良くもなれば悪くもなる。一歩使い方を間違えると，他人を傷つけることにもなりかねない。インターネットのサイトによっては他人を非難することを楽しみにしている人もいるから，自分が袋叩きにあう危険性も孕んでいる。それを考えると，あまりに安易に情報を発信するのは考えものということになる。インターネット利用のエチケットを守りながら，同時に，ある程度用心深い発信をして，攻撃的な人から身を守るといった姿勢が必要になってくる。リアルな場面で対面すれば，相手の反応がわかるから，すぐ修正もできる。しかし，正体がわからない人が

いる海に乗り出していく時には，慎重に発信する必要があるだろう。

　インターネット以外にも，身近なところにメディアはある。「場」のメディアである。地域の人を集めた集会や講演会は，その集まる場こそがメディアとしての機能をもち，そこに集まった人びとにメッセージを発したり情報を共有したりできる。ここでは，マスメディアのような言いっぱなしではないので，Ⅰ部で説明したケアやシェアのコミュニケーションもできるだろう。「場」にいれば，集合的な反応はわかるので，人びとの気持ちに寄り添うことも可能になろう。

　一方，グーテンベルク以来のオーソドックスなメディア，印刷という技術を使って，同人誌を作れば，文学の一角を担うこともできる。昔から，書くことで自己表現したい人は，文章や詩を書き，短歌や俳句などを詠んだりひねったりしながら，仲間と寄りあうことで交流を図ってきた。文章を媒介とする同好の士の集まりである。

　さらに，地元のCATVや地域FMなどコミュニティ放送からの発信は地域の人との交流に欠かせない。自分の知っている人が登場するメディアは，他のものとは違う親近感をもって見ることができる。それらを地域のまとまりの基礎に置くのも一つの考え方である。特に，災害時には，地域限定の情報は有効で，地域住民がコミュニティ放送に情報を寄せることで，災害情報はよりきめ細かいものとなる。たとえば，自分の通った橋が落ちかかっていて危ないとか，土砂崩れで道が通れなくなったというような情報を知らせることで，即時に役立ち，消防や市町村役場の情報を補充してあまりある。

　マスメディアにアクセスする力や実績のある人は新聞やテレビによって，より大きなオーディエンスを獲得することになる。しかも，普通の人でも全くこれが不可能ということはない。今では，多くのメディアで素人の作品や取材ビデオを待っている。メディアの側も，注目すべき現象や行動は知らせてほしいと思っているのである。マスメディアに接触してみることで，何かが変わるかもしれない。

　このようにして自らが発信源になっていくと，今度は自分が情報を受信する

時にも，発信者側の制約や意識を推測することができるようになる。受信→判断→発信と進んだ段階で，すでにメディア・リテラシー能力は一つ上の段階に上っている。それがさらにもう一回りするとさらに上の段階に行くというように，メディア・リテラシーの能力はとどまるところなく発展していく。

2　メディア・リテラシー発達の背景

　メディア・リテラシーという考え方が人びとの意識に上るようになったのは，テレビ・メディアが発達して，その内容の過激さや不適切さが問題となり，人びとが疑問を呈するようになったからである。

現代日本のメディア状況

　21世紀に入ってインターネットが浸透するにつれて，それまでのマスメディアの絶対的な地位は少しずつ脅かされるようになった。とはいえ，NHK放送文化研究所のメディア接触率調査によれば，テレビは依然として圧倒的な強さを保ち，日本人は平日では1日平均3時間28分テレビを視聴していることになっている（小林他　2011）。また，すでにメディアの王座の地位はテレビに譲っているものの，ジャーナリズムに関しては情報の多様性と信頼性の面では新聞が大きくリードしており，この2つは今でもマスメディアの代表的な存在である。若い人が新聞を読まずテレビニュースを見ないといわれる。彼らはインターネットでニュースをチェックしていることが多いが，そのインターネット・ニュースの情報源は，しばしば新聞・通信社とテレビなのである。また，雑誌はこの2つの間隙をぬって，人びとの興味を引きそうな問題点について掘り下げ，特集を組んで詳報し，持ち前のフットワークの軽さと体制を恐れない勇気をもって，新聞やテレビが伝えないことを伝えている。

　こうした状況のなかで，インターネットは若者を中心にその勢力を伸ばし，いつの間にか中高年もパソコンを使わないと一人前の仕事をする人とはいえないほどになっていった。"メール"はmailであり，英語で郵便の意味だが，そ

のオリジナルの意味を失って郵便配達人のいらない郵便になってしまった。今や［e-mail］と，頭に"e"をつける人が少なくなっているほどだ。

　現代は，これらのメディアの種別分類をしても意味がなくなってきた。インターネットはテレビとも新聞とも相互に浸透し合い，もう分離して語ることは難しくなっている。とはいえ，メディア・リテラシーを語る上では，やはり，その源泉にさかのぼって，発展過程を語らないと，その本質が理解できない。メディア社会を主体的に生きていく上で，ここでは，まず，マスメディアの内容批判からはじまったメディア・リテラシーの流れを見ていこう。

カナダのメディア・リテラシー教育

　もともと，メディアを利用して教育を行うことは世界各地で行われていた。理科教育・社会科教育などで，ビデオに収められた映像を見たことのある人は多いだろう。生物の時間に，植物が発芽し成長して花を咲かせ実をつけるまでをフィルムに収めたものなどを，見せられたのを覚えているのではないか。テレビも最初は，教育に使おうと考えた人が多かったように，メディアを使って何かを教える研究と実践は，先行していたのである。しかし，「メディアを使う教育」から，「メディアについて学ぶ教育」がとって代わった大きな要因は，テレビ・メディアの商業的な発達と大きな係わりがある。

　1970年代，カナダでは，国境を接するアメリカから商業主義的なテレビ番組が，性や暴力などの刺激的な内容を携えて大量に飛びこむようになった。もともとアメリカには公共放送はなく，放送はコマーシャルベースで発達してきた。1960年代，すでにアメリカ国内で商業放送の弊害が出てきて，過激な性や暴力が問題となっていた。そこでアメリカでは，商業基盤ではない一般の寄付と国の財政援助でまかなう公共放送（PBS：Public Broadcasting System）を発足させ，内容の優れた教育的な放送を行うことにした。PBSは各地のローカルな公共放送とも連携を保ちながら，報道や教育の放送番組を提供してきた。幼児教育の『セサミストリート』，報道番組としては『マクニール／レーラーレポート』や後続の『PBSニュースアワー』など，質の高い番組を開発し放送し

たのは確かである。しかし，商業放送局は，公共放送ができたのに安心して，前より一層，刺激的で大衆受けする番組を放送するようになってしまった。

電波は国別に周波数の割り当てがあるものの，壁で遮ぎれるものではない。アメリカの商業放送の番組は，やすやすと国境を越えて直に接するカナダに侵入した。カナダ側にとっては，外国のテレビ番組を規制することはできないうえ，もともと表現の規制は「言論・表現の自由」を標榜する国家にとって難しい問題である。大量の番組が継続的に流入するのをいちいちチェックするわけにもいかない。

そうした中でカナダの教師たちは，規制には限度があることを感じとり，逆にそれを受け取る市民一人ひとりが，メディアの批判的読み取り能力をつけることが必要だと悟ったのである（カナダ・オンタリオ州教育省　1992）。こうして，メディアを教える教師を中心にメディア・リテラシー協会（Association for Media Literacy）を組織し，メディア・リテラシー活動を始めた。

カナダでは，市民の発想でメディア・リテラシーを学校教育のなかに取り込むように働きかけた。小学校から高校まで，それぞれの段階で子どもたちはメディア・リテラシーを学び，また，州政府もそれに協力して，学習体制を作っている。最初に日本に導入され翻訳されたメディア・リテラシーの本の編者が，研究者や教育者たちの名前ではなく，「オンタリオ州教育省」となっているのは，それを象徴的に表わしている。

ドイツのメディア教育

一方，メディア・リテラシーという語は用いないが，同じような考えで教育を行っている国もある。

ドイツが第二次世界大戦終了まで，ナチスによって統治されていたのは，周知のとおりである。1933年，合法的に選挙で勝利し支配権を手に入れると，ナチスはラジオをはじめとしてメディアを非常に効果的に用いて，ドイツをはじめ周辺の国々を支配していった。アドルフ・ヒットラーは，大衆を扇動するスピーチとメディア利用の天才であり，ナチズムの思想もそれによって広めた。

ユダヤ人を排斥し自分たちアーリア人を優等な民族として，人びとを扇動して戦争へと駆り立てた。

ナチスのメディア利用のなかには，そのころのメジャーなメディアの一つである映画も入っている。1936年，レニ・リーフェンシュタール監督に，おりしもドイツに誘致したベルリン・オリンピックの映画を作らせた。それは，大変よくできた映画で，ドキュメンタリーでありながら芸術性もあり，ドイツの評価を高めるのに貢献した。しかし，後世まで評価されるものでありながら，ナチスに利用されたという意味で，不幸な歴史を背負いつづけている。

そうした経験をもつドイツの国民は，戦後になってから大いに反省し，メディアについて学ぶ必要性を感じた。情報に惑わされない国民・市民を作ることは，健全な社会生活を営むうえで必要不可欠であることを悟り，メディア教育をすることになった。しかし，その行き方はカナダとは違って，国家から政治的に自立した市民の育成が重要課題であるとした。公立学校で行うと国家の影響を受ける恐れがあるというので，市民が主体となった「社会教育」のなかでそれは行われた。市民団体や教会の主催，また，大学などが中心となって講座やセミナーがもたれているという（メディア・リテラシー研究会　1997）。

因みに欧米では，"民間"のなかに宗教団体も入っている。キリスト教組織はメディア教育に熱心で，宗派の枠を超えてメディア問題研究に取り組み，世界的なコミュニケーション会議を組織するなどの実績をあげている。わたしが1994年に参加した「Women Empowering Communication Conference」（女性がコミュニケーションを強化する会議）も，キリスト教系の組織が中心となって開いた。世界中の女性メディア関係者・研究者がタイのバンコクにあつまり，95年に北京で行われる予定の国連主催「世界女性会議」に向けて，女性がメディアやコミュニケーションの面からどう貢献できるかを議論しまとめるのが目的だった。この会議はWorld Association for Christian Communicationが中心となって開催したものだが，特に宗教色はなく，むしろ，キリスト教という世界に広がっている組織の力をうまく利用して，会議をオーガナイズしているように思えた。

3　メディア・リテラシーに必要な視点

　メディアが伝える事柄を理解するのに必要な知識を，すべて備えている人は，まず存在しないだろう。相当博識な人でも知識の及ばないところはあるに違いない。メディア・リテラシーを学んだからといって，すべての事項には対応できないが，基本的に大事な視点は存在する。

市民的視点

　メディア・リテラシー運動が盛んなカナダは市民運動が盛んな国でもある。先に述べたようにメディア・リテラシーを広める働きかけも市民運動の形で行われ，アメリカからポルノや暴力を含むメディア・コンテンツが流入するのに対し，それを規制するのには限界があることを感じていた。

　ポルノは，女性の人格を無視して男性の性の対象としてのみ描いている。ということは，ポルノは女性の人権を侵害しているので，基本的人権侵害として規制することも不可能とはいえない。一方で，政治がメディアを統制することは，もうひとつの人権である言論・表現の自由に抵触する恐れがあるので，それは避けるべきだとの意見もある。そして，規制をするには，現実的な意味でも問題があった。アメリカから越境してくる放送番組はあまりにもたくさんあり，規制しきれるものではないのだ。そこで，発信する側を規制するのはもはや限界だということで，メディアを受け取る側の市民が，自分たち自身でそれに対する選択力や批判力をつけて対抗しようとした。それが，市民的視点でメディア・リテラシー運動を繰り広げた理由である。

　彼らの基本的なスタンスは，市民の常識から考えて望ましいものをよしとし，過激なセックスや暴力などの表現を受け入れないような市民を作ろうとするものである。そのためには，子どもたちに批判的思考力をつけさせようという市民運動に発展させた。そうして，親・教師・州政府などが協力して，1989年から中学校・高等学校の教育のなかにメディア・リテラシー教育が必修として取り込まれることになったのである（カナダ・オンタリオ州教育省　1992）。

ユネスコも1989年にある決定をしている。翌90年からの重点テーマとして「受け取る情報を批判的に意識化し，情報に能動的に対応できる能力を養い，メディア・ユーザーの権利を守る教育」が必要であるとした。それを受けてフランスのCLEMIとイギリスの研究機関BFIが共催し，1990年，トゥールーズでメディア・リテラシーに取り組む人たちの会合を開いた。このトゥールーズ会議の参加者を通じて，それまで導入が遅れていた国でもメディア・リテラシーに積極的に取り組むようになり，世界的なネットワークが形成されたという（鈴木みどり　1997）。

　ここでいう市民的発想とは，「地球市民」という意味合いが大きい。環境問題も地球市民的な発想で取り組んでいるもののひとつである。ともすると，経済効率性に心を奪われて，目先の利益を上げることが最優先の思想が，資本主義社会にも，社会主義の国にも，また，発展途上国にも蔓延していた。しかし，資源のとりつくし，森林伐採による地球の砂漠化，CO_2による地球温暖化，行き場のない使用済みウランを生みだす原子力発電など，数えあげればきりがないほど，たくさんの環境問題を抱えている。

　「市民的」ということばの意味あいは，理性的な判断により多くの人びとが幸せに暮らせるように願って行動する人たちの考え方や態度を表している。"Think globally, act locally"（地球的規模で考え，地域で活動しよう）という考えは，市民の理想でありメディア・リテラシーの基本でもある。

　このことは，メジャー，シェア，ケアのどのコミュニケーションにおいても重要な視点である。しかし，マスメディアにおいては，しばしば"国益"（といっても，短期的なものだが）が重視され，それが国家のエゴであることが多い。また，インターネット・サイトのなかにはシェア・コミュニケーションが多いといっても，そのなかには利己主義や自国中心主義がはびこっているものもある。どちらも，地球市民の発想とはなじまない。

ジェンダーの視点

　Ⅲ部で取り上げたように，メディア内容に関しジェンダーの視点から問題に

なることは大変多く，メディア・リテラシーも，ジェンダー平等の視点で考えることが大事である。もともと，メディア・リテラシーを考える発想の原点には，ジェンダー問題があった。先に述べたポルノも，セクシュアルな表現と，女性を性の対象としかみない人権侵害の視点が問題となっている。また，日本のテレビ番組に依然としてジェンダー・ステレオタイプが多いのは，社会的に女性の地位が低いことと，メディアの送り手側にも人権意識とメディア・リテラシーの低い人が多いからだ。

　また，従軍慰安婦の問題はなぜ，マスメディアであまり取り上げられないのか，あるいは，それが取り上げられようとすると，何故，反対勢力が動くのか，という問題はジェンダー問題の中でもミソジニー（女性嫌悪）と関係があり根が深い。また，東日本大震災では男性中心に避難所等が運営されるために，女性には不便なことが多いと報告されていることも，これと関係がある。復興には男性同様に女性の視点が必ず必要なのに，復興会議に参加する女性の数はきわめて限定的で，そのことに気づく人も少ない。シェア・コミュニケーションであるジェンダー関係のメーリングリストでは，それが大きな問題として語られているが，マスメディアである新聞やテレビではあまり問題にしていない。

　ジェンダーの視点をしっかりもつと，それ以外のマイノリティの立場も類推しやすいので，まず，人数ではマジョリティである女性が，しっかり発信していくことが大事だろう。

マイノリティの視点

　メディア・リテラシーでは，マジョリティ以外のことを重点的に考えることが重要である。女性以外のマイノリティといえば，民族的な少数者（日本では在日韓国朝鮮人，中国人，中南米から日系人他の外国人や，先住民であるアイヌ（ウタリ）など）の権利は守られているか，という視点は欠かせない。かつて「日本は単一民族国家」というような誤った認識をもって，そう発言した政治家がいたし，外国人や外国籍の在日の人たちを特別視する人も多い。そのせいだろ

うか，外国人をたくさん集めたバラエティ・ショーは，その扱いがあまりにも差別的で驚かされることがある。日本や日本人に少しでも批判的な人がいると，「いやなら，国に帰れ！」という暴言で応酬するタレントが堂々と（？）存在する。有名人がこのような発言をし，それが番組のなかで批判されないでいるのを見ると，そのように外国人と接してもよいのだというメッセージを発しているのも同じである。このような番組はメディア・リテラシーの上からは好ましくないだろう。それに対してはテレビ局のディレクターが気をつけるべきであろうし，また，彼らにメディア・リテラシーをもってもらいたいところである。

　色々な意味での社会的弱者もマイノリティと考えることができる。東日本大震災ではせっかく命が助かったのに，その後，障害者や高齢者の死亡率が高いという報道があった。障害者や高齢者，あるいはその集団に対しては，他人事のような，あるいは，やや見下したような「対策」や「援助」という視点よりは，むしろ，「共生」や「包摂」という視点で，ともに良い生き方を探っていくことが大切なのではないだろうか。

　合計特殊出生率の低下により若者の数は減少している。それに輪をかけて，経済や労働では今世紀に入ってからの若者の不利な雇用形態を放置してきたことが，若者の生活を蝕み，現在の格差を招いている。若者に対して「おたく」とひとくくりにするような，差別的な視線や取扱いを避けて，勇気づけることばが必要なのではないか。若者も今はマイノリティであり，大きな発言力をもっていないのだから。

　世界的な規模で考えてみると，アメリカやヨーロッパ先進国の通信社や報道機関からのニュースは入りやすいのに対し，アジア，中東，アフリカ，中南米の国から情報が入らないことも，知っておく必要がある。発展途上国もほとんど既開発国の視点で伝えられ解釈されている。ベトナム戦争の初期の報道がアメリカ視点でのみ語られていて戦線を拡大し，後期になって初めてベトナム国民に直接取材して問題が明らかになったように，現地の人の気持ちがわからなければニュースを本当に理解したとはいえない。近くは，湾岸戦争，9.11事

件，イラク戦争，アフガン戦争などがあるが，それらに対するマスメディア報道は，アメリカの視点中心であった。シェア・コミュニケーションによって一部あきらかになったこともあるが，真実はいまだ明らかになったとはいえない。

「人権」および「地球の将来」を考えよう

　それらを総合的にみれば，要するに，まず「人権」を深く考えていくことが大事だということになる。自分のためだけでなく，あるいは一部の特権階級だけでなく，将来にも及ぶみんなのためになっているだろうかという視点から情報を判断することが大切である。そして，市民的な視点を拡大して考えると，環境問題にも敷衍できることはすでに述べた。環境問題はしばしば，持続可能性（sustainability）や，生物多様性とも結びつく。私たちの子孫のことを思いやるなら，地球の将来を考えることが必要になり，それは，他の生物も住み続けることができることともつながる。そうなると，"Human Rights"という人間の権利や人間にとって正しいことだけでなく，地球上に生きる他の生物にとっても生きる権利があるという意味で，ほかの生物にとっての生きる権利，「生物権」も見直されてもよいのではないか。人間の知をもっと深めることにより，他の生物にもその幸せがおよび，それが回りまわって人間にも返ってくるという考え方だ。生きとし生けるものをすべて大切にするのは仏教の教えの大事な部分だが，人間がどこまで深く，遠くまで考えられるかが，メディア・リテラシーによって問われているのかもしれない。

第2章　東日本大震災とメディア・リテラシー

　Ⅱ部の東日本大震災については，メジャー情報，シェア情報，ケア情報，それぞれが必要であり，色々な面でメディア・リテラシーが必要とされることがわかった。まず，技術的な面では，マスメディアだけでなく，インターネットや，携帯・スマートフォンなどを使えることが，家族との連絡だけでなく，一般的な災害情報の入手に役立つことが実際に証明された。この，メディア・リテラシーの第一段階に挙げられた「受信過程」の情報を得る能力が，災害情報を得る上で必要とされることがわかったのである。それとともに，打ちひしがれた人びとがどのようにして悲惨な体験から立ち上がることができたか，ケア情報の大切さも再認識された。ケアについては，ことばを掛ける側も，発信リテラシーが問われる。たとえば「がんばって下さい」という何でもないことばが，被災者があまりに大勢に言われると，「こんなに頑張っているのに…」とかえって落ち込むという声も聞かれた。

　第二の「判断過程」は，原子力発電所の構造と放射性物質の飛散，そして安全尺度に関する批判的読み取り能力が大きく問われたものであった。短期的には放射能の影響から逃れるための避難行動とか，口にする食料の選択問題があり，長期的には「原発が是か非か」の態度決定をしなければならないので，そのための知識と判断力が必要になるだろう。

　そして，第三の「発信過程」では，自分が被災者に対してどう発信していくのかが通常の生活を営んでいる人には求められるし，被災者にとっては，自分たちの置かれている状況を，人びとに向かって，あるいは，政治家や行政担当者に対してどう訴えていくかが大きな課題となった。そして，マスメディアに関しては，東京発のメディアが果たしている役割と，現地メディアが果たしている役割には違いがあり，中央と地方との相互の交流（受信と発信）が大事なこともわかった。

1 地震関連情報

　日本では以前から地震情報の伝達システムが進んでいる。現在のシステムは，2003年，文部科学省，気象庁，防災科学技術研究所が共同で開発した「高度即時的地震情報伝達網実用化プロジェクト」が基になっている。その後，多少の改善を加えて，2011年3月には，地震到達前に速報を行う「緊急地震速報」と，地震発生直後に地震の推定規模と各地の震度を知らせる速報の両方がすぐに出るようになっている。地震を測定する研究所と，その伝達システムである放送メディアが直結することにより，機械的にその規模や震度が伝えられて，人びとに地震の数値的事実を知らせている。テレビを見ていれば，数秒〜十数秒，地震の到来を早く知ることができ，最も危険な場所からは逃れられる。当初の数字に対しては時々訂正が入るものの，「訂正が入る」という事実に誠実さを感じることができた。これは地震国・日本だからこその先進的地震情報伝達システムである。

　しかし，想像以上の津波が襲った地域では，プログラムに組み込まれていない想定に対しシステムは対処できず，多数の人が犠牲になってしまった。その一方で，助かった地域の人たちは「津波が来たらできるだけ高いところに逃げる」ことを，日ごろの学習で学んでいてそれを実行したのだった。2012年1月16・17日の『クローズアップ現代』はそのことを伝えていた。

　　　岩手県・釜石小学校184人の児童は，津波が街を襲った時，自らの判断で津波から逃れ，一人も命を落とさなかったという。それがどのようにして達成されたかを検証した番組が「僕らは大津波を生きた」である。
　　　たとえば，一人で家にいた少年は，「自分の身は自分で守れ」と言われたことばを思い出し，高台へ逃げて命が助かった。別の家では，小学校4年の兄が弟にジャンパーを着せ，「おばあ，行くよ」と声をかけ，家にいたおばあさんと一緒に避難した。友達と一緒に津波から逃げていた少年は，義足のため皆から遅れそうになった時，友人が背中におぶってくれ，助かった。子どもたちは助け合いながら逃げていたのだ。
　　　大人を救った子どももいた。地震の揺れが収まっても，大人たちは「ここま

で津波は来ない,大丈夫」と言って逃げようとしなかった。そこで,子どもが何度も逃げることを促し,最後には懇願するように「お願いだから逃げて」と言われてしぶしぶ重い腰を上げたのだった。「そのおかげで今も生きている」と,孫に感謝する祖母がそこにはいた。(小玉　2012a)

　この小学校で指導に当たった群馬大大学院の片田敏孝教授は,同番組のなかで,「相手は自然なので色々なことがある。その場でできるベストを尽くせ,と子どもたちには言ってきた。それを忠実に実行してくれた」と,子どもたちの先入観にとらわれない態度と素直さを強調している。このケースでは,メディアを通しての情報ではなく,その地域の問題を小学校の教育のなかで学習し,それを着実に身につけた児童たちの「津波リテラシー」が,地域の大人の常識をこえてうまく働いたといえよう。そして,このような放送があったことで,このメディア情報は全国の人に共有されて,今後生かされるだろう。
　また,地震と津波を合わせた東日本大震災という総合的な災害に関する情報についていえば,「被災地から来る情報」と「被災地に向けての情報」との二種類があった。「被災地から来る情報」については,東北から北関東の各地に常設された複数の天気カメラを使って,津波が襲来する様子をリアルタイムで伝えた。また,ヘリコプターが上空から広範囲の災害の全貌を把握するために各地を移動しながら中継映像を送ったのだった(田中・原　2011)。
　このように,当初津波は大々的に伝えられたが,それは主としてマスメディアによる取材ができた地域の情報である。そのなかでもセンセーショナルな映像,たとえば大津波が陸地を洗っていくようなショッキングな映像が主体となったのは,マスメディアの習性としては当然のなりゆきであったろうか。このことについては,NHK放送文化研究所の『放送研究と調査』に興味深い分析結果が載っている。

　　「地震発生から最初の24時間に伝えられた市町村の取り上げられた度数による順位と,被害の大きかった市町村の死者・行方不明者数による順位とを比べてみると,そこにはあまり相関関係が見られない。たとえば,被害の大きかった

岩手県大槌町，山田町，宮城県山本町などは，全局を通じて，24時間の間に伝えられた区域の上位に入ってなかった。もっとも被害が大きかった宮城県石巻市は，映像で16位，音声で17位の位置である」（田中・原　2011）。

　もっとも，地震発生直後では，被害の大きいところほど情報源となる施設や人材が失われ，メディア対応など思いもよらない事態が発生していたから，無理もない話である。一方，石巻はその後復興の拠点となったから，今度は実態以上の頻度で取りあげられたりもした。そして，映像的にショッキングな津波などの素材は，それがひどければひどいほど繰り返し使われ，そのすぐ隣の地域についてはほとんど報道がなかった。メディアは報道に際し，時間的・取材人員的・予算的制約をいつも受けている。取材される地域の公平性までは考えが及ばないから，そういう事態は何時でも起こっている。そういったメディア内部の事情を推測する能力もメディア・リテラシーには必要になってくる。

　被災地にとっての情報が少ないという批判もよく聞かれることである。たしかに，東京発の報道で全体状況がわかっても，地域の人に役立つ情報はあまりない。時として部分的に取り上げることはあっても，それは同じような状況が他にもあろうという推定のもとに，一事例として取り上げるだけであるから，実際の役には立ちにくい。

　地方のテレビ局や地方のラジオ局が，自局でカバーする地域の情報を取り上げる方が，実効性のある情報であったといえよう。ただし，そういう場合にも地方局の悩みがあったことはⅡ部で述べた。地方局は記者の数が少なく，キー局からの依頼で全国向けの取材をしていると，自分たちの立脚する地域のための取材ができなくなってしまう。現地ならではの全国に発信したいテーマは別にあり，それをカバーできないことも残念だという記者の声もあった。

　一方，コミュニティ放送は地元住民からの情報を確認の後，すぐに放送に乗せて，フットワークの良さを示していた。CATVや災害FMの放送範囲だと，具体的な通りや橋や店の名前をいうことで，実際にそこを通る人へのち密な交通情報を伝えたり，買い物の情報を提供したりできる。彼らの多くはボラン

ティア・ワークに近い形で放送に携わっており，大部分，自分たちも被災しながら使命感に支えられて行動をしていた。また，「災害時にはラジオ」といわれるように，日ごろからの実績のある中波も，臨時にできた地域FMも，それぞれできる限りの放送をしていた。そして，それをインターネットで全国につなげる「radiko」も有用であった。

2　原子力発電所事故の関連情報

メディア・リテラシーのなかでも，福島第一原子力発電所の事故では，「批判的読み取り能力」が，もっとも求められたのではなかったか。原発についての基礎知識，政府や東京電力という当局者たちの態度から真意を推定する力……こういった読み取り能力には，かなり高度なリテラシーが要求された。当事者たちは，自分たちの落ち度については隠したがる。そして，現状をできる限り肯定的に表現するものである。そこで，当事者発表のメジャー・コミュニケーション情報に対抗するには，全く違う立場からのカウンター情報が必要になる。それには，Ⅱ部で述べた「原子力ムラ」などの原発行政から，排除されていた人びとの意見が重要である。それまで排除されていた人びととはどういう人か？　原子力研究者としてきちんと研究をしているのに，年齢が高い割には大学での地位が低い人，あるいは，原子力研究の設備の整った大手の国立大学ではなく，小さな大学や民間の研究所に移っている人…などの研究者とのシェア・コミュニケーションによって，メジャーな人々の発する情報をおぎなわなければいけない。こちらは，受信過程の情報入手のためのメディア・リテラシーである。

「直ちに影響はありません」

2011年3月11日の事故発生直後についていえば，まず，政府や東電の発表についてどこまでが正しくて，どこまでが正しくないか，また，真意がどこにあるかを探る能力が要求された。「直ちに影響はありません」という政府コメン

トの解釈は，ある意味，当局者としてはうまい言い方かもしれない。嘘は言えない，でも，人びとを慌てさせたり，パニックに陥らせたくない…という気持ちが込められている。「今すぐには健康に影響が出ない」というのは真実かもしれないが，「今すぐには影響が出ないが，将来的には何が起こるかわかりません」という可能性を暗示している。ここでは，「ことばの含意」を理解する必要があったのだ。表現されない部分にある真実を感じ取るのは高度なリテラシーであるといえよう。

同心円状の放射能の影響範囲の図

　同心円状の放射能の影響範囲の図については，事故直後のまだ詳細がわからない段階では，とりあえずこの図が出るのは仕方がないであろう。しかし，気象観測ができ，その後の風の流れや降雨の状況がわかった後も，あたかも放射性物質の影響の度合いが，原発からの距離に比例するかのような，同心円状の影響図を継続的に出すのは誤りだったのではないか。少なくとも，政府はSPEEDIによる予測結果を発表し，それに基づいて政府や東電が対策を講ずるとともに，被災地域の人にもその情報を提供して，判断してもらうようにすべきだったのではないか。

　放射性物質の拡散は爆発を起こした日の風の流れと降雨に影響を受けた。まず原発のある場所から北西に向かい，飯舘村などを経て福島市方面に達した。そして，次に，福島県の中通りを南下して郡山に達し，やがてそれが北関東の県に移っていったのである（図Ⅱ-2-1参照）。

　原発から20kmの少し外側に位置する南相馬市の大甕（おおみか）小学校の平間勝成校長は，こう言っていた。「小学校は原発から近いにもかかわらず放射能汚染の影響は小さく，汚染濃度は東京とさして変わらない。そこで，全校舎の拭き掃除などをして除染した結果，10月17日には授業再開にこぎつけることができた」（小玉他インタビュー　2011年10月）。このことは，汚染マップからも裏付けられている。

　その一方で，原発から北西の方角にあたる飯舘村は，原発からの距離は30〜

50 kmと遠いのに，4月11日になってから，全員避難を要請された。畜産農家では，せっかく苦労して飯舘牛として育て上げてきた牛の扱いについて，地元に放置する，他に受け入れ先を求める，処分する，などを慌ただしく決め，身を切られるようなつらい思いをした。全村移転を余儀なくされることになったが，それを政府が決めたのは地震から1ヵ月後のことだったので，すでに人びとは多くの放射線を浴びていたかもしれない。早くからわかっていれば，子どもたちをまず避難させることができたし，生き物への放射線の影響も少なくて済んだかもしれない。したがって，この「正確なデータがあるのに発表しない」という問題は，後々まで不安を残す結果となった。

「冷温停止状態」

　また，復興の過程でも東電や政府発表には疑問が付きまとう。2011年12月17日，野田首相は「東京電力福島第一原子力発電所の原子炉は"冷温停止状態"に達し，事故そのものは収束に至った」と公式に発表した。「事故収束に向けた道筋のステップ2が完了したことを宣言する」と自ら会見場に臨み，そこで語ったのだ。「原発事故との闘いがすべて終わるわけではない」とのことばがつづくものの，この「冷温停止」ということばは誤解を招くとして批判は多い。たとえば，東京新聞が「放射性物質の放出や汚染水の懸念も残り，絶対安全の保証はどこにもない。廃炉までの長き道のりを考えれば，幕引きとはあきれ返る」と社説に書いている（東京新聞　2011年12月17日）。また，外国メディアも懐疑的だ。ニューヨーク・タムズは早くも「冷温停止宣言」の三日前に発表予定をつかみ，14日に「日本政府は重大な疑惑を伏せて，原子炉をコントロールしていると宣言するかも知れない（Japan May Declare Control of Reactors, Over Serious Doubts）」と題する解説記事を掲げた（*New York Times*　12月16日取得）。つづいて，ドイツのDPA通信は，「フクシマの原発の廃墟が制御された」と速報する一方で，「燃料棒が溶融し，圧力容器を破って地上にもれているともみられ，まだ安全な状態には程遠い。これで冷温停止を宣言するのは意図的なウソと紙一重。日本政府はミスリードしている」とオーストリアの専門

家の見方を紹介した（毎日新聞　2011年12月16日取得）。

　この件については，原子力の専門家や，原子力発電に批判的な人のブログでも活発に取り上げられて，議論を呼んでいる。原発の危険性を指摘してきたことで知られる京都大原子炉実験所助教の小出裕章は以前から次のように述べていた。

> 　冷温停止というのは圧力容器が健全の形でその中に水を蓄えられて，その中に炉心というものがまだ存在しているということを前提にして，圧力容器の温度が100℃を下がるか上がるかという，そういうことを議論しているわけで，そもそも炉心が溶けてしまって圧力容器の外に出てしまっているという状態であれば，そこの温度をいくら測ったところで意味のないことを言っていて，これから問題なのは落っこちてしまった炉心が一体どこにあるのか，それをどうやって閉じ込めることができるかという，そういう議論こそ本当はしなくてはいけません（テレビ朝日『報道ステーション』2011年9月20日）。

　炉心がメルトダウンしている状態の冷温停止など本来あり得ないとしているのに，なぜ，このような政府発表があったのか，それは，政府が一定の目標に向かって着々と進めているという，宣伝に過ぎないのではないかとの疑問がわいてくる。

　スポーツ紙でもこの問題は取り上げられた。国会に設置された東京電力福島原子力発電所事故調査委員会の黒川清委員長（元日本学術会議会長）は18日，同発電所を視察。「爆発後の原発を見て，自然はだませないという基本的な共有の気持ちができた」として，政府の宣言は「国民の受け取り方とはギャップがあるのでは」と話した（『日刊スポーツ』2011年12月18日取得）。

　一国の首相のことばは重いから，首相の会見を報道すること自体は，当然かもしれない。問題は，マスメディアがこぞって，非常に大きく「冷温停止」と見出しをつけているところにある。これが与える印象は，「これで安全が回復した。ひと安心」というものである。マスメディアの傾向として，「政府の記者会見による発表はそのまま大きく伝える」ことがあり，真偽に関わらず伝えてしまうところに，誤解を招く温床がある。「政府はこういっているが疑問」

という場合には，その記事の見出しに直接疑問符をつけて載せるとか，あるいは，もっと小さい記事にして下の方に載せるとか，工夫が必要だ。たとえ，同じ新聞の別の欄でそれに対する批判的コメントがあっても，一面に大きくそれが出れば普通の人ならそれを読んでそのまま受け止めるだろう。読者は，そういうマスメディアの癖を知って，他のシェア・コミュニケーションを使って補完しながら読み解くのが，メディア・リテラシーの面で大事なことだ。

このほか，原発のメディア・リテラシーに関しては，過去にさかのぼって考えなければならないことは，すでにⅡ部でも言及したが，もう少しここでは踏み込んで考えてみよう。

3　原子力発電導入とメディアの歴史

メディア・リテラシーの観点から考えると，私たちは60年近くにわたって原発についてきちんと理解しないように導かれていた，という事実にあらためて思い当たる。

第二次世界大戦中とそれに至る歴史のなかで，日本は軍部に情報をコントロールされて，新聞やラジオが報道の自由を失い，軍部が発する情報に従ってしまった。そして，国民は戦争の正当性と，戦争は勝っているものと信じ込まされてきた。その反省に基づいて，戦後は「言論の自由」が保障されるようになった…というのが，一般的にいわれているジャーナリズムに対する見解だ。しかし，日本の原子力発電導入から今日に至る歴史を思い起こしてみると，「言論の自由」が憲法上保証されていても，私たちは見事に誘導され得ることを証明している。誘導には色々な方法があるが，最も典型的なものは，耳に心地良いことだけを言いそれを"良きもの"と思わせることである。実は，広告にはほとんどその手法がもちいられているが，私たちは広告であることを承知しているので，その通りにはうけとらない。しかし，原発については，報道なので良い面だけがとりあげられているとは知らなかったのである。

広島・長崎に原爆を落とされ，悲惨な目に遭った日本人は，世界のなかで最

も原子力の怖さを知る国民であり，それゆえに，原子力を憎んでいるはずだった。しかし，私たちが希求してやまない二文字をつけて，「原子力"平和"利用」としてそれは紹介された。原発導入時も「原子の灯がともる」という未来技術を暗示することばで，原子力発電に対しポジティブなイメージを抱かせた。科学技術立国を唱えていた時でもあったので，これからの日本経済を支えるものであるとして，原子力を受け入れる素地を作ろうとしたのである。発電量のなかに原子力が占める割合は次第に高くなり，それは電力の"安定供給"の掛け声とともに，産業を支える柱のひとつとして宣伝されてきた。

＜核廃棄物＞

その陰で，言及されなかったものの第一は，原子力発電により生じる核廃棄物問題である。東西冷戦のなかで，政府は，いざという時に核廃棄物のウラニウムを利用し，水素爆弾を作れる能力をのこしておくつもりであった。しかし，この件については，その後，日本においては非核三原則ができる一方，国際的には核不拡散条約もできたので実現には至らなかった（とはいいながら，三原則のひとつ「核を持ち込まず」については，アメリカの原子力潜水艦の寄港などもあり，その通りではない）。

そして，言及しなかったことの第二は，原子力発電により生じた核廃棄物を再利用して発電をすることになっていたのだが，それはうまくいかなかった点。結局，放射能をもつ膨大な量の核廃棄物がそのまま使われないで残ったことである。核廃棄物の処理には世界中の原発保有国が処理に困っている。発電所に置いたままのもの，中間処理施設に置こうというもの，永久に地下300mのところに埋め込もうとするなど，段階による対策が考えられている。しかし，いずれの場合も，予定地の住民や原発を危険と考える人たちの反対にあって進んでいない。

この時点で悟らなければならないことは，現在この地球上で生活している私たちの世代が犯している罪である。子や孫だけでなく後世のすべての人たちに，放射能を有する危険物を残すようになってしまった。このような人類史における最大の負の遺産を，さらに増やしながら残しつづけて良いものであろう

か。原発を許容するということは，自分の生活利便性のために，核によって世界を汚しつづけることが許される，と考えることなのである。

　私たちは，核廃棄物のことはもっと知っておくべきだったが，開発推進派の人びとはそのことに言及しなかったし，人びともそこまで想像力を働かせていなかった。もちろん，原発の危険性を知る少数の人たちは，ずっと以前からその警告を発していたのだが，彼らは政府の原子力関係の委員会からはずされ，原発反対に言及したら最後，大学のなかでもまったく昇進しなくなったり，大学の研究職につけないような事態になったりしていたことはすでに述べた。良心的な学者はそれでも発言をつづけたが，それは，発行部数の少ない著書のなかとか，地方局のドキュメンタリーなどにとどまったため，全国的に多くの人の目には触れなかった。

　そんななかで，2008年に毎日放送（関西エリア）が制作したドキュメンタリー『映像 '08　なぜ警告をつづけるのか〜　京大原子炉実験所"異端"の研究者たち』を，「3.11」以後にインターネットにアップされている映像でみた。小出裕章，今西哲二といった，原発事故後に真実を語る研究者として有名になった京都大学助教の方たちが，原子力発電所の危険性について指摘していたのである。彼らは，原子力研究の主流派が「推進」のための言動をしていたのとは逆に，「原子力をやめるのに役立つ」研究をし，原発立地反対住民に協力しながら，政府の原発推進方針に反対してきた。番組の中で今西は言っている。「事故が起きたらとんでもなく危ないものを，絶対安全です，と言って始めた。リスクを明らかにしながら進めるべきです」と（video.google.com　2011年12月21日確認）。

　このようなドキュメンタリーは，テレビ放送だから本来はマスメディアのメジャー・コミュニケーションのはずだが，前にも述べたように，マスメディアのなかでも，ニュース報道かドキュメンタリーか，放送時間帯が高視聴率帯かそうでないか，予算が多いか少ないか，そしてネットワーク放送かどうかで，放送のなかではメジャーではないことがある。だからこそ許されたかもしれないこの放送なので，これはマスメディアのなかのシェア・コミュニケーション

ということができる。

<安全性>

　また，疑問はあったが電力会社や政府に押し切られてしまったものに「安全性」の問題がある。Ⅱ部で説明したように，原発事故はあってはならないことだから万全の態勢で臨んでおり，それゆえに事故は起こり得ない，とする電力会社の言い分の非論理性に適切に対応してきたか，という問題が残る。たとえ発電所見学をしても原子炉の内部までは知りえない記者たちは，どこが危ないかを具体的に指摘できないままに受け入れてきた。一般人は，「安全だ」といわれれば，納得はしなくても反論ができずに，事故が起こらないことを願う以外なかった。しかし，実際には日本でも事故はしばしば起こっていた。今回のような破壊的な大事故に至らなかっただけである。

　原発が安全だとする神話は，電力会社側のスポンサーとしての力と，いわゆる"原子力ムラ"を通しての一部の記者との"協力関係"構築により，批判を許さない体制を作ってきた。メディア対策にそれだけの資金と労力をそそぐなら，それを原子力発電所の事故対策に万全を尽くしてほしかったといっても，それは後の祭である。原寿雄は，「アフター・ジャーナリズム」から「ビフォアー・ジャーナリズム」(原　2011)を提言し，「そういえば，こういう人の意見もあった」と，後で思い出すのではなく，事前の警告報道をしっかりしておくべきだといっている。

　原子力関連でのメディア・リテラシーは，一般的なメディア内容を批判的に読み解く力と同時に，メディアの構造や，原子力ムラの住民である"主流中の主流の人びと"のメンタリティと行動パターン，お金や地位などの利権構造を理解することが大事であろう。

　一連の"主流の人々"の中でもとくに私たちが失望を隠せないのは裁判官である。明らかに論では負けている原発推進派の人たちを勝訴としてきた彼等には，合理的精神や倫理観はないのだろうか。商業主義からはもっとも遠いはずの人たちに，理性と道徳観がなければ国民は救われない。

4　シェア・コミュニケーションへの注目

　これまで述べた事柄はマスメディアを中心にしたメジャー・コミュニケーションの内容であって，すべてのメディアがそうであったというわけではない。I部で述べたように，シェア・コミュニケーションでは別の視点をもって情報発信をしているものがあった。たとえば，前にも述べた高木仁三郎を中心とした高木学校のグループでは，原子力発電の危険性を早くから取り上げて，それを本に書いたり，また，求めに応じて出前の講座を行ったりして，人びとに普及しようとしていた。また，マスメディアでも部分的には批判的なシェア情報も出していた。

　さかのぼれば，原発導入を決めた当時の原子力委員会は，当初，日本学術会議の科学者の意見を取り入れようとしていた。学術会議では，戦後の素粒子研究をリードした湯川秀樹，朝永振一郎，坂田昌一らの意見として，原発が守るべき三原則を決めていた。「機密をなくす公開の原則」「機密が日本に入りこむことを防ぐため，外国に依存しない自主の原則」「政府その他の独占を防ぐ民主の原則」の三つ，いわゆる「公開」「自主」「民主」の三原則である。

　しかし，学術会議の意向を政府が段々無視するようになったことが，坂田の後輩によって記されている。「朝永を中心に内閣総理大臣に平和利用を保障する措置を講じるよう学術会議から申し入れがなされた。これが三原則を取り入れた原子力基本法の成立を促した。この後，原子核特別委員長になった坂田は，拙速で原子炉の導入を進めようとする政府の動きに対し，科学者として何を優先すべきかを真摯に訴え，とりわけ原子力問題が政治化して行く中で，上の三原則を具現化すべく，あらゆる困難にたち向かおうとした」のであった（樫本　2012）。

　それを政府や東電が守った形跡はない。公開原則どころかほとんどのことが秘密裏に行われ，政府と電力会社との相互依存関係が優先し，民主の原則は全くといってよいほどなかった。しかも，原発の基本設計はアメリカから来ていた。

それに対するメディアの動きは一律には語れない。先述のように，テレビ局では，ニュース部門では政府の発表をそのまま流していたが，ドキュメンタリー部門の人びとは問題意識をもって原発反対の住民運動を取り上げたり，チェルノブイリを例に引きながら日本にも警告を発したりしてきた。しかし，視聴者・読者の多くは，そういう本を読まず，ドキュメンタリー番組を見ないでいたかもしれない。また，インターネットが普及し始めてからは，フリーのジャーナリストが独自に取材して警告を発してきたが，それに注目した人は少なかった。

　2011年3月11日に，福島第一原子力発電所で事故が起こった後でも，原発を継続的に稼働させることに積極的な人びとがいる。理由として，経済的に豊かな生活をする為，工業生産を維持する原子力発電が必要だから，というのが表向きの主な理由である。あるいは，発電所で働いていた人びとの失業を心配したり，原子力発電の方が安いとしたり，電力が足りなくなるのは困るとするなどの理由で，原発の継続を承認しようとする。しかし，震災から1年を過ぎても，福島とは離れた三陸の津波による瓦礫でさえ，放射線が計測されるといって受け入れを拒否する人びとが多い中で，核廃棄その物の場合は比較にならないくらい放射線を出していて，捨て場などあろうはずがない。その問題が解決しない限り，核燃料をこれ以上使ってはいけないのである。

　そのほかの問題については，1年間でかなり見通しが立ってきた。失業者がでる問題は，自然エネルギーなどの代替電力生産に向ければ，同じ産業に従事しながらもっと安全に働けるだろう。原発のコストは結局，電力料金計算外の地域への支援金や事故の保障金で，とてつもなく高くつくことがすでにわかっている。さらに，電力不足の件では，設備がすでにある火力発電所を稼働して何とか切り抜けているのと，その間に節電対策が進んで消費電力が少なくなりつつある。因みにドイツでは，日本の［3.11］の後に脱原発を決め，当時，電力不足が心配されたが，1年を待たずして余剰電力を産み，2012年2月には原発推進国であるフランスに電力を売るまでになっている。

　原発問題に対する判断は，私たちに突きつけられた究極のメディア・リテラ

シーである。それは，あらゆる情報を冷静に判断したうえで，人間としての生き方を，地球的な規模の時間と空間の中で考えるべき課題なのである。

5　ケア・コミュニケーション

　東日本大震災であらためて必要とされたコミュニケーションの種類は，「ケア・コミュニケーション」といえよう。被災地の人びとは地震だけでも大変だったのに，津波という大きな災害に呑み込まれて，考えられないほどの苦難を体験した。家や家財が丸ごと流されただけでも立ち直るのに大変だが，大切な家族や友人が津波で失ってしまった人たちは，どれほど大きな衝撃を受けたことだろう。それでも，生き延びた人びとは，自分が生かされたことの意味を自分に問い返しながら，生きることが求められる。

　命が助かっても，高齢者や障害者，病気の人や，乳飲み子を抱えた人たちにとっては，避難所生活を送るだけでも苦労は多い。そういったなかで，ケアのコミュニケーションは色々なところから発信された。ここでいう「ケアのコミュニケーション」とは，いわゆる心身の病気に対する介護・看護だけを意味してはいない。病気に至らなくても人は安らぐ空間や時間が必要である。一人でいる方が安らげる人には安らげる空間を，忙しすぎて休む暇のない人には休む時間を，人との交わりが必要な人には交流のチャンスをあげたい。しかし，何か重荷になることがある時，人は何らかのやさしさや慰めのことば，場合によっては励ましのことばがあると救われる場合も多い。それは個人対個人のコミュニケーションばかりではなく，広い意味でのメディア・メッセージを通しても行われる。人との対話や聴講，読書，映像・音楽の視聴，そして自分自身による演奏や語りかけも，感情の流露として，それに連なるものである。心に響くことばや行動は，発した人と受けた人との思いが重なり共感したときに効果があり，それは，周波数が一致して急に電波が受信できたときと似た喜びがある。いくつか例をあげてみよう。

『詩の邂逅』

　「ケアのコミュニケーション」は，しばしば発信と受信とが，精神的に近い場合が多い。たとえば，福島で多くの被災した人びとが慰められたといわれる詩集『詩の邂逅』(朝日新聞出版，2011年)は，作者の和合亮一自身が福島の出身であり，福島への思いが深かった。詩集の表紙の帯にあるように「様変わりした故郷への葛藤を抱えながら，福島に住み続ける人びとの"声"を聞き，失われた日常を取り戻す」(和合　2011)ことが出版の動機であった。震災を通じて知り合った人びととの「邂逅」を詩にし，「対話」という散文にして，その「思い」を通わせるところに，単なる情報と違う心のつながりが生まれる。(和合亮一の『詩の礫』は以下のサイトで見ることができる。http://www.aizu-artfest.gr.fks.ed.jp/yell/sakuhin/9_wa/03_wagou.pdf)

　和合の詩を読んで「うつくしい」と思ったyumenohotcakeさんは，それをインターネット上でこう評した。

> この「うつくしさ」は，なんなんだろう。
> それは，きっと，「いま自分がこれを伝えないと，だれが伝えるんだ」っていう，ほとんど務めにも似たような思いを，和合さんが，切実に抱いているからではないだろうか。
> 正直ぼくには，いま，そういった切実さをまったくともなわない表現やメッセージが，心底不要におもえてしかたがない。いや，実は前から，うすうすわかってはいたんだと思う。でも，正視するのが億劫だったのだ。震災は，そういうほんとうのことを，一気に，あらわにしてしまったように思える（夢のホットケーキブログ　2011年12月31日取得）

　インターネットでは，他人を非難することも多いが，サイトをよく探すとケアのコミュニケーションもたくさんある。上記の和合の詩に対する批評も，ある人にとってはケアになろう。

　一方，マスメディアである大手新聞にもケアの紙面があることはすでに書いた。たとえば，『毎日新聞』の被災者のための面である「希望新聞」や，東京新聞が「被災地から」「ボランティアの力」「つなぐ支援」などに一面をさいてい

るのはそれに当たる。被災地の人びとの生の声を載せることで，ある被災者の声を他の被災者や支援する人にも伝え，思いを共有する。また，支援者の側からも「できること」「提供できるモノ」情報を被災者に伝え，無駄のない支援に一役買っている。ここでは，その紙面が被災者同士や，被災者と支援者をつなぐ役割をはたし，両方を精神的・実質的にサポートしながら，ケアのコミュニケーションを成立させているのである。

"場"の癒し

　また，集会などの"場"もケアのコミュニケーションになりうる。

　元文化放送ディレクター鎌内啓子と俳優でアーティストの金子あいは「フクシマを思う」というイベントのシリーズを始めた。東京・吉祥寺の光専寺本堂という場所で，「フクシマの今を聞く」「放射能汚染と農業について考える」など，回ごとにテーマを変えながら集会をもつ。同時に難しい話ばかりでなく，「フクシマを奏でる」など芸術も忘れてはいない。たとえば，金子あいの詩の朗読，尺八と箏のデュオであるカート＆ブルースの演奏など，フクシマにゆかりのあるアーティストを呼んで，音楽や詩の朗読，トークなどを行っている。

　語りや演奏を聴きつつ，フクシマを思うこの営みは，少なくともそこに集まった人びとといっしょにフクシマを思いながら時を過ごすことで，共感できる仲間のいることを実感して，気持ちが和む。また，福島以外の人は福島の現状に心を馳せることで，自分も何らかの務めを果たしていることに，少し安堵の思いがするかもしれない。同じ場でひとときの時間を共有し，同じ思いをつなぐことはケアのコミュニケーションとして大事なことである。

　もうひとつの事例としては，こんなものがある。福島県の川俣町では1975年から町おこしの一環として「コスキン・エン・ハポン」という，中南米のフォルクローレを招いてのフェスティバルを行ってきた。川俣町は原発から30キロは離れているのだが，放射性物質による汚染濃度が高くなってしまい，避難をしている人も多かった。そこで，パラグアイで女性のエンパワメント活動を行っている藤掛洋子は，東京家政学院大学講堂で「コスキン・エン・ハポン」

を開いた。そこでは，今までに川俣町で演奏した経験のある演奏者や，ラテン・アメリカから日本に来ていた人びとなど，川俣町に思いを寄せる人が集まった。そこには福島から東京に来ていた人も多く参加し，その舞台と客席の織りなす楽しくもしみじみとした雰囲気に，癒された人も多い。

　これらのケアのコミュニケーションで大事なこと，それは，その情報を探し当てる受信力だけでなく，自分も参加者になったり発信者になったりすることである。現地に行って実情を見ることは，メディアをとおして知ることとは比べ物にならない大きな経験である。それを，身近な人に伝えればさらに理解の輪が広がるし，また，体験を「ことば化」することで意味を自分なりに意味を再確認できる。そして，他人のケアに貢献し自分も癒される体験となる。

　東日本大震災で非常に大きくクローズアップされたメディア・リテラシーの中で，第一段階の「受信」については，「使えるメディアを使う」ということであった。停電でテレビが見られなくなり，交通遮断で新聞も届かなくなった時，どのようにして情報を得たか，という問題があった。避難所には地元の新聞社が「手描きの新聞」を配ったりもした。第二段階の「判断」では，短期的には政府と東電の発表があてにならず，何を信じればよいかわからなくなったこと，長期的には長い間，原発報道に操作されていたことが明らかになった。そして，自分なりに調べてみることの大切さがわかった。第三段階の「発信」では，多くの人びとがインターネットで発信をし，その積み重ねが情報として機能していたことがわかった。震災は，メディア・リテラシーが大きく必要とされるでき事だったのである。

第3章　ジェンダーのなかのメディア・リテラシー

　もともと「メディア・リテラシー」発想の原点には，女性のメディア表現問題があった。そして，社会的マイノリティとしての女性表現の問題点がわかれば，マイノリティ一般の問題にも応用が利き，マイノリティが，いかにメジャー・コミュニケーションのなかで差別的に取り扱われているかがわかる。

1　マスメディアに女性描写の問題点を発見する

　マスメディアで働く人は主として"主流の人びと"の属性をもっており，その属性が，［男性・20～60歳代・大学卒・健常者・都市生活者・日本人（日本の場合。世界的には白人）］であることはすでに述べた。他のマイノリティの場合には，メディアでの扱いが少なくても，それは人数のせいだと思われる可能性があるが，女性の場合は男性より人数が多いのに扱いが少ないので少数であることが差別の理由とは認められない。また，女性の場合，人数が多いだけあって，数々の差別的事例があり，統計資料でも示すことができる。さらに，他のマイノリティには応用しなくても，人口の半分以上の女性の問題を取り上げるわけだから，充分誰もが知る必要がある大きな問題である。

　ジェンダーに関しても，「メジャー・シェア・ケアのメディア・コミュニケーション論」からの考察が成り立つ。女性がマスメディアで取り上げられることは少なく，取り上げられる場合は，「特殊な存在」という形で取り上げられる事例が多い。わたしが『ジャーナリズムの女性観』（小玉　1989）のなかに書いた女性表現の特徴は，20年以上たった今も，程度の差こそあれ，依然として有効である。そのような表現はメディア・リテラシー上も注意すべきことなので，もう一度ここに要点を記しておこう。

ジャーナリズムの女性観

① **人類の亜種としての女性**：男性は人間の基本形として描かれるのに対し，女性はその変形のように描かれて登場する。たとえば，職業を表わす場合に，男性では職業を表す名詞の前に何もつけないが，女性だと「女性○○」と冠がつく。「女性首相」「女性大臣」「女性裁判官」「女性教授」「女性官僚」「女性弁護士」「女性医師」…など。同じく「女流」も用いられる。

　中には，同じ職業でも女性専用の単語も用意されている。「婦人警官」「女子アナ」（女性アナウンサーの中でも若い人に主に用いられる），少し古典的な言い方では「閨秀（けいしゅう）」（学問・芸術などに優れた女性）というような表現がある。これは，職業の多く――それも高度な知識を必要とすればするほど――が，男性を前提として考えているからである。

② **客体としての女性**：メディアが物を見る視点は，基本的に男性目線である。男性が主体として存在し，その立場から物を見ている。わかりやすくは映像に例えられる。見る人が主体で，見られる人が客体とすれば，メディアのなかで女性はほとんど被写体であり，見られる存在である。このことが，女性は美しくなければいけなくなり，女性は外見上の善し悪しが仕事にさし障りを生むことにもなる。一方，カメラ・パースンは男性がほとんどであり，カメラ・ウーマンは少ない。

　政策等でも女性を主な対象とするものに「女性対策」という名前が付けられることは，女性は「自分たち」とは思っていない証拠である。これに対し，「男性政策」や「男性対策」は聞いたことがない。

③ **従属的存在**：事件報道でみられる典型的な文章パターンでは，女性が事件の主人公であっても「○○さんの妻，△△さん」であるが，「△△さんの夫，○○さん」は見かけたことがない。

　死亡記事に掲載されている人物については，男性は自分が社会で活躍した人であるのに対し，女性では，夫が社会的地位の高い人か，息子が有名人である場合が多い。逆に妻が有名人・社会的地位が高い人の夫が死亡しても，それはほとんど記事にはならない。妻は夫の社会的地位に

従属しているが，夫は妻の社会的地位からは独立している。

　このことは，銀行でローンを組みたてる時や会社で住宅資金を借りる時に，女性は収入が多くても貸し渋りにあうことと，精神的につながっている。

④ **低能力の女性**：もともと女性の能力は低いという前提で，仕事の記事などが書かれている場合がある。女性がパートや派遣労働に従事していても何ら問題にせず，女性の能力はそれにふさわしいと思われている。しかし，男性の短期雇用が増え，その人たちの結婚難が伝えられたりすると問題にする。あるいは，男性だったら普通のサラリーマンと呼ばれる程度の仕事でも，女性がしているとキャリア・ウーマンなどと呼ばれるのは，もともと女性を低く見ていることの裏返しである。①で述べた「女性○○」も，もともと女性は低能力なのに，その割には頑張っている，という意味合いが込められているだろう。「○○女史」という言い方も，同じ含意がある。

⑤ **家に閉じ込められる女性**：「女性の幸福は結婚にある」と言われ，女性については結婚し家庭の専業主婦になることが奨励される。「結婚が女性のしあわせ」であるとすれば，結婚は男性にとって何なのか，そこに幸福はないのだろうか。単に妻や子を養っているだけの存在なのか。それなら，男性は社会保障の一部にすぎないのか。

　他方，非婚の女性には，結婚しない方が自由に生きられて良いと思っている人が多い。というのも，働く女性は家事をほとんど自分で引き受けているから，結婚すると2倍は働かなければならない。

⑥ 女性の描き方の個別の特徴ではないが，**全体として女性は画一的に描かれる**，ことを指摘しておきたい。男性は人それぞれ違うように描かれるが，女性になると「女はこうである」と一般化されて一つにまとめられる。それは②の「女性が客体である」ことと関係がある。人は自分の属する集団については個別の差異がわかるが，属さない集団に対してはステレオタイプでまとめがちである。まさしく，女性はメディアの"主流

の人びと"にとっては「別の集団」であるので，容易にステレオタイプ化してしまうのである（小玉　1989）。

　このような，女性描写の特性は今でもたくさん見出すことができる。もちろん，1989年に比べれば，私たち女性メディア研究者が指摘し，メディア内部の女性が呼応したために，メディア側が注意するようになり，差別的表現もいくらか少なくなった。とはいえ，まだまだ世の中には上記のような見方がなくなっておらず，この問題の根の深さがわかる。

　女性とメディアの問題は，内容分析研究，言いかえればコミュニケーション内容の質と量に関する研究であり，メディア・リテラシーのなかでは，批判的読み取り能力に重点が置かれている。そして，その原因の一つとして，マスメディア内のジェンダー構造が挙げられる。それについては，Ⅲ-1-4で述べているのでもう一度，ふりかえっていただきたい。

　さらに，商業主義が女性の身体を性の対象としたり，女性自身に過剰なダイエットや整形を勧める広告が多く出されたりして，先に述べた改善の方向とは無関係に野放しになっている。それが差別にあたるとは意識せずに，あるいは，わかっていても目をつぶって，メディアで過激な表現を露出している。ポルノグラフィのような明らかな性差別的表現だけでなくても，不必要な性表現の氾濫の多くは，女性の体を性の売り物にしているので，それは，女性という集団全体に対する「集団誹謗」となり，人権侵害の問題である。

　女性が男性の性を消費する割合は，量的にはまだ小さなものであるが，最近では，男性の性も商品化されることがある。こういう状況ではそれを必ずしもジェンダー差別とは言い切れないが，性を，そして，人間を商品として扱うことは，男女を問わず人権侵害にあたるから，人権問題として，メディア・リテラシーで取り上げていくべきであろう。

　性とメディアの問題は，これまでにも揺れ動いてきた。はじめはジェンダーの問題としてではなく，「猥褻（わいせつ）」かどうかが問題となった。猥褻とは法的には「いたずらに性欲を興奮又は刺激せしめ，且つ普通人の正常な性的

羞恥心を害し，善良な性的道徳観念に反するものをいう」(判例集　刑集11巻3号997頁）とされている。これは，1951年，D. H. ローレンスの小説『チャタレイ夫人の恋人』が猥褻物に問われた事件に対し出された判決のなかで定義された。同小説を翻訳した作家・伊藤整と，版元の小山書店社長・小山久二郎が，刑法第175条の「猥褻物頒布罪」に問われた。興味深いのは，最高裁判決のなかで猥褻かどうかの判断は法解釈の問題とし，裁判所がそれを判断できるとしている点だ。すなわち，「裁判所が右の判断を為す場合の規準は，一般社会において行われている良識すなわち社会通念である。この社会通念は個々人の認識の集合またはその平均値でなく，これを越えた集団意識であり，個々人がこれに反する認識をもつことによって否定するものでないこと，原判決が判示しているごとくである。」（最高裁判所昭和26年（1951年）5月10日第一小法廷判決）

このようにして，『チャタレイ夫人の恋人』は1951年の裁判では猥褻であると認定され，そのままでの出版はできなくなった。しかし，判決当時からこれは憲法の定める言論・表現の自由に反するのではないかという疑問があり論壇をにぎわせた。

つまり，性表現はまず，「猥褻」であるとすれば，それは避けなければならないものという社会通念があり，それをメディアに載せることはできないことになる。この考えに従って映画でも同じ時代に「映倫管理委員会」ができ，「映画倫理規定」にしたがって，猥褻な表現のある映画は一般の映画館で上映できないか，あるいは問題個所を削除して，上映してきた。しかし，今では一律の制限を避けて年齢による区分をもうけ，規制の緩やかな順に，誰でも見られる「G」，12歳未満は保護者の許可がいる「PG-12」，そして，15歳以上しか見られない「R-15+」，18歳以上しか見られない「R-18+」とランクづけして，観覧制限を行っている。

判決文のなかにもあるように，猥褻かどうかはその社会の通念による，ということは，時代や社会によって変わってくるということである。実際，『チャタレイ夫人の恋人』は1960年にイギリスでも訴訟が起こされたが，陪審員の満場一致の評決で無罪となった。また，日本でも1973年には別の翻訳が出され，

それはもう問題とはされなかった。

　今の時点で考えると，その程度の性描写は今ではまったく問題とされないが，1951年には戦前の性道徳がまだ一部の人のなかに残っていたので，問題となったのではないかと思われる。しかし，書籍のなかに印刷された小説という形式では，それほど多くの人が読むとは思われず，問題性はそれほど大きくなかったのではないか。後にこの小説をもとにした映画がいくつかでき公開されたが，そのほうが余程小説よりも刺激的であった。2006年の『レディ・チャタレー』は映倫によりR-18+，すなわち18歳以上の観客制限で上映されている。

　一方，現在，インターネット上では，過激な性描写が制限なしに出回っている。あまりに過激なものはプロバイダーが制限をしても良いことになっているが，次から次へと出回るので，実質的に削除したり制限を課すことができない状態だ。性表現はインターネットの方が大きい問題であろう。そして，これらの場合，猥褻である以上に，女性の性を弄び商品として扱って人格を貶めるポルノグラフィーが多く，その面でより管理が必要なのだが，実効性のある解決法は見つかっていない。児童ポルノへのアクセスを強制的に遮断するブロッキングは，2011年4月から推進されている。また，子どものインターネットへのアクセスを制限する対策もないではないが，それとてもすぐに突破される。

　やはり，メディア・リテラシーを小さい時から身につけて，自分で必要情報と，有害情報を見分ける力，自制する力をつけないといけないのではないか。

　なお，最近は性の解放がかなり進んできて一般人の社会通念も変わってきたので，性描写が猥褻かどうかよりも，ジェンダー差別的でないか，チャイルドポルノなど児童福祉上の問題はないかなど，人権問題からのアプローチが主流になってきている。

　しかし，テレビのように子どもから大人まで誰もが見るメディアについては，映倫でいえば「G」区分相当の作品が放送されるべきであろう。NHKのドラマでも最近はかなり性表現が露骨になってきたものもある。夜の時間帯に限定するなど放送時間の配慮はしているが，子どもも就寝時間が遅くなってきているので，その判断は難しいところだ。それこそ，「社会通念」がどこまで許

すのかにかかっている。その一方で，ある映像やことばが過激かどうかは，個人的な感覚でもある。メディア・リテラシーの面からも考察が必要だ。

2　シェア・コミュニケーションと女性メディア

　女性が自分たちの問題を考えるためにはマスメディアのメジャー・コミュニケーションだけでは明らかに不十分である。その際，シェア・コミュニケーションをもちいる必要がある。女性のためのシェア・コミュニケーション例としては，Ⅲ部第2章でいくつかの雑誌をとりあげた。そこでは，性別役割分業に否定的な雑誌もあれば，社会のジェンダー役割を受容する女性の生き方に合わせた雑誌もあったが，いずれの場合も「女性○○」や「婦人○○」などとある通り，女性雑誌が"主流"でないからこそのネーミングである。

　ジェンダー役割受容型の商業雑誌は，特に，現状の女性役割を基本において，そのなかでの生き方を模索し，家庭情報，ファッション情報などを提供している。しかし，このなかで時折見かける女性の権利に言及した記事は，普段ジェンダー問題に興味のない人にもフェミニズムが到達するための方法として捨てがたい。

　一方，性別役割分業否定型のメディアは，真に女性たちを解放するための考えをシェアし，平等に生きるための条件を，根本のところから考えるためのオルターナティブ・メディアという位置づけにある。しかし，シェア・コミュニケーション型のメディアを出す人たちは，随分頑張っているのだが，結局廃刊に追い込まれるところが多いのは，Ⅱ，Ⅲ部で見てきたとおりである。

　では，どうして，それらの女性のための雑誌は一般紙として普及しないのか。内容分析，一般読者の意識，経営の面から考えてみよう。

　女性のための雑誌は，おおむね，女性の権利，女性の自律と自立，女性差別の糾弾，平等な社会の実現，平和の追求などを掲載している。それなしには発行する意味がないのだから，それが前面に出るのは当然のことだ。その編集方針は，女性解放の意識をもっている人たちには情報を提供し，現実に押し流さ

れそうになるなかで,その信念を再確認し支援する役割を果たしている。しかし,社会の支配的な考えに逆らう人たちは決して多数派ではないので,一つの雑誌を支えるのに充分な読者がいない。また,一見難しそうな"人権"について考えたこともない読者や,"女性"とつくだけで引いてしまう男性読者は,そういう雑誌を買わない。

したがって,本当にメディア・リテラシーを考えるならば,自分の大切な情報源となるメディアは,支える必要がある。言いかえれば,財政が許す限り,社会的に大切な情報を提供してくれる雑誌を購入し,発行人や編集者をはげます行動をとるべきなのである。そのメディアが持ちこたえられなくなって,消えた後で残念がっても手遅れである。

"女性"と銘打たない女性雑誌

そうでなくても雑誌の存続は難しいものだが,商業的に成功するかしないかは別問題として,ジェンダー視点からは,一つの理想がある。それは,男女のすべてを対象とした一般紙で,誰にも必要な情報を取り込んでいる。当たり前のこととして男女平等の精神が浸透し,ことばの隅々までその神経が行き届いているような出版物である。発行する側の人びとは多様な属性で構成され,いわゆる"主流の人びと"だけではないが,主流の人も仲間の一人であってもよい。記事の選択も平等の精神に貫かれ弱者の視点も充分に盛り込まれるが,それは特に意識的ではなく普通に行われる。

このようにして,「女性」を隠すのではなく,女性のために主張したいことを当然のこととして取り込み,「普通誌」として発行すれば,発行者の意図も満たされ,それまで,社会が要求する女性像をそのまま受け止めていた女性層をも取り込み,ひいては,ふつうの雑誌を買うつもりで男性にも買っていくのだが,そういう雑誌はできないだろうか。

近年,スーパーマーケットなどに置いてあるくらしの雑誌は,だんだんそれに近くなってきた。しかし,仕事と暮らしの両方にバランスよく目配りした雑誌はまだないが,今一歩のところまできている。

第3章 ジェンダーのなかのメディア・リテラシー　　257

女性は，送り手側にも受け手側にも資金力がなく，限定的な収入のなかでやりくりしながらきたので，永くは支えきれなかった。その上，「女性」を前面に出して語ることで，内容的にターゲットを絞ることはできたが，読者を限定してしまった傾向もなくはない。女性も女性の目線を充分に取り入れた雑誌を「人間一般の雑誌」として出し，女性という人間を，ふつうに受け入れられる人びとを増やしていけたら良いと思う。

インターネットの発達とオルターナティブ・メディア

ファッション以外の女性雑誌がもうひとつふるわなくなった原因の一つに，インターネットの発達があるだろう。それまでは，お金を出して本を買うことは当たり前であった。要するに「雑誌を買う」という行為は，「お金を出して記事にある情報を手に入れる」ということだった。しかし，インターネットはそれを変えつつある。すべてではないけれども，「検索」という行為によって，無料で情報を手に入れることが，かなりの部分可能になったからである。

女性情報もインターネットを通じてかなり手に入る。たとえば，男女共同参画社会基本法ができてからは，男女共同参画局が発するインターネット情報で女性に関する基本的な法律や政策を調べることができる。国立女性教育会館（NWEC）のサイトでも，内外のジェンダー関連著作物がわかる仕組みになっている。また，NPOなども個別に情報発信しているので，アクセス方法さえわかれば検索できる。このようにして，インターネットという，一方では使い勝手のいい道具が，他方では従来のオルターナティブ・メディアを衰退の方向に追いやっている。そして，オルターナティブ・メディアのもっていた仲間意識や，脈々とつづく人間関係や思想の継続性のようなものが，従来型の印刷物がなくなることによって失われつつあるように思うのだが。

時代の流れといえばそうなのだが，インターネットというメディアによって，従来の印刷物に込められていた「思い」や「思想」が，単なる「情報」に置き換わってしまっているかのようだ。マクルーハンは「メディアはメッセージ」だと言ったが，ここにおいてもそれは真実である。インターネットは，あ

まりにも横並びに多様な情報があり，一つひとつのメッセージが断片的な情報に分断されているように見えるからだ。それに対し「本」は，一冊の中にひとりの人のものの考え方や，そこに集まった人たちのこころざしが，ぎゅっと詰められて，後の時代まで残る。インターネットではいつの間にか消えていて，後で検索できなくなる恐れもある。仲間同士や不特定多数の人びとへの呼びかけや連絡，そして調べ物には便利なインターネットだが，哲学や志をつないでいくのには，今，一歩の感がある。もっとも，インターネットがもう一段進化し，新しい展開があれば，それも達成される可能性はあるが。

発信でつながるケア・コミュニケーション

　マスメディアである新聞の投書欄でもケア・コミュニケーションが存在することはすでに一部述べた。それは分厚い新聞の束の中ごろにある家庭欄や生活欄に収まっていたり，それらに隣接する形の，投書のなかにある。一見つまらない日常のように見えるが，そこには，他の欄とは違う「思い」がつづられ，それはしばしば世の中のメジャーな動きにもふれながら，生活がいとなまれていることが確認できる。女性の投書にはしばしば「同感」や「共感」が多くみられる。そこでは，新聞編集側の選択が働いているせいもあって，インターネットのなかのようなひどい批判が出ないので，安心して話しあうことができる。むしろ，そこでの他人に配慮した表現に感心させられることさえある。

　「思い」は和歌や川柳についてもいえる。短いことばに凝縮すればするほど，逆に解釈の幅が広くなり，自分に置き換えて考えることができる。「サラリーマン川柳」に並べて，「ワーキングウーマン川柳」を作ってみれば，ジェンダーの違いがあってもっと面白くなるかもしれない。また，高齢者向けには，毎日新聞が週1回連載している川島隆太（東北大学加齢医学研究所教授）の「脳トレ」が，中高年のボケ防止を名目に，それを笑い飛ばす川柳を多数掲載している。柳名からは必ずしもジェンダーがわからないが，女性の投書もかなり含まれている。これからは「イクメン」（子育てする男性）「イク爺」（孫を育てるお爺さん）だけでなく，親や妻を介護する男性「介メン？」も増えるだろうか

ら，男女相互乗り入れの場として，高齢者向けの欄が癒しとなり，ケア・コミュニケーションの欄となることであろう。

　また，ことばは思想であり，現実を可視化し，事象を明確にする働きがある。「セクハラ」(sexual harassment：性的言動で困らせること) ということばができて，この行為の問題性を社会的にアピールしてくれた。ある事柄を表現することばができると，その思想や行為も明確に意識され，定義される。「セクハラ」ということばの流通は，今まで性的な問題行為に悩まされても，もっていきどころのなかった女性たちに救いとなった。それが問題行動だと認識されたので，「ストーカー行為等の規制等に関する法律」(2000年) ができ，「配偶者からの暴力の防止および被害者の保護に関する法律」(2002年) が成立した。裁判で「ドメスティック・バイオレンス」が有罪と認められるようになってはじめて，女性は夫や同居者からの暴力から逃れられるようになった。

　これらの情報は，同じ悩みをもつ人にはほっとする情報でもある。女性たちはそれまであまりにも長い間，理不尽な取扱いをされてきたが，それで相手が糾弾されることがなかったし，自分に救いの手が指しのばされることがなかった。そのことから解放された背景には，これらの「ことば」の発明があったのである。ただし，これらのことばや行為への懲罰は，女性への人権侵害に無頓着な加害男性にとっては，自分の行為に対する新たな攻撃と思われるだろうから，癒しとはならない。立場により，ケア・コミュニケーションにはかなり個人差がある。

　差別を受けている集団の人間にとって必要なことは，今後とも，メディアを通じてケア・コミュニケーションを活発に行い，経験や価値観を共有する人とつながることだろう。ケア・コミュニケーションは受け身でも癒されることがあろうが，自分も発信して経験をシェアすることが自分のためにも他人のためにもなる。自分たちを守るためのことばを見つけてそれを発信し，社会的に理解されるように努力することが，自分たちの立場の確立につながるのではないだろうか。これは，女性だけでなく，すべてのマイノリティに通じることである。マイノリティのメディア・リテラシーで大事なのは，メジャー・コミュニ

ケーションで規定されることに自分をはめ込むことでなく，ことばを発明し定義して，自分から発信する能力をつけ，社会の人に訴えかけることだ。

3　マイノリティ・メディア表現・人権

　繰り返し述べているように，日本社会の大きな動きは"主流の人びと"によって作られる。そこから条件が外れる人でも，主流と合流して生きられればそれに従うだろう。そのほうが面倒くさくないし，おおむね順調に事が運ぶからである。しかし，そこに息苦しさを感じる人は必ずいるはずだ。マイノリティが，それを打ち破り変えていくには長い努力の時間がいる。

マイノリティの権利獲得への長い道

　アメリカの黒人は，アフリカにいたときは自由な人間だったのに，アメリカにつれてこられてからは奴隷として苦汁をなめさせられた。南北戦争終結の2年半前の1862年，リンカーンは南部連合が支配する地域の奴隷たちの解放を命じた。それ以来，奴隷は順次解放されたものの，差別は根深く存在しつづけた。100年経った1960年代に，今度は自分たちの手で，差別撤廃の運動をしなければならなかった。運動の先頭に立ったキング牧師の暗殺など犠牲を払いながら，その成果が「公民権法案」として結実したが，今も差別はつづいている。

　黒人たちの闘いを見ていた他のマイノリティ，すなわち，日系人を含むアジア系住民，メキシコをはじめ中南米からやってきたラティーノたちは，今度は自分たちの闘いを始めた。もちろん，女性たちも，長い歴史のなかで闘いをつづけてきたが，この運動に力を得てさらに一歩踏み出したのが1970年のウーマンリブだったといえよう。そして，1975年以降は国連の後押しもあり，多くの先進国では平等に近づいているが，日本は相対的に進歩が遅れている。

　日本では，女性以外のマイノリティは，集団としての規模が小さいので，闘いにくい状況にある。外国人というカテゴリーにいる人をとってみると，2010

年末での出身地別外国人登録者は，1位中国人68万7千人，2位韓国・朝鮮人56万6千人，3位ブラジル人23万人，4位フィリピン人21万人，5位ペルー人5万5千人，6位アメリカ人5万人となっている（平成22年度男女共同参画社会の形成の状況　平成23年度男女共同参画社会の形成の促進政策　2012年2月21日取得）。これは国籍別の数だから，日本に帰化した人を含まない。日本では韓国・朝鮮と台湾を除いて，過去に大量に民族的な流入があったことはない。2010年の国勢調査による日本の人口は1億2,805万6,000人で，このうち民族的背景の違う人の割合が1.6％と小さい。

　そのほか，身心に障害のある人，難病の人，性的マイノリティその他，何らかの形でマイノリティである人たちは，さらに人口規模が小さいので，大きな勢力としてプレッシャーとはなれないのが実情だ。だからこそ，女性が社会的マイノリティとして声をあげていくことが，その他のマイノリティ運動にも励みになるのではないか。

マイノリティのメディア表現と人権の関係

　マイノリティがメジャー・コミュニケーションのなかでどのように表現されるか，ということと，人権の関係を以下の図Ⅳ-3-1にまとめてみた。

① **送り手集団**

　　マスメディアの送り手集団は，"主流の人びと"によって占められているので，マイノリティの立場がわかる人が少数いたとしても，構造的に取り上げられにくい。

② **主流メディアによるマイノリティ表現**

　　ここにはいくつかの，陥りやすい**表現類型**がある。①ことばや文脈，映像などによる表現が時として差別的である。それに気づいている時もあれば，気づかずにそうしていることもある。②マイノリティを表現する時には，強調されすぎたり，一度に大量に出回ることがある。たとえば，国会議員選挙で女性議員数が増加すると，「もう女性ばっかり」のようにいわれるが，実は2011年現在，衆議院11.3％（世界186ヵ国中121位）

```
┌─────┐         ┌─────────────────────────┐
│主   │────▶   │      送り手集団          │◀────  マイノリティ集団
│流   │         │  主流の人々を中心に構成  │
│集   │         │     （表現の自由）       │
│団   │         └─────────────────────────┘
└─────┘                    │
                           ▼
```

主流メディアによるマイノリティ表現

- ●表現類型
  - ①差別的表現
     語・文脈・映像
  - ②過剰表現
  - ③過少表現
- ●表現される人（表現される側の権利）
  - ①製作過程での強要
  - ②侮蔑的表現
  - ③メディア露出被害（取材される側の権利）
  - ④無視・軽視・見落とし

受け手集団

- ●一般市民の受容
  （社会全体のイメージ形成）
  - ①差別的観念の流布・強化・再生産
  - ②マイノリティへの反動・警戒の惹起
  - ③存在の不明
- ●マイノリティ
  （自己イメージ形成）
  - ①表現の不自由
  - ②疎外感深化
  - ③アイデンティティの喪失

主流の人々　　　（一般社会）　　　マイノリティの人々

メディアの現実構成作用

人々にとって、正しく知る権利の侵害
→社会的現実の誤認
→誤認にもとづく対応行動
→差別的現実の再構成

図Ⅳ-3-1　マイノリティのメディア表現と人権
（小玉　2006）

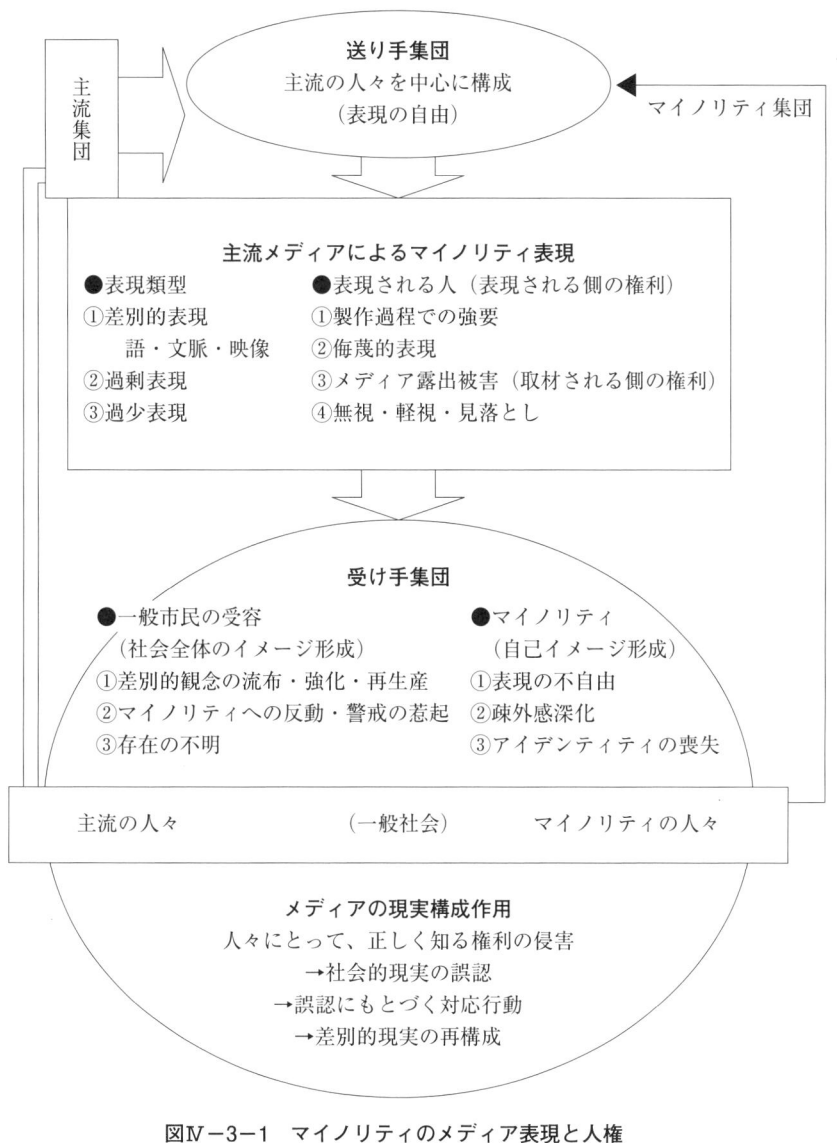

にとどまり，スウェーデンの45.0％，ノルウェーの39.6％，ドイツの32.8％にはるかに及ばない。女性比率の低さでは競い合っているお隣の韓国の14.7％よりさらに低い。他方，社会のなかで充分な働きをしていても，主に女性が活動をする分野は報道されにくく，それは［過少表現］になっている。NPOなどに代表される地道な女性の活動分野は，記者クラブ等の主要取材ルートにはなっていないからである。

　そのような情報が，当事者であるマイノリティ自身に与える影響として，**表現される人**のところに記入されている。それは，4つほどある。①制作過程での強要とは，ドラマでもバラエティ，ドキュメンタリーでも，マイノリティをきちんと描けていない台本をもとに，そのように演ずることが事実上，強要されることの問題である。②侮蔑的表現では，障害者を低く見たり，高齢者を子ども扱いするなどがある。すると，自分でも自分たちはそうなのだと思いこみ，自信がもてなくなる。③メディアの露出被害は，マイノリティが何かをきっかけに特別視され報道されると，逆にその人たちが白い目で見られたり報道被害を受けたりすることをさす。中国人の犯罪者がでると，そうでない中国人も白い目で見られる傾向がある。④［無視・軽視・見落とし］では，全く報道しないことで，その人たちの存在さえ見えなくしているものである。そうして発せられた偏りのある情報は，受け手集団にどのように届くのだろうか。

③ **受け手集団**

　一般市民は，マスメディアにより**社会全体のイメージ形成**をする。もし，メディアがマイノリティ集団について上記のような誤った内容を流しているとすると，それはどのようになるか。まず，差別的表現をしていれば，①差別的観念の流布・強化・再生産，を行う恐れがある。そして，過剰表現が，②マイノリティへの反動や警戒を惹起するかもしれない。さらに，表現が過少であれば，③存在そのものがかき消されたようになって「不在」になるかもしれない。一方，マイノリティ自身もマスメディアによっても**自己イメージの形成**をしているが，それが，発信で

きないという①表現の不自由があり，存在がほとんどメディアに現れないならば，社会に対し②疎外感が深化するであろう。その結果，③自分自身のアイデンティティが喪失する可能性がある。

このようにして，マスメディア報道は，そのときすぐに明らかな形では影響をあたえなくても，永年の間に人びとの心のなかに入り，何らかの影響を及ぼしているのである。その結果，マスメディアが発している情報は，結果的に現実を構成することになる。

しかし，現在，マスメディア報道には改善もみられ，表現が注意深くなっているところもある。その一方で，DVD，ゲームや，一部のインターネット・サイトで，そのような恐れのあるところが増えている。社会的にみれば小さなメディアでも，個人として永年それに接していれば，マスメディア以上の効果をもってその人の考えを形成するだろう。

④ **メディアの現実構成作用**

以上のことを総合して，社会全体としてはメディアの現実構成作用ということができる。メディアの影響はマイノリティも受けるし，社会一般も受ける。正しい情報が社会全体に伝わっていればよいが，それは理想論であり，誰も何が正しいかなど知りはしないのである。ただし二ついえることがある。一つは，メディアの内容制作に携わる人びとが，自らの偏りの可能性を自覚することである。これまでジャーナリストやディレクターたちは，自分たちは社会的および職業的訓練を受けてきたから，プロとして客観的に物事が判断できると考えてきた。しかし，それは驕りというべきで，それらはエリート的な発想のなかでの客観性であり，多様性のなかの客観というものはないかもしれないのだ。それゆえ，組織内部にできるだけ多様な発想の人を集め，多元的な情報環境を築くことで，その補正をすべきではないか。二つめに，組織のなかのシステムを流動的にして，新しい事態に対応できるようすべきだ。はじめのうちはそれほど依存していないものでも，永年の間にそれが慣習化してしまうことがある。記者クラブ中心の取材などはその良い例である。

そういうものに対し常に注意を払って，システムそのものを壊しながら新しい公正さを模索する必要があろう。

　差別的表現は，表現された人自身にとって問題であるだけでなく，社会全体の人びとにとっても，世の中を**正しく知る権利**を侵害される結果となる。正しく知らなければさまざまな局面で判断を誤ることが出てくる。このようにして，差別的表現は，差別的現実の再構成につながるのである。メディア・リテラシーでは，このようなメディアの現実構成作用に特に注意を払う必要があろう。

第4章　メディア・リテラシーとメディア研究

　メディア・リテラシーという考え方は，主に受信・判断・発信の各過程から成り立ち，その発達の過程では，「批判的読み取り能力」に重点が置かれていることはすでに述べた。そして，その場合，何を主たる対象としていたかというと，「マスメディア」であり，カナダの例からもその中心にあるのがテレビ放送であることがわかる。そこで，この章では，マスメディア研究とメディア・リテラシーの関係について言及し，その全体像のなかでのメディア・リテラシーの位置づけについて考察する。

1　オンタリオ州のメディア・リテラシー概念

　メディアの批判的読み取り能力，あるいは思考力を養うために必要なことは何かを考えるにあたり，メディア・リテラシー開発にあたったカナダ・オンタリオ州の人びとがどう考えているかを紹介しよう。オンタリオ州教育省編の『メディア・リテラシー』は，メディアを読み解くために知っておくとよい考え方として，メディアがもつ性質として次の8項目を挙げ，説明している (John Pungente "Canada's Key Concepts of Media Literacy" Center for Media Literacy ~Empowerment through Education/（小玉訳）　2012年2月18日取得）。

①　すべてのメディアは，"作られたもの"である。
　　これは間違いなく最も重要な考え方だ。メディアは単に外の現実を反映しているだけではない。それらはむしろ，多くの決断と判断要因を反映して，注意深く精巧に"作られたもの"を提示している。メディア・リテラシーはその"作られたもの"を壊す方向の作業を行うのだ（ということは，どのように作られたかを知るため，それを解体することを意味する）。

もう少し，嚙み砕いて私流に説明しよう。
　"作られたもの"の原語はconstructionsである。すなわち，メディアが送り出す内容は，すべて制作者たちが，色々な意図をもって，こういう作品にしよう，こういうメッセージを送ろう，というようにして，作りだすものであるということだ。ニュースなどは，事実を伝えるというが，さまざまな現実のなかから一部だけを切り取ってきたものである。また，同じ現実でも切り取り方で違うものになる。よくデモの参加者数で，警察発表と主催者発表では倍ほども人数が違うが，そのように立場により見えるものが違うのである。事実を元とするニュースでさえそうなのだから，他のジャンルの番組はもっと意図的に作られている。

② **メディアは現実を作りだす。**
　メディアから私たちは世界を理解し世界がどう機能しているかを（頭の中に）作りあげているので，メディアは多くの人の観察と経験に対して責任がある。私たちの現実の見方のほとんどは，すでに作られ組み込まれたメディア・メッセージによる態度，解釈，そして結論に基づいている。このようにしてメディアは，私たちに現実の感覚を与えているのである。
　前述のように，制作者の意図があって作られるメディアであるが，それを見ることによって，私たちは世界がどのようになっているか，それぞれの国の利害関係はどのようにして形成され，それがどのような行動となって現れるかなどを，あたかも自分が見てきたように，そして自分の体験であるかのように理解する。本当は，何も直接的には見ていないのに，である。だからこそ，メディアには大きな責任があるということである。このようにして本来「作りだされたもの」であるにもかかわらず，それがいったん多くの人に流布されると，その内容があたかもそれが真実のように思われて「現実」の一部になってしまう，ということである。

③ **オーディエンスはメディアを見ながら意味を自分で決める。**
　メディアがたくさんの素材を提供し，その上に私たちは現実の絵を描くとしたら，個々の要因に従って私たちは意味を発見，ないし，メディアと

相対で取り決めることになる：すなわち，個人的な必要性，その日の喜びや悩み，人種的・性的態度，家族や文化についての背景，道徳的立脚点，その他…によって。

　前に述べていることと少し矛盾するようにみえるが，これはメディアの多義性と受け手の多様性を示唆している。同じ内容の情報をみても，人びとはさまざまな経験や違う知識や解釈で受け取る。それはその人が過去に蓄積してきた体験や知識は違うので，そこから生まれる解釈はそれぞれであり，メディアがいっていることを元にしつつも，それを考慮に入れながら，実は自分で決めている。したがって同じ情報がもつ意味は人によって違ってくるのである。

④　**メディア・メッセージには商業的な意味がある。**

　メディア・リテラシーは，いかにメディアが商業的な動機づけに影響されているか，いかに商業主義が内容，技術，流通に侵入しているか，ということに気づかせることを目的としている。ほとんどのメディアはビジネスとして行われており，それゆえに儲けなければいけない。メディア所有権とコントロールの問題は中核にある，つまり，比較的限られた人数の人たちが，私たちの見る，読む，聞くメディアを支配しているのだ。

　実はメディア・リテラシーの目的のひとつは，いかにメディアが商業主義的な動機づけによって影響されているかを，皆にわかってもらうことである。テレビ番組にはスポンサーがあり，新聞収入の約半分は広告収入であり，また多くの雑誌はそれ以上の収入を広告から得ている。したがって，メディア内容も直接間接に広告主の影響を受けている。広告主は商取り引きをすることで仕事が成り立ち，それによってお金を儲け，新しい投資をしている。また，NHKのようにスポンサーのないメディアであっても，市場ではスポンサーのあるメディアと競争しながら，視聴者を勝ち取る競争に巻き込まれている。したがって，メディアで表現される一つひとつのものが商業的意味をもつことになる。出演者たちが毎回衣装を変え，ドラマではアルバイト店員でも素敵な家具や小物に囲まれて暮らしている

のは，視聴者にそういう生活が素敵であることを，メッセージとして送っている。

⑤ メディア・メッセージはものの考え方（イデオロギー）や価値観を含んでいる。

　すべてのメディア作品は，ある意味で広告であり，価値観や生活様式を主張している。マスメディアは，ある場合にははっきりと，他の場合には間接的に，良い生活とはどんなものか，消費主義の美徳，女性の役割，権威の受容，そして，まぎれもなく愛国主義を運んでいる。

　日本のメディアには公正中立を標榜するところが多いが，本当にそうであろうか。彼らのいう公正中立は，おそらく現状の政権政党を軸にした政治的な中立であり，それも，現在の場合は二大政党である民主党と自民党のバランスをとっているだけのようだ。この2つの政党はイデオロギー的にはほとんど同じであり，対立軸のある価値観が違う政党といえば共産党や社会民主党であろう。また，価値観の違いは政党によるものだけではない。たとえば，ジェンダー的にメディアは偏っているが，それでも公正といえるのかが問われる。というのは，日本がジェンダー後進国であることは既述のとおりだが，その原因のひとつとして，メディアが女性差別的なイメージを発信しつづけ，それが社会に浸透しているために，そのような結果になっているのではないか。もちろん，メディアは「女性差別をしましょう」とはいっていないし，表面的には人権には十分配慮していることになっている。でも，ドラマ，ニュース，バラエティ，ワイドショーが全体として発する情報は，女性を低く見たり女性役割を固定的に考えるものの見方（イデオロギー）を基盤としており，「夫につくす女性が美しい」というような価値観が，知らず知らずに視聴者や読者にも伝わっている，ということと関係があると思われる。

⑥ メディアは社会的・政治的含意をもっている。

　メディアは政治に対し大きな影響力があり，社会変化を促すことができる。テレビは，イメージを基礎に，国のトップを選ぶような選挙にも大き

な影響を及ぼすことができる。メディアは，公民権問題や，アフリカの飢餓や，エイズの大流行のような関心事に私たちを引き込む。メディアは私たちに，全国的な問題や地球的な関心事に親しみをもたせるので，マクルーハンのグローバル・ビレッジのようになった。

メディアが伝える情報は，それだけでは社会や政治と関係がなく独立したものであるかのようにみえる。しかし，実は，ある事柄を取り上げること自体がすでに社会的・政治的意味をもっている。たとえば，最近，2000年代後半の日本は首相が1年ごとに変わっているが，その原因があたかも首相になる人の甲斐性のなさのようにいわれている。20～30年前までのように自民党内の実力者として，党内で要職について鍛えられた後に首相になった時代と比べて，今は「重し」になるような人物が少ないのは事実だ。しかし，昔はメディアもある程度，首相になればその人を立てて尊重した面もあり，大小取り混ぜて何でもかんでも報道する今のスタイルとは違っていた。

それに対し今は，内閣のアラ探しをしてはそれを伝え，それに対し読者・視聴者もことの大小にかかわらず怒って口をきわめて罵ることが多くなり，インターネットがそれに追い打ちをかける。一方，メディアは毎月のように内閣支持率調査を行い，発足時からこれだけ下がったといいつづけて，政権交代に追い込む。メディアは「政策」ではなく「政局」を報じて生き甲斐を感じているようである。

メディアが社会的意味をもつということは，メディアが取り上げるだけで社会現象になるということが一義的にある。しかし同時に，⑤と連動しながら，社会にとっての常識を作り上げている。また，この概念はメディア効果論の「議題設定機能」とも深く結び付いている。

⑦ メディアの形と内容は密接に関連している。

マーシャル・マクルーハンが記しているように，各々のメディアは独自の文法をもち，それぞれのやり方で現実を体系化する。同じ出来事でも違うメディアが取材すると，違う印象やメッセージを作りだす。

同じニュース素材であっても、テレビが取り上げると映像中心となり、新聞が取り上げると解説的な記事が中心となることがある。また、雑誌には、テレビや新聞にはない個人の情緒的な面や、場合によってはスキャンダラスな話が掲載されることがある。インターネットだと発信者の個人的な感想が主なものになる。このように、メディアの種類とその内容には、深い関係がある。

⑧ **各々のメディアは独特の芸術的形式をもっている。**
　ある作品の詩や散文に心地よいリズムを感じ取るように、私たちは、違うメディアの形や効果による心地よさを楽しむことができる。
　この項目は、批判的視点ではなく、メディアのポジティブな側面を強調している。たとえば、一般の演劇のなかで黒子が出てくることはまずないが、歌舞伎で黒子が出てきて主役の役者の手伝いをするのは、当たり前になっている。その補助の仕事により舞台回しが効率的になり、重い服装の役者の動きもスムーズになり、舞台上の形式美が損なわれない。観客との約束事で黒子は「いないことになっている」ので、そのことで舞台の集中力をそがれないのである。このように、メディアは観客との約束事で了解し合って物語を進めてきた。
　現代メディアにも数々の約束事がある。たとえばテレビは、あの四角いフレームの中の世界がすべてであるから、その外側のカメラの存在は忘れがちであるし、そこに映らない周囲の情景は不問に付すのが前提だ。ドラマなどのつくりものの世界では、それを楽しむことができる。コンサートやCD・DVDは、違う環境でそれぞれを楽しむことができる。
　ただし、娯楽の世界はそれでもよいが、ニュースなどのように事実を伝えるのを使命にしている番組にとっては、問題が生じる。イラク戦争の終結の時、民衆が集まりフセイン像が倒されて熱気があるように見えたが、フレームの外側の広場はガラガラだったと、後で明かされた。するとイラク革命はアメリカ政府がいうように成功したとはいえなくなってしまう。私たちは、ドラマとニュースを区別して読み取らなければいけないこと

を，この概念は物語っている。同じテレビ・メディアの枠内なので同じ様式で切り取られてしまうが，受け取る側はその辺をはっきり区別できるようにするのが，メディア・リテラシーというべきだろう。

以上は，メディアが発信するものについての基本概念だが，実は情報源の発表のあり方について，もっと私たちは知っているべきであろう。自己に都合の悪いことはできるだけ隠して公表したがらないことや，公的機関の発表するデータでも，その作成方法を精査しないと不正確なものが多いということだ。たとえば，原発の発電コストが他のエネルギーと比べて安く算出されていたことは，すでに明らかになっている。また，八ツ場ダムの費用対効果についても，それを推進したい国土交通省や現地の知事などが作成するデータは，推進すると経済的価値が高いことを示し，そうでないセクターは環境問題を示しつつ反対の試算をしている。これらの積算根拠は素人にはわかりにくい。そこで，信用できる第三者にぜひ試算してもらいたいと思うのだが，それができないのが悩みの種だ。試算には知識とお金と時間がかかるからだ。調査とかデータというものは本来，中立的であることになっているが実はそうとか限らない。「統計リテラシー」や，「調査リテラシー」が必要になっていることを痛感させられる。

2　コミュニケーション研究とメディア・リテラシー

メディア・リテラシー発想の時点において対象としたメディアは，主にテレビであり，付随的に，メディア一般という形で，ラジオ，新聞，雑誌，映画などのマスメディアが挙げられた。メディア・リテラシー研究と深い結びつきがあるマスメディア研究のあとをたどりながら，メディア・リテラシーについて考えていきたい。

有名な政治的コミュニケーションの図式であるラスウェルの公式は，コミュニケーションを以下のような流れとして受け止めている。

「誰が」→「何を」→「どのチャンネルで」→「誰に向かって」→「どんな効果を伴って」

　メディア・リテラシーの対象となるテレビ番組の場合それは，「テレビ局の制作集団」が作りだした「番組」を，「テレビジョン放送を通じて」，「視聴者」に向かって放送される，とするのが基本形である。最後の「どんな効果を伴って」については，これこそ，メディア・リテラシーの学習効果と関係のある中心的課題になるだろう。

　初期の効果研究において，オーディエンスはメディア内容の影響を直接的に受けるとする仮説に基づいていた。メディア・リテラシーも当初はその傾向があったかもしれないが，近年の研究では，オーディエンスは影響を受けるけれども，それぞれが自分なりに解釈をするということは，前節のメディアの8つの概念の③にあるように，「オーディエンスは，メディアを見ながら意味を自分で決める」としている。

　この延長線上に，シュラムのモデルがある。

　シュラムのマスコミュニケーション・モデルの形は，「送り手」側の内部を「解読」「解釈者」「記号化」の3つに分ける。そこからは「大量で同一のメッセージ」が発せられ，「大衆の受け手」にわたる。「大衆の受け手」は，多くの受け手がそれぞれ解読し，解釈し，記号化する。受け手内部のプロセスは送り手の内部と同じ過程を辿る。そして，それぞれの受け手は自分を取り巻く集団と関わりをもっていて，その集団の考え方を参考にメッセージが再解釈される。そして，そこから送り手のもとに情報がフィードバックされ，それは送り手の解読作業に組み込まれる。送り手は同時に，さらに大きな恒常的なルートからニュース・ソースや芸術ソースからのインプットがあり，それをもとに解読し，解釈し，記号化して大量のメッセージを再び送りだす…という作業を繰り返す（シュラム　1954）。このモデルには，視聴者が社会に向かって発信する部分は含まれていないが，それはインターネット・メディアがまだ普及していない1950年代のモデルの限界ということができよう。

3 内容分析研究とオーディエンス

効果研究の流れから発生

　内容分析研究はもともと，効果（影響）研究の流れから発生している。なぜなら，テレビ番組の内容が視聴者に影響を与えると考えてこの研究が生れたからである。その内容が教育的に良いか，社会的公正さが保たれているか，公共的に必要な事柄が人びとに届けられているかなどを問題にした。そのような"あるべき姿"を求める一方，ポルノグラフィーや暴力描写などの倫理的に問題視される内容のチェックが批判的精神のもとに，なされた。

　たとえば，チャーレンは暴力題材が子どもたちの「最悪の可能性（最低の価値観）」の蓋をあけてしまうことを危惧し，母親団体ACT（Action for Children's Television）を結成して，FCC（連邦通信委員会）に，子どもたちにとって良い番組を作るよう求めつづけたという（小田　2009）。教育的にみて内容が良いかどうかが最も大きな問題と考えられたのである。番組内容を批判的にみる場合の多くは，それが子どもたちの意識や行動に影響を与えるとの前提で問題視してきた伝統がある。しかし，問題のあるテレビ番組は作りつづけられ，ドラマであれば暴力，性などの氾濫はむしろ増加傾向だと思われる。また，公正が求められるニュースでも，もともと偏りがあるのは避けられないが，それを理解したうえでも公正への努力は必要である。

　N. ジョンソンによると，アメリカにおけるテレビ各局の公益の奉仕義務を監督するはずのFCCは業界よりの立場にあり，ほとんど改善要求は進展しなかったという（Miedzian　1991）。特にレーガン政権下のFCC会長M. S. フォーラーのもとでは，事実上，財界が「公益（public interest）を決定するという定式ができたのである」と述べている（Scheuer　1999）。政府も業界も一体となって，情報とモノの大量生産・大量消費を後押ししていることになる。

　このような状況では，ひとつの番組の内容分析だけを行っていても十分ではなく，むしろ社会の情報生産システムの問題と考えなければいけない。それは全体として消費価値観の浸透（小田，2009）という問題を引き起こしており，

テレビは,「人生の楽しさは"お金で買える娯楽"つまり,贅沢なもの,化粧品,車,家,服などの購入で得られる,と宣伝する道具となっている」(同上)ことが前提にある。また,大量に同じ情報を大衆に向かって発信する結果,ベリーのいうように,「病理は,人間の心や人柄が浸食されること」(disease of spirit or character)となり,「モノカルチャー…同じ考えに染まるテレビ文化の画一の危険性」(同上)を指摘されるにいたる。テレビ文化の発達した資本主義国の多くにおいて,人びとは物質中心主義となり,モノやサービスの価値は金額によって測られ,人びとはテレビが示す同じ方向性に向いていることは明らかである。メディア・リテラシー発想の源は,まさにこの辺にあるだろう。

しかし,大勢はそうであるからといってオーディエンスは,それほど単純にメディアの影響をそのまま受けているのであろうか。また,マスメディアが人びとに何をするのかではなく,人びとがマスメディアで何をするのか,いいかえれば,マスメディアをどう利用しているのかという面から考えていく必要がある。

オーディエンス研究

マスメディアの登場以来,メディアは常に自分たちのメッセージがオーディエンスに届くことを願ってきた。他方,オーディエンスは,メディアが自分たちの望む内容を送り届けてくれることを願ってきた。イーストマンはオーディエンス研究の歴史を概観して,「オーディエンスの行為を管理したいメディア産業と,自分たちのメディア欲求を満足させたい人びととの間の永遠の攻防である」と述べている(Eastman 1998)。オーディエンス研究には,オーディエンスの側からみたものと,マスメディアの側からみたものとの2つの流れがある。前者の研究として代表的なものは,メディアをどのように利用して,どのように満足したかという「利用と満足」研究である。

初期には,1940年代のラジオを主たる対象とした研究があったが,60年代から70年代にかけてより精緻な仮説に発展した。マクウェールは,この研究が出現した背後には二つのことがあったと指摘している(マクウェール 1979)。ひ

とつは「メディア効果における決定論的仮説に対する反発」，もうひとつは「マスメディア思考をめぐる不毛の議論から抜け出そうとする願望」（マクウェール 1986）だとする。ここでは，受け手の側の心理と社会的な欲求を中心に，さまざまな要素を挙げながら次のようなプロセスを設定している。

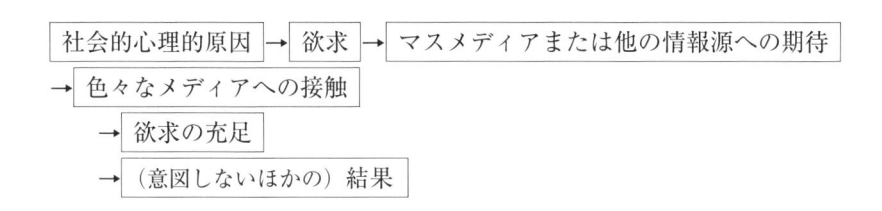

社会的心理的原因 → 欲求 → マスメディアまたは他の情報源への期待
　→ 色々なメディアへの接触
　　→ 欲求の充足
　　→ （意図しないほかの）結果

　ローゼングレーン（Rosengren 1974）は，そこをもう少し詳しく説明して，互いに関連する11の要素を相互作用的に配置して説明を行った。彼は，マスロー（Maslow 1954）の欲求の階層を参考にし，「上位欲求（連帯，愛，受容，自己実現）は，下位欲求（心理的な安全希求）と比較して，利用と満足のモデルにより適合している」と主張した（山中他 1986）。このモデルでは，利用と満足の関係がひとりの人間の個人的な枠にとどまるのではなく，社会の諸問題と関係をもちながら説明されている。

　日本では，日本民間放送連盟研究所が，1977年に日本版の「利用と満足研究」を残している（「番組特性（充足タイプ）調査実用化研究――充足タイプ調査は視聴率調査をどのように補完するか」）。しかし，日本の場合も外国の場合も，この研究が現実世界に応用されて放送界全体の指標となることはなく，ほとんどが試験的試行や理論の段階にとどまった。それだけ，番組の質を具体的な数字や比較可能な形に表現することが難しかったのである。そして，結果的に実用化され永く続いているのは，どれだけの視聴者がテレビを見たか，というマスメディア側の視点によって量的把握に換算された視聴率調査であった。

視聴率・商業主義とオーディエンス

　視聴率，すなわち，全受信機設置世帯のうちの実際に視聴している人のいる

世帯割合（あるいは，受信機が"on"になっている状態の世帯割合）を調べる歴史は古い。NHKの放送受信者についての調査は，早くもラジオ放送開始1ヵ月後に始められ，東京管内の全受信契約世帯を対象に行われている。1932年には初めて全国規模の調査が123万世帯を対象に行われた。1946年NHKでは，GHQの指導のもと世論調査部が設置され，1948年には戦後初の聴取率調査が行われた（『放送研究と調査』1994年7月号）。これらの調査は，純粋にラジオ聴取者の聴取実態を知るために行われたものということができる。

　1951年の民放ラジオの開局は，視聴率調査に新たな展開をうながす。聴取者の嗜好を聞きとり，良い番組やよく聞かれる番組を作るという番組制作上の目的もあるが，同時に，聴取率調査の結果をスポンサーの「広告効率を測る」ものさしとして利用することが直接的な目的となったのである。

　機械式メーターによる視聴率調査は1961年，日本テレビ放送網株式会社（NTV）の正力松太郎会長のリーダーシップのもとに，アメリカから入ったニールセン社の方式が導入された。一方，放送局をはじめメディア業界の広告を支配してきた電通は，1962年それとは別にビデオリサーチ社を設立。この日本における2種類の世帯別・機械式視聴率調査の並存体制は2000年までつづく。この2社体制の特記すべき点は，それぞれが概ね統計的誤差の範囲ではあるが，違う数字をはじき出したことである。これは，視聴率を表す数字が絶対的なものではなく，誤差を含むものであることを示唆する上で役立っていた（小玉　2005）。

　この体制が崩れるのは，永年の広告主からの希望であった個人視聴率調査（ピープル・メーター）導入に伴う視聴率調査の体制変化からである。ビデオリサーチ社は，1997年3月に関東地区，2001年4月に関西地区，2005年4月に名古屋地区にこれを導入した。その際，もうひとつの調査会社であるニールセン社は，この競争に参入することは自社の利益とならないと判断し，2000年3月，日本におけるテレビ視聴率市場から撤退することになった。現在，日本の広い範囲で行われているのは，ビデオリサーチ社の機械式視聴率調査のみである。

　問題は「視聴率の使い方」にある。この唯一の全国的かつ統計的なテレビ視

聴者調査に対し，「良質の番組を作るため」とか「視聴者のために視聴率を使うべき」などという発言をすると，業界の人からは「何をのんきなことを言っているのか」という反応が返ってくる。この統計的誤差を含む視聴率に対し「営業指標のための視聴率調査」という限定された考えや使い方に彼らは疑問を抱かない。制作者は必ずしもこのまま受け取る人ばかりではないが，それでも営業のこの考えはよく理解している。このことはⅠ部第1章でも述べたがGRPというCM放送料金の算定方式に集約される。視聴率が直接CMの金額に連動する［GRP（Gross Rating Point）＝視聴率×CM放送回数］方程式で表される。一定の金額で契約して，視聴率が高ければCM放送回数は少なく，低ければ何回も放送する契約である。特に，番組と番組の間に入る「スポット広告」の場合，その広告の入る時間帯の視聴率が番組セールスの価格と直結している。また，視聴率の統計的誤差を無視して取引単位としていることは，取引の仕方としても妥当とはいえない。

　このようにして，しばしば「視聴率至上主義」と新聞等から呼ばれる，番組制作と編成のあり方は，視聴者のためにならないだけでなく，この社会の文化をも破壊する恐れのあるものとして，憂慮されている。それにもかかわらずこのシステムが使われるのは，コマーシャルを載せる商業放送にとって，また，代理店やスポンサーにとって，番組という商品の価値を数字で表せるほうが便利だからである。

　アングは次のように言及する。「メディア産業は日常的にテレビの実際のオーディエンスを『視聴率』と呼ばれる商業上の断片情報に変換してみているにすぎない」「テレビを見る行為は数百万の人びとが日々継続している文化的実践」であり，視聴率は，「これらすべての人が見る行為を単一化，客観化，簡素化された『テレビ・オーディエンス』としてひとまとめに理解するものだ。（略）本質的な意味でのオーディエンスのあり方（audiencehood）には全く関心がないということである」（Ang　1991）。商業化したテレビが文化に与える影響を憂慮するのは，多くの資本主義国において共通の問題である。

オーディエンスの種々の行為の発見

　今では，たくさんのメディアが存在するし，テレビに限ってもたくさんのチャンネルが存在するようになり，オーディエンスは皆が同じ内容の番組を見ているわけではない。ガンスが「好みの文化」(taste culture) とよぶものについてルイスは，「同じ人びとによって選択された類似のコンテンツの集合で，それぞれのオーディエンスの生活スタイルにマッチするように計画された形式表現・提供方法・ジャンルがある」とのべている (Lewis 1981)。すなわち，メディア選択の段階ですでにオーディエンスの意思は大きく働いていることを指摘している。

　ジャニス・ラドウェイは，「同じメッセージを受け取っても，あるオーディエンス集団は，他の人たちが想像するのとは違う読み取り方をしていることがある」ということを実証的に指摘している。彼女は「ロマンス小説を読む女性たちについての研究」でわかったこととして，2つの点を挙げる。1) 小説のプロットが，伝統的な男性社会に従属して生きる女性の役割を描いているものとはとらえず，そこでのヒロインには能力があり，勇敢な冒険行為で世間を渡り歩く，自信に満ちた女性だと受け取っていた。2) ロマンス小説を読む行為は学校での文学の授業ではなく，「複雑な日常生活を乗り切るための社会的な意味をもった行為となっている」。読んでいる時間だけは日常生活の重圧からの逃避でもある…との調査知見を出してきた。言いかえれば，ロマンス小説の読者は，主人公たちのことを，社会的に活躍している人びとが勝手に決めつけているような"依存的な存在"とは思っていない。また，それを読むという行為は，彼女たちにとっては，日常生活から離れられるプライベートな時間であり，気分一新のまたとない機会としての価値があるという。(Radway 1984)。

　このように，テレビが視聴習慣として生活のなかに入り，「テレビを見る」という行為そのものが内容とは切り離された形で道具として利用される場合は，メディアと日常生活が絡み合った関係であり，テレビは環境の一部として機能しているのである。

マクウェールのまとめ

デニス・マクウェールは，オーディエンス研究について，以下の三つにまとめている。

一つは，「構造的伝統」といわれるオーディエンスの量を測る目的と，オーディエンスとは誰でどこにいるか…というもので，これは，広告業界や市場調査のニーズに基づいている。この部分についての代表的なものは，多くのメディア先進国で採用されている「視聴率調査」である。二つめは，「行動主義的伝統」で，子どもや若者へのメディアの影響，特に有害性に着目するもので，これが一方で，「影響論」となって表れ，他方で，その中身を吟味する「内容分析研究」に結びついている。そして，三つめに，メディアと個人の関係を越えて，メディアを取り巻く空間，人びとが生活をする社会など，その外側の社会がそれをどのように受容するかを分析する「文化社会的な伝統」に着目する。たしかにメディアは，歴史的な関係性を引きずり，環境の一つとして人間に総合的な影響を与え，生活習慣とも関わりながら，環境との相互関係を形成している。この伝統は，社会科学と人文科学の交接点にある「カルチュラル・スタディーズ」と強い関わりをもっている。

カルチュラル・スタディーズは初期には文芸批評を行っていたが，その後大衆文化作品，言い換えればテレビなどのマスメディアを研究対象としてきた。メディア利用とは，単にその内容を利用するとかそこから何かを学ぶ，感じ取る，というだけでなく，日常的にメディアに接する状態や，人間がそれとともに存在する状態といった意味をもっている。このような考え方の研究では，影響に関する刺激—反応モデルや，強力なテキストやメッセージの概念を否定し，メディアそのものを日常生活に欠かせない重要な場面であるとする。したがって，この種のメディア受容の面で，オーディエンス研究であることが強調されることになる（マクウェール　2009）。

受け手の能動性の限界

受け手研究においては「能動的な受け手」の存在が語られ，解釈するのは受

け手であることが強調される。しかし，そうであっても，その解釈の仕方は本当に受け手個人の自立した判断なのであろうか。江原由美子はテレビCMの分析から，それに対して疑問を投げかけた。

> 現象学的社会学やエスノメソドロジーは，「受け手」が単に受動的にマスメディアに操作されているのではなくメッセージの意味を構築する上で積極的な作業を行っていると言うことを強調する。しかし，その事は，マスメディアの影響力が「受け手」に及んでいないとか小さいとか言う事と同じではない。「受け手」は自ら積極的にメッセージの意味を理解するという「解釈作業」を行うことによって，マスメディアにむしろより強く影響されているのかもしれない。この視点からすれば，自ら「積極的」にマスメディアの意味を「構築」している「受け手」という像と，マスメディアによって影響を受けている「受け手」という像は，矛盾するものではなくなる（江原　1988）。

このようにして，「マスメディアの不断の接触は，そのこと自体においてマスメディアのメッセージの『解釈作業』という実践を要請するのである。この『解釈作業』は受け手自身の実践でありながら，それがコミュニケーション行為であるという，まさにその点において社会的規範を帯びる」とし，「マスメディアの影響力とは，この受け手の解釈作業と言う実践を不断に呼び込むことにおいてもっとも直接的かつ最大の力を行使する」として，それが，「受け手の世界認識の形を変え，その生活世界の構造を変化させる」（同上）との解釈を示している。

4　メディア制度論

ウェストミンスター学派とメディア制度論

　カルチュラル・スタディーズの陰で忘れられがちなのは，イギリスにおけるメディア政策研究である。イギリスのテレビ放送は，ハイカルチャーのBBC的教養に包まれて，一般庶民の楽しみとかけ離れているとする声があった。ガーナムによれば，放送局職員を特定の社会階層と高い教育を受けた者たちのなか

から採用していること，放送局がヒエラルヒー的な管理体制で運営されていること，さらには社会の支配的意見に従っていることを覆い隠すために客観性を標榜するというイデオロギーで動いていることで実証できるという（Garnham 2000）。これは，筆者の言い方をすればイギリスにおける"主流の人びと"である。

　また，ITV放送の認可で，公共放送の位置づけはあってもコマーシャルが放送されるようになってからは，逆に商業主義的放送の低俗の弊害がいわれるようになった。そこで，イギリスではテレビ放送局に対するチャンネルの免許付与というメディア政策と，商業放送の経済的な問題，そして，それらと放送内容の関係を視野に置いた研究，の必要性を感じていた（カラン　2009）。イギリスにおいて，テレビのチャンネル数を増加させたいという意見に対して，ガーナムは一貫して批判的だったことの理由はそこにある。彼によれば，販路が増えれば，一つの番組に投資される資源が制限されるし，消費者の時間と金は有限であるから，チャンネル数が増えれば中身が薄くなり，質の低下につながるとする（Garnham　1973）。

　そこで，1974年に放送政策を議論したアナン委員会は，「新しいタイプのテレビチャンネルの設置を提案」した（HMSO　1977）。その結果，1882年，従来のBBC放送でもITVでもない新しいタイプのチャンネル「第4チャンネル」が生まれた。このチャンルは，独自の視点でマイノリティの情報発信とそれに奉仕する番組作りを行い，公共サービスの伝統を革新する成功例として，結果的にマジョリティにも支持される放送局となった。このようにして，イギリスの放送局は，放送の「多元化」に成功している。

　このメディア政策は，主としてウェストミンスター学派によって議論され提案されており，実際の放送制度に対する提言でメディアシステムの構築に貢献している。その後には，一貫性をもったメディア専門庁の新設を唱え，1992年には文化遺産省が設立された。それは5年後に文化・メディア・スポーツ省と名称変更されている。さらに，2003年コミュニケーション専門庁（Office of Communications）が設立された。このようにして，ウェストミンスター学派

は，メディアの政治経済と社会的変化との間の関係性を明らかにしながら，メディア政策立案に貢献してきた。

　日本におけるメディア研究は，このような視点に欠けているきらいがある。2009年に出された放送法の改正案では，商業放送チャンネルの増加・配分の議論に費やされて，番組の質的視点や，多元性・多様性の視点から論じられることはなかった。この法案は自民党が政権を離れたため廃案になったが，民主党政権になってからもこの視点は取り入れられないままに推移し，2010年3月5日「放送法等の一部を改正する法律案」が決定された。インターネットが盛んになり，従来の放送法の規定ではもはや現実が追いつかなくなったための，放送の定義の変更を含む60年ぶりの改正である。しかし，放送内容の向上の視点はまったくないままに，与野党の同意のうえ修正案が可決され，11月に成立，2011年6月に完全施行されている。

　日本の放送政策では，一方に国会で予算を審議するという意味で政治的な配慮が必要なNHKと，他方に，富を生み出す手段としての民間（商業）放送がある。前者には政治的公平性に問題があり，後者にはコマーシャリズムの弊害が見出せる。不特定多数を対象とする意味ではどのメディアにも公共性はあるが，中でも放送は政府が電波の免許を交付しているので（無線局免許状），公共性を重視する必要がある。デジタル化などの技術的進歩により，以前に比べ多くの電波割り当てが可能になったといっても，限定的な公共資源を用いていることは疑いがない。政府も，放送組織で働く人も，さらに国民も，それに対する認識が薄いのではないか。

制度論と番組の関係

　メディア制度とは，その国における情報生産システムの構築の問題である。放送制度はその国の社会的・文化的な意識と慣習によって支えられており，それは前述のような放送の多元性の保障や番組内容の制作の自由に関連している。

　まず，最初に問題とされるのは，国家権力・政治権力による放送内容への干

渉である。すなわち，国家統制の厳しい体制であれば，独裁政権のもとで統制的な放送が行われていることが多い。それは，その国において制定されたメディアに関する法律の規制と，社会的慣習に左右される。

次に，多くの資本主義国で問題にされているのは，商業放送（日本では民間放送）のコマーシャルと，視聴率を上げるためのセンセーショナルな報道や，性表現，暴力表現，そして，消費を中心とした快楽主義の流布である。商業放送が制度的に保障されている国は多いが，この場合，"モノ"の購買を促進するため，あるいは，美容や健康やサービスを必要以上に勧めるため，オーディエンスの意識を物欲主義に変えることに手を貸している。このことは，早くも1960年代，ガルブレイスが「精神的窮乏」と呼んだものにつながる。すなわち，実際には十分にものが行き渡っているのに，とどまるところを知らない物欲により，心は窮乏状態にあることをさす。また，視聴率向上のための刺激の強い情報は，それに慣れるとさらなる刺激を求めて表現の過激化をもたらし，表現文化に問題を持ち込んだ。

第三に，放送の多元性の欠如である。ヨーロッパの国々では，しばしば，地域主権の放送や，民族・宗教・教育・芸術などのコミュニティを代表する放送が保証され，ある程度放送内容の多様性が保たれている。日本では，受信料によって成り立つ公共放送のNHKと，戦後，アメリカの影響で作り出された民間放送の二本柱であり，それに放送大学が加わる程度。日本の民間放送は，地域ごとに設立された会社であるにもかかわらず，ネットワーク化して放送内容の全国画一化がいちじるしい。ヨーロッパにみられるような，地域主権にもとづく放送制度や，多様なコミュニティへの配慮ある制度等々，多元性のある制度はできていない。広告への投資総額が同じとすれば，局やチャンネルが増えるだけ一番組にかける制作費は減少して，番組の質を保つにも問題が出そうだ。「モアチャンネル」は「局の多元性」「番組の多様性」に必ずしも結びついていない。

NHKについては，基本的には商業放送とは違うスタンスでの番組作りが行われているが，二つの問題点がある。ひとつは，受信料で成り立つとはいいながら，横並びに比較される商業放送との関係から，視聴率を無視できなくなっ

ていること。もうひとつは，NHK予算が国会の承認を必要としていることから，時の政権に配慮したり政治家の意向を慮ったりして，時として政治的干渉を受けることである。

　また，現行の放送局と番組制作会社の不平等な階層構造は，番組づくりにも影響を与える。上位会社が制作費の一部をマージンとして天引きすることによって，番組制作会社の制作費は削減され，時間とお金を掛けた丁寧な番組作りができなくなる。また，視聴率を重視する親会社の意向は下に来るほど絶対命令となり，良心的な番組作りよりも衝撃の強い番組作りへと走りがちである。放送局と制作会社間の階層構造が番組内容に及ぼす影響は大きい。

　そして，最後に，組織内部の人的構成。日本の多くの大組織——官僚組織，大企業，大メディア組織等——に共通のことだが，そこで中心となって働く人びとの属性は極めて限られていることである。"主流の人びと"の"常識"で，ものごとの判断や労働条件の決定がなされている。

　こうした環境は，報道においては，ニュース価値判断に影響があり，男性にとって重要と思われるニュースが選ばれ，男性中心の思考で解釈されて報道される。それはメディアの「議題設定」機能と関係をもちつつ影響を与える。マイノリティの女性が反対しにくいという意味では「沈黙の螺旋」ともなり，それが重なれば「文化的培養」もされるのである。したがって，組織内部における主流を形成する人びとの制度的な慣行は，番組そのもの，番組の枠組み，番組の内容にも影響を与えることになる。このようにして，情報生産システムは，番組内容に重大な影響を与えると考えることができる。

終章 メディア社会を生きぬく力

　従来のメディア論がどちらかというとメディアの側から論じられていたのに対し，本書では個人の側に立って，知識の習得や思考の形成，心の持ち様が，どのようにしてメディアとの相互関係によって成り立ちうるかを考察した。

　健康な体を保つには，いくつかの食品群をバランスよく食べることが大切である。主食（ご飯・麺類などのエネルギーになるもの），たんぱく質食品（魚・肉などの体を作るもの），野菜（ビタミン・ミネラル・繊維など体の調子を整えるもの），…こういう食事のとり方を教えられて私たち日本人は，健康で平和な長寿社会を築いてきた。精神の栄養にとってもバランスは必要である。

　表題である「メジャー」「シェア」「ケア」というコミュニケーションの内容分類は，食の三分類と似たところがある。社会の趨勢をみきわめるためのメジャー・コミュニケーション，しっかりした考えを作るため別の考えをとり入れるシェア・コミュニケーション，心の調子を整えるためのケア・コミュニケーションである。

　「メジャー・コミュニケーション」は，社会のなかの"主流の人びと"が発信する公共的・支配的な考え方なので，世の中で生きていくには，メジャー情報を知っておいた方が，行動するうえで都合がよい。しかし，それは主として権力の側かその周辺にいる人たちが発するものなので，必ずしもすべての人の役に立ち，常に正義の味方とは限らない。

　「シェア・コミュニケーション」には，社会の"様々な人々"による少数意見の流通と共有の側面がある。あるモノやコトについて，メジャー・コミュニケーションにはない詳しい情報や，主流の人びととは違う価値観で語られる情報，時にはマニアックと思われるような別世界の情報が，"シェア"されている。そこでは，マイノリティの生の声を伝えたり，仲間による意見交換をしたり，友達感覚でことばのやり取りをすることもある。また，そこには次の時代

を切り開く新たな芽があるかもしれない。その一方で，シェア・コミュニケーションのなかには，無責任な物言い，間違った情報，あまり上品とはいえない表現，過激な言説なども混在している。シェア情報を適切に読み取るには，さらなる批判的読み取り能力や技術や経験が必要なのである。

　「ケア・コミュニケーション」は，自分が厳しい状況に置かれ，打ちひしがれている人に必要な情報である。ケア情報は，小さな本に載った「詩」にも，子ども向けの「絵本」にも，昔懐かしい「紙芝居」のなかにもある。映画，演劇，ラジオのなかの一言，同人誌のなかの共感する表現にもある。しかし，それは小さなメディアだけではない。マスメディアのなかにもよく見ればそれはある。

　以上の考え方は，メディア・リテラシーの三つのプロセスのなかで，入口の「受信過程」を重視した考え方であるといえる。もちろん，次の判断過程における種々の能力やそれに伴う思考力や，自分から発信する力は大事である。しかし，若者はネットサーフィンをしていると気が付いたら夜が明けていることが多いと聞くし，中高年在宅者のなかには一日7〜8時間テレビにどっぷりつかって，批判しながらも見つづけているヘビー・ビューアーがいると聞く。教養があると自認する人であっても，特定の新聞だけを毎日目にしていると，それに同調した固定的な意見におちいりがちである。この入口のところで時間を無駄に使っては，あるいは，間違った使い方をしては，人生そのものとさえいえる大切な時間の，大きな損失になるのではないだろうか。

　そして，メジャー・シェア・ケアのコミュニケーションそれぞれの内容的特徴と，マスメディア，インターネット・メディア，その他のメディアの特徴や問題点を説明することが，判断過程の批判的読み取り能力をつけるのに役立つのは間違いない。このようにして，情報摂取の段階で情報内容のバランスをとり，批判的読み取り能力を獲得していれば，自身のものの考え方の構築ができるようになるだろう。

　残念ながら本書では，発信過程について，その重要性を指摘することはできても，一人ひとりに発信の指導をすることはできない。それは，自分に合った

やり方でそれぞれの人が試してほしい。すでに，多くの若者はソーシャル・メディアを使って発信することに慣れてきたであろう。ここでは気楽に発信できることが特長になっており，その気楽さは魅力だが，多くの人に見てもらいたいなら良く推敲してから出すことをお勧めしたい。それこそがメディア・リテラシー三つ目の発信過程の課題であるから。

　メディア側に視聴者・読者の希望をいったところで，改善がむずかしいことがわかってしまった今，自分でメディア環境を整える以外ないというのが，本書におけるわたしの考え方である。また，それはあながち悪いものではなく，人びとが主体的に生きるために必要な態度でもある。

　メディア・リテラシーというと，それに対する特別な技術や理論があると考えがちだが，そうではない。メディア・リテラシーはいわばその人の知識の摂取と判断と発信のシステムであり，社会と自分との係わりの接合点である。それに個人的体験を取り込んで活かしつつ，自分の考えを構築していけば，思考のスパイラルを登ってさらに強化され，生涯にわたって発展する総合的な人間力になる。このような総合的人間力の源であるメディア・リテラシーは，その過程で人生観・世界観を構築していくが，もし，それを発信することで周囲の人や社会の人たちを動かすことができれば，その影響力は計り知れないものとなる。

　メディア・リテラシーは，人間と社会を理解するリテラシーであり，自分と社会との関係性を読み解くリテラシーでもある。

あとがき

　東日本大震災からちょうど一年経った今，本書の校正をしつつ，このあとがきを書いている。

　東日本大震災のメディア情報はあまりに大量であるうえ，何時まで経っても終わることがない。とくに放射線の問題がなくなるまでには気の遠くなるような長い時間が必要だ。

　本書の執筆にあたっては，震災関係のニュースに対し，どこで区切りをつけて書き終えるべきかわからないままに時がたち，発行期限が迫ってしまった。そのため，中途半端な書き方に終始してしいるのが，不本意であるとともに，申し訳ないことだと思っている。まだまだ，書きたいことはあるのに，それは消化できないままに放置してある。

　3月11日の震災一周年には，新聞はたくさんの紙面を使ってこの震災の検証と，人びとのその後の暮らし，政治の無策ぶりを伝えた。テレビも過去の映像を繰り返しながら，この1年の流れを情緒的に伝えた。この日，人びとはもう一度，この一年を復習するかのように，震災の跡をなぞって過ごした。わたしはメディア研究をしている人間なのに，やはり，頭の中がメディア内容に占められ，心が奪われ，映像に捉われていた。いけない，いけない。もっと自覚的・意識的にメディアに対していかないと流されてしまうのに。この本は，実は自分自身に言い聞かせるために書いたのかもしれない。

　本書の執筆にあたっては，多くの方にお世話になった。

　日本マスコミュニケーション学会，国際女性学会でいろいろとご教示頂いた方々，また，国際テレビニュース研究会，GCN（ジェンダー・コミュニケーション・ネットワーク），QUAE（テレビ番組評価サイト）研究会等のメンバーの皆さん，そして，武蔵大学社会学部のファカルティや大学院生など，それぞれの場での議論がわたしの糧になっている。そして，谷岡理香さん，藤井

達也さん，アドバイスを有難うございます。
　また，学文社の田中千津子さんには，私の粗い原稿の最初の読者として，たんねんに原稿を見て不備をご指摘いただいた。限られた時間のなかで，本の完成と出版にまでもっていって下さったことに対し，改めてお礼を申し上げたい。
　さらに，本書は武蔵大学からの出版助成により刊行が可能になったことをここに記して，感謝の意を表します。

2012年3月

　　　　　　　　　　　　　　　　　　　　　　　　　　　小玉　美意子

改稿による転載

Ⅲ部　第3章　放送文化とジェンダー
　　初出　『国際ジェンダー学会誌』第7号（2009）

Ⅳ部　第4章メディア・リテラシーの研究上の位置づけ
　　初出　QUAEの研究上の位置づけ　『ソシオロジスト』第13号（2011）

引用・参考文献

Aftergood, Steven, 2007, "Wikileaks and untraceable document disclosure," Secrecy News,（Retrieved February 28, http://www.fas.org/blog/secrecy/ 2007/01/wikileaks_and_untraceable_docu.html）.

Ang, Ien, 1991, *Desperately Seeking the Audience*, London: Routledge.

新井直之，1986，「ジャーナリストの任務と役割」『マスメディアの現在』日本評論社，25-26.

朝日新聞，2011，「東日本大震災——号外一覧」，asahi.com,（2011年9月22日取得，http://www.asahi.com/special/10005/pdf.html）.

————, 2011,「コラム　手描き新聞のインパクト」, asahi.com,（2011年9月25日取得, http://www.asahi.com/special/10005/TKY201104160095.html）.

Baudrillard, Jean, 1981, *Simulacres et simulation*, Paris: Editions Galilee. （＝1984, 竹原あき子訳『シミュラークルとシミュレーション』法政大学出版局.）

CNET，2010，「ウィキリークス」，CNET Japan,（2010年12月10日取得，http://japan.cnet.com）.

CNN，2011，CNN.co.jp,（2011年11月30日取得，http://www.cnn.co.jp/tech/30004373html）.

第二東京弁護士会両性の平等に関する委員会・司法におけるジェンダー問題諮問会議，2009，『事例で学ぶ——司法におけるジェンダー・バイアス 改訂版』明石書店.

江原由美子，1988，「受け手の解釈作業とマスメディアの影響力」『新聞学評論』No.37.

江原由美子，1995，「セクシュアルハラスメントの社会問題化は何をしていることになるのか」井上輝子・上野千鶴子・江原由美子編『セクシュアリティ』岩波書店.

Eastman, S. T.,1998, "Programming theory under strain: the active industry and the active audience", in Roloff, M. E. and G. D. Paulson(eds.), *Communication Year Book 21*, Thousand Oaks, CA: Sage.

Facebook，2011，facebookホームページ,（2011年12月31日取得，http://www.

facebook.com/）.
フェミックス，2012，フェミックスホームページ，（2012年2月12日取得，http://www.femix.co.jp/）.
Fraser, Nancy, 1992, "Rethinking the Public Sphere: A Contribution to the Critique of Actually Existing Democracy," Calhoun, Craig ed., *Habermas and the public Sphere*, Cambridge Ma, London: MIT Press, 109-142.（＝1999，山本啓・新田滋訳「公共圏の再考：既存の民主主義の批判のために」『ハーバーマスと公共圏』未來社，117-159.）
Freeland, Chrystia, 2011, "Lessons From Central Europe for the Arab Spring," *The International Herald Tribune*, June 16, 2011.
不破雷蔵，2011，「mixiの現状をグラフ化してみる（2011年9月末時点）」，Garbage-news.com，（2011年12月23日取得，http://www.garbagenews.net/archives/1851245.html）.
Garnham, 1973, *Structures of Television*, London: British film Institute.
―――, N., 2000, "Information Society as theory or ideology: a critical perspective on technology, education, and employment in information age" in Dutton, W., and B. Loader (eds.), *Digital Academy*, London: Routledge.
芸能人ブログランキング，2011，「評論家・ジャーナリストブログランキング」，芸能人ブログランキング，（2011年8月17日取得，http://www.talentblog.jp/tllink/ct_17）.
Google, 2011, Googleホームページ，（2011年12月30日取得，http://www.google.co.jp/intlja/profile.html）.
Hal, Eleanor, 2010, "UN rapporteur says Assange shouldn't be prosecuted," The World Today,（Retrieved January 28, 2012, http://www.abc.net.au/worldtoday/content/2010/s3089025.htm）.
半田たつ子，1992，『喪の作業――夫の死の意味を求めて』ウイ書房.
原寿雄，2010，『ジャーナリズムの可能性』岩波新書.
―――，2011『毎日新聞』12月24日：p.14「時流底流」
橋本健二，2003，『階級・ジェンダー・再生産――現代資本主義社会の存続メカニズム』東信堂.
林香里，2002，『マスメディアの周縁，ジャーナリズムの核心』新曜社.
―――，2011，『〈オンナ・コドモ〉のジャーナリズム――ケアの倫理とともに』岩波書店.
廣井悠，2011，「東日本大震災における首都圏の帰宅困難者について――-社会調査と分析-」，（2011年9月25日取得，http://www.fse.t.u-tokyo.ac.jp/hiroi/hiroi20110527.pdf）.
平塚らいてう，1983，「元始，女性は太陽であった」『平塚らいてう著作集』大月書店，

1: 14.
HMSO, 1977, *Report of the committee on the Future of Broadcasting* (Annan Report), London, HMSO.
本川裕，2011,「合計特殊出生率の推移（日本と諸外国）」, 社会実情データ図録，(2012年2月12日習得，http://www2.ttcn.ne.jp/honkawa/1550.html).
Hunt, Lynn ed. 1996, *The Invention of Pornography, 1500-1800: Obscenity and the Origins of Modernity*, : Zone Books. (＝2002, 正岡和恵・末廣幹・吉原ゆかり訳『ポルノグラフィの発明──猥褻と近代の起源，1500年から1800年へ』ありな書房．)
井上知真子・丸谷宣子・太田美穂・宮川久邇子，1992,『栄養学雑誌』日本栄養改善学会，50(6): 355-364.
井上輝子，2011,『新・女性学への招待──変わる／変わらない 女の一生』有斐閣.
井上輝子・女性雑誌研究会，1989,『女性雑誌を解読する──COSMOPOLITAN日米メキシコ比較研究』垣内出版.
IT Media News（2011年9月26日取得　http://www.itmedia.co.jp/nac/refresh/news/top/index.html）
岩男寿美子，2000,『テレビドラマのメッセージ──社会心理学的分析』勁草書房.
情報通信総合研究所「Global Perspective」各年版
時事通信社，2011,「原発20キロ地点放射線量6000倍＝住民ら屋内退避中─文科省」，時事ドットコム，(2011年3月18日取得，http://www.jiji.com/jc/c?g=soc_30&k=2011031600058).
菅野典雄，2011,『美しい村に放射能が降った──飯舘村長・決断と覚悟の120日』ワニブックス.
金山智子，2005,『NPOのメディア戦略──悩みながら前進する米国NPOからのレッスン』学文社.
金子みすゞ，1984,『わたしと小鳥とすずと──金子みすゞ童謡集』JULA出版局.
樺浩志，2012,「希望奪われた若者の氾濫」,『ピープルズニュース』, (2012年1月31日取得，http://www.jimmin.com/htmldoc/142203.htm).
カラン，ジェームズ,（大庭絵里訳），2009,「英国メディア研究の新傾向と批判理論」津金澤聡廣．武市英雄・渡辺武達編,『メディア研究とジャーナリズム21世紀の課題』ミネルヴァ書房.
河野太郎，2011,「SPEEDI，公開できませんっ！？」, 河野太郎公式ブログ, 2011年3月23日, (2011年3月23日取得，http://www.taro.org/2011/03/post-957.php).
小林利行・諸藤絵美・渡辺洋子，2011,「日本人の生活時間・2010──減少をつづける睡眠時間，増える男性の家事」『放送研究と調査』NHK放送文化研究所, 2011 (4): 2-21.
小玉美意子，1983,「在米日系新聞の発達史研究-4-コロラド日系新聞小史-──戦時下

「格州時事」の日文・英文ページを中心に」東京経済大学人文自然科学研究会『東京経済大学人文自然科学論集』64: 101-157.
―――，1989，『ジャーナリズムの女性観』学文社．
―――，2004，「メディア・リテラシー」天野勝文・松岡新兒・植田康夫編『新現代マスコミュニケーション論のポイント』学文社，259-279.
―――，2005，「ニュースを伝える人のジェンダー分析」『武蔵大学総合研究所紀要』15: 35-52.
―――，2006，「表現の自由と人権」武蔵大学社会学部編『多様化するメディア環境と人権』御茶の水書房，7-25.
―――，2012，「番組批評『クローズアップ現代』」『放送レポート』大月書店，235: 52.
小玉美意子編，1986，『日米テレビニュース比較研究：『CBS イブニングニュース』『NHK　夜7時のニュース』『TBS ニュースコープ』1984』国際テレビニュース研究会．
―――，1996，『日米テレビニュース比較研究1994年調査』国際テレビニュース研究会．
―――，2005，『テレビニュース・インタビュー調査報告書──ブラジル・イギリス・アメリカ・日本』国際テレビニュース研究会．
―――，2006，「国際テレビニュース比較研究2004──アメリカ・日本・イギリス・ブラジル」武蔵大学社会学部『ソシオロジスト』8: 171-266.
Kodama, Miiko, Tomoko Kanayama and Sungeun Shim, 2007, "A Comparative Study of International News Changes after 9/11," *The Sociologist: Journal of the Musashi Sociological Study*, 9: 18-19.
小出裕章，2011a，『原発のウソ』扶桑社．
―――，2011b，『知りたくないけれど，知っておかねばならない──原発の真実』幻冬舎．
公明新聞，2011，「女性の視点欠いた実態浮き彫りに」，公明党，（2012年2月7日取得，http://www.komei.or.jp/news/detail/20111129_6729）．
国広陽子・東京女子大学女性学研究所，2012，『メディアとジェンダー』勁草書房．
Lasswell, Harold, Communication Model, 2012 年 3 月 13 日取得　http://www.google.co.jp/search?q=Lasswell,+communication+model&hl=ja&rlz=1T4RNTN_jaJP385JP385&prmd=imvns&tbm=isch&tbo=u&source=univ&sa=X&ei=OFZfT8f9I4eiiAekyfXFAQ&sqi=2&ved=0CCoQsAQ&biw=738&bih=621）
Lewis, G. H., 1981, "Taste cultures and their composition: towards a new theoretical perspective" in E. Katz and T. Szecsko (eds.), *Mass Media and Social Change*, Newbery Park, CA: Sage.
Magazine-data.com，2012，「ファッション雑誌ガイド」，（2012年2月14日取得，

http://www.magazine-data.com/).
毎日. jp,「ドイツのDPA通信記事紹介」,（2011年12月16日取得, http://mainichi.jp）.
牧野洋「ジャーナリズムは死んだか」『現代ビジネス』（2011年2月10日取得 http://gendai.ismedia.jp/print/1931）
マクウェール，デニス,（山中正剛他訳），1979,『コミュニケーションの社会学——その理論と今日的状況』川島書房.
―――, （渡辺武達，東さやか訳），2009,「オーディエンス研究の理論と実際」津金澤聰廣・武市英雄・渡辺武達編,『メディア研究とジャーナリズム21世紀の課題』ミネルヴァ書房.
Martha, Stuart, 1989, Social Change through Human Exchange: Listening Moves People more than Telling" Ramona Rash & Donna Allen eds., *Communication at the Cross Road: the Gender Gap Connection*, Norwood: Ablex Publishing Corporation.
Maslow, Abraham, 1954, *Motivation and Personality*, New York: Harper.
McQuail, Denis and Sven Windahl, 1981, *Communication Models*, Longman Gropup Ltd., Essex, England.（＝山中正剛・黒田勇訳，1986,『コミュニケーション・モデルズ』松籟社.）
メディア研究部番組研究グループ，2011a,「東日本大震災発生時，テレビは何を伝えたか」『放送研究と調査』NHK放送文化研究所，2011(5): 2-7.
―――, 2011b,「東日本大震災発生時，テレビは何を伝えたか（2）」『放送研究と調査』NHK放送文化研究所，2011(6): 2-9.
メディアリテラシー研究会，1997,『メディアリテラシー——メディアと市民をつなぐ回路』日本放送労働組合.
メディア総合研究所，2011,『メディアは原子力をどう伝えたか』花伝社.
メディア総合研究所・放送レポート編集委員会，2011,『大震災・原発事故とメディア』大月書店.
三宅婦人科内科医院，2005,「思春期とダイエット」，三宅婦人科内科医院ホームページ，（2012年2月15日取得, http://www.miyake-clinic.gr.jp/sisyunki/sisyunki18.htm）.
水野剛也，2005,『日系アメリカ人強制収容とジャーナリズム——リベラル派雑誌と日本語新聞の第二次世界大戦』春風社.
村上圭子，2011,「東日本大震災・安否情報システムの展開とその課題——今後の議論に向け」『放送研究と調査』NHK放送文化研究所，2011(6): 18-33.
村上聖一，2011,「東日本大震災・放送事業者はインターネットをどう活用したか」『放送研究と調査』NHK放送研究所，2011(6): 10-17.
村松泰子，1979,『テレビドラマの女性学』創拓社.
My News Japan,（2012年1月25日確認　http：//www.mynewsjapan.com/reports/

1047）
内閣府, 2011,「帰宅困難者 推計515万人 震災当日の首都圏 都は備蓄条例提案へ」, MSN産経ニュース,（2011年11月22日取得, http://sankei.jp.msn.com/affairs/news/111122/dst11112221500012-n1.htm）.
内閣府男女共同参画局, 2007,「平成19年版男女共同参画白書」,（2011年8月15日取得, http://www.pref.nagano.lg.jp/kikaku/danjo/danjo/shiryo_2063.pdf）.
────, 2012,「平成23年版男女共同参画白書」,（2011年11月23日取得, http://www.gender.go.jp/whitepaper/h23/zentai/html/zuhyo/zuhyo02-13-01.html）.
中山伊知郎, 1974,「放送文化のために」『放送文化基金報』放送文化基金, 1.
中山和子, 2003,『漱石・女性・ジェンダー』翰林書房.
Neuman, W Russell, Just, Marion R and Crigler, Ann N, *Common knowledge: news and the construction of political meaning*, Chicago: University of Chicago Press.（=2008, 川端美樹・山田一成訳『ニュースはどのように理解されるか──メディアフレームと政治的意味の構築』慶応義塾大学出版会.）
New York Times, 2011, "Japan May Declare Control of Reactors Over Serious Doubts."（2011年12月16日取得, http://www.nytimes.com/）.
NHK放送文化研究所, 2011,『データブック 国民生活時間調査2010』NHK出版.
NHKニュース,（2011年3月14日取得, http://www3.nhk.or.jp/news/html/20110314/t10014660031000.html）.
Nifty, 2010, Niftyビジネスニュース,（2011年12月10日取得, http://news.nifty.com/cs/catalog/news_pssearch/vender/）.
日本女性放送者懇談会, 2005,『放送ウーマン2004』日本女性放送者懇談会.
日刊スポーツ,（2011年12月30日取得, http://www.nikkansports.com/general/news/f-gn-tp0-20111218-878286.html）.
「21世紀の世界情報秩序」（2012年1月28日取得 http://www.asia2020.jp/inform/media.htm）
西尾漠, 2006,『新版 原発を考える50話』岩波書店.
O'Cornnel, Eileen, 1999, "Mental Trauma of Kosovo Rape Victims Difficult to Treat," CNN,（Retrieved August 30, 2011, http://www.cnn.com/Health/9904/17/kosovo.rapes/）.
小田玲子, 2009,「メディア・リテラシーの思想と系譜」, 津金澤聰廣他編『メディア研究とジャーナリズム21世紀の課題』, ミネルヴァ書房.
大橋照枝, 2005,『「満足社会」をデザインする第3のモノサシ──「持続可能な日本」へのシナリオ』ダイヤモンド社.
────, 2010,『幸福立国ブータン─小さな国際国家の大きな挑戦』白水社.
大石芳野, 1997,『小さな草に』朝日新聞社.

Ontario Ministry of Education, 1989, *Media Literacy: Resource Guide*, :Queen's Printer for Ontario.（＝1992，FCT訳『メディア・リテラシー──マスメディアを読み解く』リベルタ出版.）

Ourplanet, 2011,「「20ミリシーベルト基準」撤回を〜福島の父母らが文科省に要請行動」，OurPlanetTV,（2011年5月24日取得，http://www.ourplanet-tv.org/?q=node/1263).

Pew Research Center, 2012, "Global Digital Communication: Texting, Social Networking Popular Worldwide,"（Retrieved January 30, 2012, http://www.pewglobal.org/files/2011/12/Pew-Global-Attitudes-Technology-Report-FINAL-Decmber-20-2011.pdf).

Pungente, John, 2012, "Canada's Key Concepts of Media Literacy," :Center for Media Literacy,（Retrieved February 18, 2012, http://www.medialit.org/reading-room/canadas-key-concepts-media-literacy).

Radway, Janis, 1984, Reading the Romance: Women, Patriarchy and Popular Literature, Chapel Hill: University of North Carolina Press.

Rosengren, K.E., 1974, "Uses and Gratifications: a paradigm outlined" in Blumer, J.G. and E. Katz, (eds.), *the Uses of Mass Communication*, Sage Publication, Beverly Hills.

坂田昌一・樫本喜一編，2012,「解説　坂田昌一の問いかけたこと」『原子力をめぐる科学者の社会的責任』岩波書店.

佐藤栄佐久，2011,『福島原発の真実』平凡社.

佐藤仁，2011,「2011年，国際政治における「ソーシャルメディア」を考える」，情報通信総合研究所ホームページ，（2012年1月4日取得，http://www.icr.co.jp/newsletter/global_perspective/2011/Gpre201125.html).

佐藤由紀子，2011,「Facebook，ユーザー数が8億人を突破したと発表」，ITmedia news,（2011年12月31日取得，http://www.itmedia.co.jp/news/articles/1109/26/news030.html).

Semiocast, 2011, "Asia first Twitter region U.S. now only quarter of tweets," Semiocast,（Retrieved December 31, 2011, http://semiocast.com/publications/2010_07_01_asia_first_twitter_region).

清水英夫，1999,『言論の自由はガラスの城か』三省堂.

総合ジャーナリズム研究所，2011,「Data──新聞・通信社・NHK・民放の女性たち」『総合ジャーナリズム研究』東京社，216.

South China Morning Post, 2007, "Cyber-dissidents launch WikiLeaks, a site for whistleblowers," AsiaMedia,（Retrieved February 28, 2008, http://web.archive.org/web/20070221224039/http://www.asiamedia.ucla.edu/article-eastasia.asp?parentid=60857).

鈴木みどり編，1997，『メディア・リテラシーを学ぶ人のために』世界思想社．
────，2001，『メディア・リテラシーの現在と未来』世界思想社．
鈴木六彦・冬村繁治編，1910，『インターマウンテン同胞発達史』文生書院．
高橋哲哉，2012，『犠牲のシステム福島・沖縄』集英社．
竹下俊郎，2008，『増補版メディアの議題設定機能：マスコミ効果研究における理論と実証』学文社．
武田徹，2011，『原発報道とメディア』講談社．
たくき・よしみつ　2011年10月30日　郡山市で開催した日本民間放送労働組合連合会・メディア総合研究所主催　シンポジウムでの発言
田村紀雄・白水繁彦，2007，『現代地域メディア論』日本評論社．
田中孝宣・原由美子，2011，「東日本大震災　発生から24時間　テレビ番組伝えた情報の推移」『放送研究と調査』NHK放送文化研究所，2011(12): 2-11.
津金澤聰廣・武市英雄・渡辺武達編，2009，『メディア研究とジャーナリズム21世紀の課題』ミネルヴァ書房．
Twitter, 2012,「Twitter社について」，Twitterホームページ，（2012年1月31日取得，http://twitter.com/about）．
上野千鶴子，2009，「グローバリゼーションのもとのネオリベ改革とジェンダー平等・多文化共生」東北大学グローバルCOE『多文化共生社会のジェンダー平等　グローバリゼーション下のジェンダー・多様性・共生』2009年8月3日，東京大学弥生ホールにおけるシンポジウム配布資料．
ビデオニュース・ドットコム，2012，ビデオニュース・ドットコム──インターネット放送局，（2012年1月15日，http://www.videonews.com/）．
Wikileaks, 2011, "wikileaks," wikileaks, (Retrieved August 12, 2011, http://wikileaks.org/wiki/wikileaks/).
Wikilieak, 2011, "Afgan War Diary 2004-2010," wikilieaks.org,（2011年8月12日取得　http://wikilieaks.org/wiki/afgan_War_Daiary）．
Wikipedia, 2011a, "Arrest of Bradly Manning," facebook,（Retrieved August 12, 2011, http://www.facebook.com/pages/Arrest of Bradly Manning/ 143857742293003）．
────，2011b,「アメリカ外交公電ウィキリークス流出事件」，Wikipediaホームページ，（2011年8月11日取得，http://ja.wikipedia.org/）．
────，2011c,「ウィキペディア」，Wikipediaホームページ，（2011年12月30日取得，http://ja.wikipedia.org/）．
────，2011d,「ツイッター」，Wikipediaホームページ，（2011年12月30日取得，http://ja.wikipedia.org/）．
────，2011e,「オーマイニュース」，Wikipediaホームページ，（2011年8月20日取得，http://ja.wikipedia.org/）．
────，2011f,「ソーシャル・ネットワーキング・サービス」，Wikipediaホームペー

ジ，（2011年12月30日取得，http://ja.wikipedia.org/）
Wolf, Naomi, 1991, *The Beauty Myth: How Images of Beauty Are Used Against Women*, New York: Doubleday.
山田健太，2011，『ジャーナリズムの行方』三省堂．
矢野直明，2004，「新聞のアイデンティティー再構築への時——ブログとマスメディアと新しいジャーナリズム」日本新聞協会『新聞研究』640.
矢内琴江，2011，「災害・復興に男女共同参画の視点を！——6.11シンポジウム報告」，ウィメンズアクションネットワーク，（11年12月28日取得，http://wan.or.jp/reading/?cat=18）．
吉見俊哉，2006，「文化」『情報学事典』弘文堂．
吉次由美，2011，「東日本大震災に見る大災害時のソーシャルメディアの役割 ——ツイッターを中心に」『放送研究と調査』NHK放送文化研究所，2011(7): 16-23
游学社・フリーハンディキャップ協会編，2011，『多様性社会の再生——被災地の現実 障がい者の働く現場』游学社．
yumenohotcake, 2011,「福島で被災した和合亮一さんの詩がうつくしすぎる件。」，yumenohotcakeのブログ，2011年3月22日，（2011年12月20日取得，http://blog.livedoor.jp/yumenohotcake/tag/%E5%92%8C%E5%90%88%E4%BA%AE%E4%B8%80）．
Yunus, Muhammad, 2008, *Creating a world without poverty*, : PublicAffairs.（= 2008, 猪熊弘子訳『貧困のない世界を創る——ソーシャル・ビジネスと新しい資本主義』早川書房．）
ダン・ギルモアのブログ （2011年8月17日取得，http://weblog.siliconvalley.com/colum/dangillmor/）．
『婦人公論』1918年3，5，9月号，中央公論社．
平間勝成 2011年10月31日，福島県南相馬市大甕小学校にて．インタビュー．
JanJan Newsホームページ，（2011年8月19日取得，http://www.JanJanNews.jp/archives/extra/janjan_toha.html）．
Madhu, Kishwar, 2007, World People's Blog,（Retrieved August 23, 2011, http://word.world-citizenship.org/wp-archive/1460）．
News Week 「アラブの立役者は脚光が嫌い」2011年11月9日号．
「21世紀の国際情報秩序」，（2012年1月28日取得，http://www.asia2020.jp/inform/media.htm）．
NWEC "Women's Digital Archive System"（http://www.w-archive.nwec.jp/index.php?action_fileList），2011，「災害対策常在戦場・阪神淡路大震災における男女別死者数」，（2011年8月15日取得，http://f.hatena.ne.jp/hscdrm/20090619000515）．
『産経新聞』（2011年3月13日取得，http://sankei.jp.msn.compolitics/news/

110313/plc110313155540008-nl.html).
世界経済フォーラム（World Economic Forum　2010年男女平等指数（The Global Gender Gap Report　2010）（The Global Gender Gap Report　2010： Country Profiles and Highlights）。
Semiocast "Language evolution of public Twitter messages"（ツイッター使用言語の展開）（2012年1月4日取得, http://www.semiocast.com/publications/2011_11_24_Arqabic_highest_growth_on_Twitter）
東京新聞［社説］2011年12月17日
猥褻定義（判例集　刑集11巻3号997頁）」
最高裁判所昭和26年（1951年）5月10日第一小法廷判決
国際ジェンダー学会　過去のProceedings
『女学雑誌』第1号（明治18年7月20日発行）
『女学雑誌』第36・8・9号
http://nettime.org/bridgit conley on Mon.19 Apr 1999 06:27:44 +0200(CEST)　<nettime>
（財）放送文化基金（2011年8月25日取得, http://www.hbf.or.jp/30/nakayama.html）.

小玉美意子プロフィール
<small>こだまみいこ</small>

フジテレビ・アナウンサーを経てアメリカ留学後，お茶の水女子大大学院・博士後期課程満期退学 福島女子短大，江戸川大学を経て1995年から武蔵大学・同大学院教授。福島県しゃくなげ大使

単著書 『ジャーナリズムの女性観』(1989)，『メディアエッセイ』(1997)，『メディア選挙の誤算～2000年米大統領選挙が問いかけるもの』(2001)

編著書 『美女のイメージ』(1996)，『テレビニュースの解剖学』(2008) 等

専 攻 テレビジャーナリズム，ジェンダーとメディア，番組評価研究（QUAE）
過去に民放連・放送番組調査会委員，放送番組向上委員会委員，映画倫理委員会副委員長

現 在 BSフジ番組審議会副委員長，厚生労働省社会保障審議会・映像メディア等委員会委員長
日本マスコミュニケーション学会，国際ジェンダー学会，IAMCR，AEJMC会員

メジャー・シェア・ケアのメディア・コミュニケーション論

2012年3月30日 第1版第1刷発行

編著者 小 玉 美 意 子
発行者 田 中 千 津 子
発行所 ㈱ 学 文 社

〒153-0064 東京都目黒区下目黒3-6-1
電話 03(3715)-1501（代表） 振替 00130-9-98842
http://www.gakubunsha.com

乱丁・落丁は，本社にてお取替え致します。
定価は，カバー，売上カードに表示してあります。

印刷所 倉敷印刷㈱
〈検印省略〉

ISBN978-4-7620-2259-3
Ⓒ 2012 KODAMA Miiko Printed in Japan